le petit futé

COUNTRY GUIDE

LE GUIDE de la FINLANDE

NOUVELLES ÉDITIONS DE L'UNIVERSITÉ

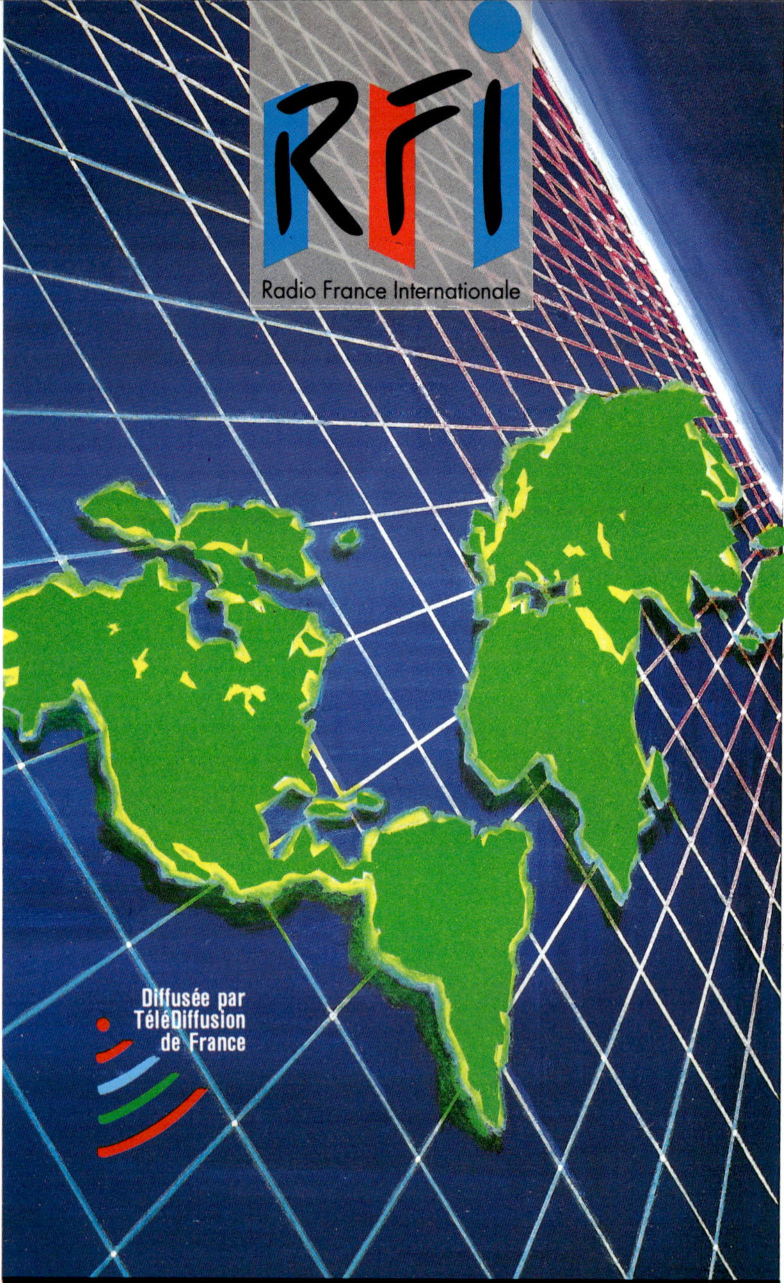
RFI
Radio France Internationale
Diffusée par
TéléDiffusion
de France

Auteurs et directeurs de la collection
Dominique AUZIAS et Jean-Paul LABOURDETTE

Responsable de la collection
Jean-François CHAIX
assisté de : Marie Hélène Martin, Nora Grundman, Dana Lichiardopol, Brigitte Battin

Rédactrice
Magny TELNES-TAN

LE PETIT FUTÉ

COUNTRY GUIDE

FINLANDE

NOUVELLES ÉDITIONS DE L'UNIVERSITÉ©
LE PETIT FUTÉ DE LA FINLANDE
Petit Futé, Petit Malin, Globe Trotter, Country Guides et City Guides
sont des marques déposées ™®©
Nouvelles Éditions de l'Université - Dominique AUZIAS & Associés©
Photos - Magny Telnes-Tan
ISBN - 2-86273-043-2
Achevé d'imprimer en 1995
Imprimé en France par Aubin Imprimeur Poitiers/Ligugé (L 48587)

EDITORIAL

Le pays des mille lacs

Tout au nord de l'Europe se trouve un pays recouvert d'immenses forêts et de milliers de lacs avec, à peine 5 millions d'habitants pour une surface presque aussi grande que celle de la France. La Finlande compte près de deux cent mille lacs repartis surtout dans la moitié sud du pays, transformant une simple carte routière en une dentelle bleu azur. Quant au territoire non immergé, il est couvert pour les trois quarts par les forêts boréales. La côte sud-est de la Finlande est frangée d'un archipel de plus de 6 500 petites et grandes îles, paradis des plaisanciers et des pêcheurs amateurs. Tout au nord, la Laponie finlandaise à la nature vierge et sauvage se chauffe en été au soleil de minuit.

Mais la Finlande est aussi un pays de culture, ce dont attestent les nombreux festivals classiques d'été. L'architecture moderne et le design finlandais jouissent également d'une réputation mondiale. Ni scandinave ni slave, la Finlande a su, au cours des siècles, conserver son originalité, sa culture et ses traditions.

Ce qui frappe généralement le visiteur, non encore averti, c'est une atmosphère de calme et de sérénité. Et aussi la gentillesse un peu timide des habitants. Dans notre monde de violence et de stress quotidiens, la Finlande fait figure d'un véritable havre de paix. Les amateurs de nature et de grands espaces vierges y seront comblés : des paysages uniques, des phénomènes exceptionnels comme les nuits claires en été et le soleil de minuit ; le kaamos (pénombre) et les aurores boréales en hiver.

Aller à la découverte de la Finlande, c'est aller à la rencontre d'un pays nordique différent des pays scandinaves. C'est découvrir une atmosphère légèrement teintée d'un exotisme orthodoxe, c'est s'interroger sur les origines de la langue finno-ougrienne. Aller en Finlande, c'est s'initier au rite du sauna dans une parfaite harmonie avec la nature. Apprendre à connaître les Finlandais, c'est découvrir un peuple qui a vraiment mérité son indépendance, survenue tardivement en 1917 seulement. Les Finlandais sont formidablement sincères, chaleureux et d'un charisme certain.

Leur célèbre "sisu" est un état d'esprit qui n'appartient qu'à eux seuls. Ce terme intraduisible signifie une sorte de persévérance à toute épreuve selon certains, et une obstination un peu imbécile selon d'autres. On peut mesurer le "sisu" à la résistance des Finlandais lors de l'atroce guerre d'Hiver de 1939. C'est également le "sisu" qui fut à la base du célèbre consensus dont sut jouer si magistralement le généralissime Mannerheim au moment de la libération de la Finlande de l'Empire russe et, plus tard, le Premier ministre Kekkonen pendant toute la période de la "finlandisation" durant les années de guerre froide. Ou encore, comme le disait si poétiquement une de mes amies à Helsinki : *"Le sisu, c'est comme la racine noueuse et sèche d'un genévrier qui s'accroche à une terre boréale pauvre mais si belle".*

A "little brother" en Finlande,
Magny Telnes-Tan

A vos plumes !

Le monde du tourisme est en perpétuelle évolution. C'est pourquoi les "Country guides" du *Petit Futé* doivent être régulièrement réactualisés, condition de leur fiabilité et de votre fidélité. Nous nous y employons déjà : le guide que vous tenez entre les mains est l'ébauche de la prochaine édition. Cependant, nous nous proposons de faire mieux : nous vous ouvrons largement nos pages afin que nos guides soient de plus en plus les vôtres. Non seulement évolutifs, mais interactifs. De voyageur à voyageur. Non seulement, c'est amusant, mais c'est instructif. Alors, à votre tour, faites-nous part de vos impressions, racontez-nous vos expériences. Faites connaître aux autres lecteurs vos bons tuyaux ! Nous publierons votre courrier, signé. Envoyez-nous aussi vos photos : tous les documents retenus feront partie de la prochaine édition. (Pour l'aspect pratique, voyez les dernières pages de ce guide.)

TABLE DES MATIERES

TABLE DES MATIERES

FINLANDE
Sevettijärvi
Mourmansk
Inari
Ivalo
RUSSIE
Parc national
de Lemmenjoki
Narvik
Kirovsk
NORVEGE
▲2135
Kebnekaise
Kiruna
LAPONIE
Kittilä
▲2125
Sarektjakko
Malmberget
Mer
Blanche
Kemijärvi
Lappland
Rovaniemi
Cercle polaire arctique
Jokkmokk
Norrbotten
Tornio
Haparanda
Kemi
Boden
Luleå
Piteå
Oulu
OULU
SUEDE
Raahe
Oulainen
Kajaani

botten
Ångermanland
Umeå
Jämtland
Örnskoldsvik
Östersund
Medelpad
Härnösand
Sundsvall
Hälsingland
Söderhamn
Gästrikland
Gäv e
Falun
Uppsala
Örebro
Eskilstuna
STOCKHOLM
golfe de Bothnie
Aland
Eckero
Haapajärvi
Pietarsaari
Uusikaarleppyy
FINLANDE CENTRALE
Lisalmi
Nurmes
KUOPIO
Lieksa
Kuopio
Outokumpu
CARELIE DU NORD
Joensuu
Vaasa
Lapua
Äänekoski
Suolahti
Suonenjoki
Laukaa
Varkaus
VAASA
Alajärvi
Seinäjoki
Saarijärvi
Ahtäri
Pieksamaki
MIKKELI
Kurikka
Alavus
Keuru
Virrat
Jyväskyla
Savonlinna
Kaskinen
Mänttä
Jämsänkosky
Kristiinankaupunki
Parkano
H INE
Jämsa
Mikkeli
Orivesi
Ikaalinen
Tampere
Heinola
Imatra
lac Ladoga
TURKU
Nokia
Pori
Valkeakoski
Kuusankoski
Lappeenranta
Harjavalta
Vammala
Hämeenlinna
Kouvola
Kokernäki
Toijäla
Lahti
Anjalankoski
Huitinen
Forssa
Riihimäki
KYMI
Rauma
Loimaa
Hyvinkää
Kotka
Hamina
Jusikaupunki
Karkkila
Järvenpää
Raisio
Turku
UUSIMAA
Loviisa
Porvoo
Vantaa
Salo
HELSINKI
Lohja
ST-PETERSBOURG
Kariaa
Kauniainen
golfe de Finlande
Tammisaari
Hanko
TALLINN
ESTONIE

COUNTRY GUIDES

Europe
Allemagne — *Amsterdam** — Andorre
Baléares — Belgique — Espagne
Grèce — Gde-Bretagne — Irlande
Italie — Londres — Luxembourg
*Pays-Bas** — Portugal — *Suisse**

Scandinavie
Danemark — Finlande — Norvège
Suède — Islande — Groenland

Europe centrale et de l'Est
*Kiev** — Moscou — Rép. Tchèque
*Sibérie** — *Slovaquie** — St-Pétersbourg

Atlantique Nord et Sud
Açores — Cap-Vert — Groenland
Islande — Madère — Féroé

Proche-Orient
Egypte — *Liban** — *Israël**
*Jordanie** — Syrie — Turquie

Afrique australe
Afrique du Sud — *Botswana** — Namibie

Océan Indien
La Réunion — Madagascar — Maurice
Rodrigues — *Seychelles** — *Comores**

Asie du Sud-Est
*Birmanie** — *Cambodge** — Indonésie
Malaisie — *Philippines** — Singapour
Thaïlande — Viêt-nam — *Laos**

Océan Pacifique
Australie — *Nlle-Zélande** — *Nlle-Calédonie**

Amérique du Nord
Californie — Canada — Louisiane
Floride — New York — *Rocheuses**

Caraïbe et Amérique du Sud
*Argentine** — *Brésil** — *Chili**
Costa Rica — Cuba — *Equateur**
*Guatemala** — Mexique — Rép. Dominicaine

GUIDES REGIONS

France
Alsace-Vosges — *Alpes**
Auvergne — *Aquitaine**
Bourgogne — Bretagne — Corse
*Champagne** — *Côte d'Azur** — Flandres-Artois
*Languedoc** — Midi-Pyrénées — Normandie
Périgord-Qcy — Picardie — Poitou-Charentes
Provence — Pyrénées — Réunion
Roussillon — Val. de la Loire — Val. du Loir

Etranger
Açores — *Andalousie** — Baléares
*Bali** — Californie — *Ecosse**
Iles Féroé — Floride — Groenland
Louisiane — Madère — *Monaco**
*Québec** — *Sibérie** — *Toscane**

CITY GUIDES

France
Amiens — Brest
Auxerre — Avignon
Bordeaux — Bourges
Angers — Brive — Caen
Chartres — Clermont-Fd — Colmar
Compiègne — Dijon — Grenoble
La Rochelle — Le Havre — Le Mans
Lille — Limoges — Lorient
Marseille — Metz — Lyon
Nancy — Nantes — Montpellier
Orléans — Paris — Nîmes
Poitiers — Reims — Pau
Rouen — St-Etienne — Rennes
Toulouse — Tours — Strasbourg
Tulle — Vannes — Troyes

Belgique *(De Kleine Slimmerick)*
Anvers — Bruxelles
Charleroi — Gent — Liège
Namur

Canada *(The Clever Fox)*
Montréal — Québec — *Toronto**

Luxembourg
Luxembourg-Ville

Russie *(Malienki Khritrets)*
Moscou — St-Pétersbourg — Sibérie

Espagne *(El Sabelotodo)*
San Sebastián — *Barcelonne**

GUIDES WEEK-END

France
Anjou — Béarn
Berry — Calvados
Charente — Charente-Marit. — Cantal
Côte-d'Armor — Côte d'Azur — Côte d'Albâtre
Gers — Gironde — Gard
Ille-et-Vilaine — Jura — Landes
Loire-Atlantique — Lot — Manche
Morbihan — Orne — Côte Basque
Périgord — Sologne — Vaucluse

GUIDES DU PETIT FUTE

NEU - 18, rue des Volontaires 75015 Paris
Fax 42 73 15 24 - Tél. 45 66 70 13
Sarl au capital de 2 000 000 F. RC PARIS B 309 769 966

Fondateur : Dominique Auzias. *Directeur* : J.-P. Labourdette

Collection City Bertrand Dalin assisté de Véronique Fourré et Nathalie Thénaud
Collection Country Jean-François Chaix assisté de Nora Grundman
Administration Gérard Brodin, Dina Bourdeau, Cécile Brault et Sophie Pavie
Régie nationale Tiphaine de Sampigny, Dana Lichiardopol, Emmanuelle Bonan
Diffusion Patrice Evenor
Secrétariat Hélène Gentais
Montage/cartes Marie-Hélène Martin
Atelier Evelyne Marchand, Cédric Paindessous, Corinne Salaün et Sandrine Pélissero.

Distance entre les villes en kilomètres	Helsinki	Hämmeenlinna	Ivalo	Joensuu	Kokkola	Kuopio	Lahti	Oulu	Rovaniemi	Tampere	Turku	Vaasa
Helsinki		100	1125	441	499	395	103	612	837	174	164	419
Oulu	612	526	513	393	196	286	507		224	487	633	318
Rovaniemi	837	751	288	550	421	511	732	224		712	858	543
Tampere	174	73	1000	394	321	293	127	487	712		155	241
Turku	164	141	1147	549	435	448	212	633	858	155		331
Vaasa	419	318	831	494	121	377	366	318	543	241	331	

GRANDS REPORTAGES

Découvrez la vraie nature de vos voyages

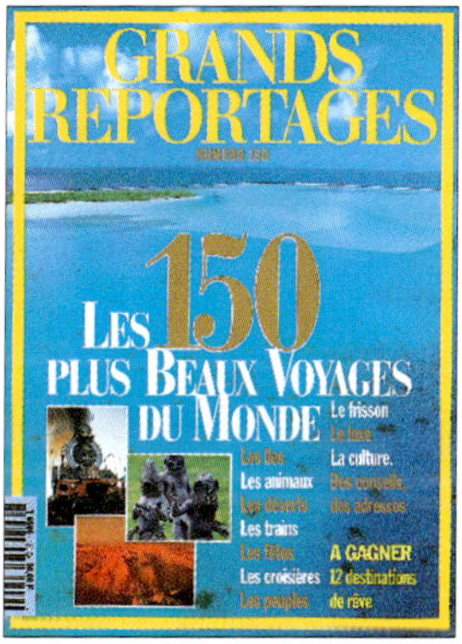

En vente, tous les mois, chez votre marchand de journaux.

SI ELLE CONNAISSAIT
LE 41 06 41 07
ELLE SORTIRAIT
PLUS SOUVENT
Sans vous déplacer, sur un simple appel téléphonique, en plus des conseils les plus futés, tous vos billets et prestations aux prix les plus bas. Appelez vite :
LE PETIT FUTÉ VOYAGES
41 06 41 07

La Finlande en bref

Le pays
Capitale : Helsinki
Superficie : 337 010 Km2
Chef de L'Etat : Mauno Koivisto
Nature du régime : parlementaire

La population
Population : 5 millions
Densité de population : 14,8 hbts/km
Mortalité infantile : 5 ‰
Population urbaine : 60 %
Langue : finnois, suédois
Croissance annuelle : 0,4 %
Indice de fécondité : 1,7 %
Espérance de vie : 75 ans
Population en l'an 2000 : 5 165 000
Population par foyer : 2,5

L'armée
Marine : 2 500 hommes
Aviation : 3000 hommes
Armée de terre : 27 300 hommes

L'économie
PIB : 123,9 milliards $
Chômage : 15,1 %
PIB par habitant : 24 780 $
Taux d'inflation : 2,1 %
Importations : 21 168 millions $
Monnaie : mark finlandais (1 mark = 0,93 Fr)
Exportations : 23 952 milliards $

Divers
Nombre de voitures : 385 ‰
Nombre de médecins : 2,5 ‰
Nombre de postes de TV : 497 ‰
Deux plus grosses villes : Helsinki, Tampere

Schhh...!

VEUILLEZ ADRESSER UNE DOCUMENTATION TOURISTIQUE A :

Nom : .... Prénom : ....

Adresse : ....

Code Postal : .... Ville : ....

Je compte voyager :
- — en automobile ☐
- — par train ☐
- — en avion ☐

Visiter :
- — le Sud ☐
- — le Centre ☐
- — le Nord ☐

de la Finlande

Séjourner :
- — à l'hôtel ☐
- — en chalet ☐
- — à la ferme ☐
- — à l'auberge de jeunesse ☐
- — faire du camping ☐

Participer à un voyage organisé ☐

Époque envisagée : ....

....

OFFICE NATIONAL DU TOURISME

DE FINLANDE

13, RUE AUBER

75009 PARIS

GENERALITES

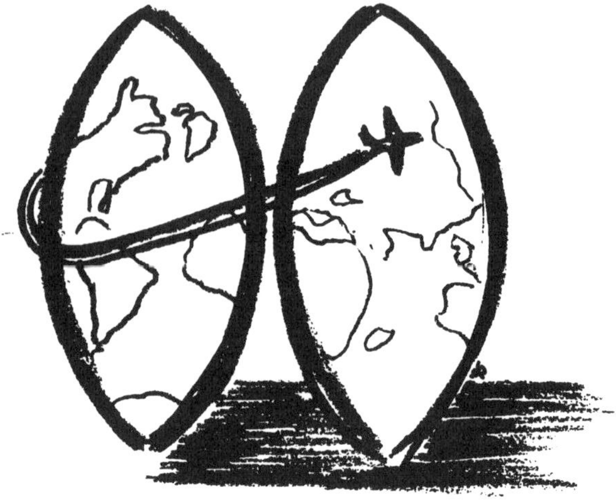

S'Y RENDRE

PAR AVION

Vols quotidiens directs par **Finnair** et **Air France**, le vol Paris-Helsinki dure 3 heures.

Des tarifs spéciaux aller-retour et des "vols vacances" se pratiquent toute l'année sur des vols réguliers. Pour bénéficier de ces tarifs, il faut passer au moins la nuit du samedi au dimanche en Finlande. Les jeunes de moins de vingt-six ans peuvent bénéficier d'un aller simple au tarif intéressant.

FINNAIR. 11, rue Auber 75009 Paris. ✆ (1) 47 42 33 33 – Fax 44 51 02 50. N° Vert 05 36 61 77. A Nice 16 93 21 45 56. La compagnie Finnair, fondée en 1923, a été l'une des premières compagnies aériennes de l'histoire de l'aviation. La flotte de Finnair comporte 56 appareils essentiellement des MD Douglas. Helsinki, avec Finnair, est une excellente porte d'accès vers les Pays baltes, la Russie et l'extrême Orient (très nombreuses destinations à des tarifs compétitifs). Deux vols quotidiens Paris-Helsinki, à partir de 2 375 F AR. Trois vols directs Nice-Helsinki + 22 destinations intérieures. Tarifs : - 25 ans 2 060 A/R, + 60 ans 2 510 F (billets valables 1 an et modifiables).

AIR FRANCE. Adresse provisoire : 40, avenue Georges V 75008 Paris. ✆ 44 08 22 22. Minitel 3615 code AF. Renseignements (8h-21h) 44 08 24 24. Offres promotionnelles, renseignements utiles, réservations sur tous les vols directs sans correspondance. Une brochure concernant les horaires des vols couvrant les 205 destinations d'Air France est disponible dans les agences Air France et les agences de voyage.

Voyager moins cher sur Air France ! Air France a été la première grande compagnie aérienne à favoriser les tarifs réduits en lançant, dès le mois de mai 1979, sa formule "Air France Vacances". Air France offre sur la totalité de ses destinations des tarifs réduits proches du charter. Plus de 60% de la clientèle d'Air France utilise les bas tarifs proposés.

Tarifs excursions - Avantages : réduction de 25 à 35% par rapport au plein tarif "Economique". Possibilité d'arrêt en cours de route (stopover). **Contraintes** : durée du séjour limitée et achat obligatoire d'un A/R.

Tarifs "vacances" et "visite" - Avantages : réduction de 40 à 70% par rapport au tarif "Economique". **Contraintes** : réservation et achat simultanés du billet A/R avec un nombre minimum de jours sur place (par exemple, nuit du samedi au dimanche en Europe).

Tarifs "APEX" - Avantages : économies de 60 à 65% sur le prix du billet. **Contraintes** : les mêmes que pour les tarifs "Vacances", à l'exception de l'obligation de réserver son voyage au minimum 7, 14 ou 21 jours à l'avance. En période de vacances, prévoir un délai beaucoup plus long (un à deux mois à l'avance). Pas d'annulation, pas de modification.

- **Tarifs "Super Vacances" - Avantages** : réductions parfois supérieures à 70% proposée pendant des périodes d'un à trois mois. En permanence sur les Antilles (durée du séjour jusqu'à 6 mois). **Contraintes** : ces réductions sont proposées à date fixe et pour une période limitée. Toutefois, le changement de date est négociable moyennant un forfait d'environ 500 F.
- **Le Kiosque** - Ce nouveau service, lancé en novembre 94, propose à la clientèle "loisir" les meilleures offres du moment sur les vols réguliers. Ces tarifs promotionnels sont soumis à certaines conditions d'application. Les clients peuvent se renseigner sur le serveur vocal (36 68 10 48) ou sur minitel (3615 AF - 24h/24), soit auprès des agences de voyages ou agences AF.
- **Tarifs "Jeunes" - Avantages** : réductions de 40 à 75% pour les jeunes jusqu'à 24 ans. **Destinations** : Europe, Etats-Unis, département d'Outre-Mer. **Contraintes** : achats aller simple ou A/R (billet valable un an, modifiable et remboursable).
- **Tarifs "Temps Libre" - Avantages** : réductions de 65% en moyenne du plein tarif "Economique". **Destination** : Europe, Antilles, Guyane, Réunion. **Contraintes** : le retour ne se faire avant le dimanche suivant la date de départ.

VOITURE + BATEAU

Deux possibilités d'itinéraires pour atteindre les ports de car-ferries. Par l'Allemagne du Nord + ferry pour la Finlande :

1) Paris-Travermünde en Allemagne du Nord (Travermünde étant le port extérieur de Lübeck). Paris (autoroute A1) en passant par Valenciennes, Liège, Aix-la-Chapelle, Cologne, Dortmund, Brême, Hambourg, Lübeck, Travermünde : 970 km.

Par l'Allemagne + les pays scandinaves + ferry pour la Finlande :

2) Paris-Stockholm en Suède : Paris, Lübeck (comme ci-dessus), Puttgarden (ferry 1h), Rødby, Copenhague, Helsingør, Helsingborg (ferry 20 min.), Stockholm : (1 840 km).

Le nord de la Finlande est relié à la Suède et à la Norvège par plusieurs routes. On peut aussi aller d'Europe à Helsinki par voie de terre en passant par Saint-Pétersbourg.

AUTOCAR + BATEAU

Il existe des liaisons hebdomadaires en autocar entre Paris-Helsinki ou Paris-Turku. Noter que les trajets Allemagne-Suède et Suède-Finlande se font en ferry.

Eurolines. Gare routière internationale. Avenue du Général-de-Gaulle 93170 Bagnolet. ✆ (1) 49 72 51 51 – Fax 40 35 01 31.

TRAIN + BATEAU

Le train représente un long périple et il n'est pas toujours plus économique que l'avion.

Le train passe par la Belgique et l'Allemagne jusqu'à Hambourg. Pour atteindre Travermünde (le port de la ville de Lübeck), il existe une liaison d'autocar directe de la gare routière centrale de Hambourg (ZOB).

La durée du voyage en train Paris-Hambourg est de 12h. Le trajet Paris-Stockholm (train + ferry) dure 24h. Il faut encore rajouter une quinzaine d'heures de ferry avant de prendre de nouveau le train pour Helsinki.

Il est possible de se rendre en Finlande en train uniquement, en passant tout au nord de la Suède (passage de la frontière finlandaise à Hapranda-Tornio). Attention, le trajet sera d'autant plus long.

Il est également possible de faire le voyage en train par la Russie (Saint-Pétersbourg-Helsinki), ce qui peut, pour les courageux, avoir son charme. Dans ce cas il faut un visa.

LIAISONS MARITIMES

Les car-ferries sont confortables, dans le style des palaces populaires flottants, pourvus de plusieurs restaurants, de pistes de danse, d'un petit casino, d'une disco pour les jeunes, d'un sauna et d'une piscine. Il est fortement recommandé de faire ses réservations de ferry plusieurs mois à l'avance. La liaison Stockholm-Turku, qui traverse l'archipel des îles d'Åland, est l'une des plus belles.

Allemagne-Finlande. Traversée Travermünde-Helsinki, durée 22h à 37h. Compagnie maritime Silja Line. Représentant en France : Scanditours 36, rue Tronchet 75009 Paris. ✆ (1) 47 42 80 00 – Fax 42 66 45 95.

Suède-Finlande. Traversée Stockholm-Helsinki, durée 14h. Traversée Stockholm-Mariehamn-Turku, durée 10h. Compagnie maritime Viking Line. Représentant en France : Bennett Voyages 28, bd Haussmann 75009 Paris. ✆ (1) 48 01 87 77 – Fax 48 01 87 89.

Plus au nord en Suède. Traversée Sundsvall-Vaasa, durée 8h. Traversée Umeå-Vaasa, durée 4h. Traversée Skellefteå-Pietarsaari/Kokkola, durée 5h. Compagnie maritime Silja Line.

Pologne-Finlande. Traversée Gdansk-Helsinki, durée 24h-37h. Compagnie maritime Polferries – Letherinkatu 12, 00100 Helsinki. ✆ (9) 0 445 448 – Fax 445 848.

Estonie-Finlande. Traversée Tallin-Helsinki, durée 1h30 – 4h30. Plusieurs ferries et hydroglisseurs par jour. De nouvelles compagnies se livrent une féroce concurrence, demander les derniers horaires et prix à l'office du tourisme de la Finlande (si la catastrophe du car-ferry "L'Estonia "de septembre 1994 ne vous fait pas peur).

Russie-Finlande. Traversée Saint-Pétersbourg-Helsinki, durée 14h. Compagnie maritime Baltic Line – Eteläranta 2 A 6, 00130 Helsinki. ✆ (9) 0 665 755 – Fax 653 288.

AGENCES DE VOYAGES

Le Petit Futé Voyages. ✆ 41 06 41 07. C'est une agence de voyages et surtout une super combine pour obtenir, en plus des conseils les plus futés, billets, prestations et surtout les meilleures conditions sur presque toutes les compagnies et les agences que nous référençons. C'est pratique, pas cher et vite fait comme dans un supermarché.

Havas Voyages. 450 adresses en France. Minitel 3615 code Havas Voyages. Conseils utiles sur tous les produits des autres TO. Air Havas : 410 destinations dans le monde entier aux meilleures conditions sur les meilleures compagnies régulières.

Nord Espaces. 37, rue de la Tombe-Issoire 75014 Paris. ✆ (1) 45 65 00 00 – Fax 45 65 32 22. Une agence récente où Asbjørn et sa jolie fille Maja, toute blonde, vous prodiguent des conseils judicieux sur les meilleures saisons au Grand Nord. Circuits, notamment en Carélie, avec hébergement dans la célèbre maison Bomba, excursions en Laponie en motoneige avec hébergement en chalet en rondins et conduite sur la piste du "Ari Vatanen Rallye Center". Séjours avec "sauna de fumée" dans le parc national de Kusamoo, situé près du Cercle polaire, à la frontière russe. Noël à Rovaniemi, la vraie maison du Père Noël, skidoo, huskies, et minicroisière sur un bateau brise-glace dans le golfe de Botnie. A Pâques, grand festival lapon.

Finlandia. 19, rue de Choiseul 75002 Paris. ✆ (1) 49 24 05 97 – Fax 40 17 05 00. Le tour-opérator attitré de la compagnie nationale Finnair propose des circuits de rêve dans des hôtels prestigieux. Thalasso et sauna, Noël à Kuusamo, Pâques en Laponie.

Scanditours. 36, rue Tronchet 75009 Paris. ✆ (1) 47 42 80 00 – Fax 42 66 45 95. Tous les pays nordiques. Scanditours ou le passage obligé pour la plupart des ferries (pensez à réserver les places plusieurs mois à l'avance).

Alant's Tours. 5, rue Danielle Casanova 75001 Paris. ✆ (1) 42 96 59 78 – Fax 49 27 92 28. Minitel 3615 ALANTOURS. Petite agence de voyages qui existe depuis 12 ans, grande spécialiste de la Finlande. Gérard Alant vous organisera des voyages "sur mesure" dans ce pays qu'il connaît d'un bout à l'autre. Eté : vacances en "motorhome" dans l'archipel de Finlande et les îles Åland, dans la région des lacs, en Laponie. Le Festival d'opéra à Savonlinna. Hiver : week-ends à Helsinki, ou au Cercle polaire à Rovaniemi, découverte de la Laponie, safari en motoneige aux confins des trois Laponies. Egalement, des circuits à Saint-Pétersbourg à partir d'Helsinki (pour voir la mafia russe sans risques).

Bennett Voyages. 28, bd Haussmann 75009 Paris. ✆ (1) 48 01 87 77 – Fax 48 01 87 89. Spécial Norvège, mais également concessionnaire de Viking Line (qui fait le trajet Stockholm-Åland-Turku et Helsinki).

CGTT Lepertours. 82, rue d'Hauteville 75010 Paris. ✆ (1) 40 22 86 16. C'est le spécialiste incontestable et incontesté de la Russie et de la CEI (bureaux à Moscou, Kiev, St-Pétersbourg, Alma Ata...) pour ceux, et ils sont nombreux, qui s'y rendent depuis la Finlande. La CGTT est devenue très active dans le pays pour organiser au mieux votre séjour auprès de la fille de la Baltique.

Pandore Voyages. 195, rue de Vaugirard 75015 Paris. ✆ (1) 40 56 02 56.

FNAC Voyages Voir page 150.

ADRESSES UTILES EN FRANCE AVANT LE DEPART

Office national du Tourisme de Finlande. 13, rue Auber 75009 Paris. ✆ (1) 42 66 40 13 - Fax 47 42 87 22. Personnel très compétent et avenant. De nombreuses brochures avec cartes sur le pays et les régions. Minitel 3615 FINLANDE.

Ambassade/consulat général de Finlande. 2, rue Fabert 75007 Paris. ✆ (1) 47 05 35 45 - Fax 45 51 63 23. Documentation sur la Finlande : fiches de renseignements sur un sujet précis, petits livres d'information sur l'histoire et la politique du pays.

Consortium France-Russie. 9, rue Gager-Gabillot 75015 Paris. ✆ 43 32 42 55 – Fax 45 32 43 64. Visas pour la Russie (528,48 F), les autres pays de la CEI, la Chine, etc. Pièces à fournir : 3 photos d'identité identiques et une photocopie des 3 premières pages de votre passeport.

Institut finlandais. 60, rue des Ecoles 75005 Paris. ✆ (1) 40 51 89 09 – Fax 4046 09 33. Centre culturel finlandais avec des expos, colloques, rencontres, soirées cinéma et thématiques très intéressantes (gratuites) sous la dynamique direction du professeur Tarmo Kunnas.

Bibliothèque nordique. 6, rue Valette 75005 Paris. ✆ 43 29 61 00

Centre d'études finno-ougriennes. Centre Censier, Bât. B, Salle 13 – 13, rue Santeuil 75005 Paris. Cours de finnois en France.

Correspondance avec de jeunes Finlandais. On peut écrire aux adresses suivantes : le magazine de jeunes *"Susoikki"* – PL 116 – 00101 Helsinki, et le quotidien *"Ilta-Sanomat"* – Korkeavuorenkatu 34 – 00130 Helsinki.

Hammam-sauna. 143, rue d'Alésia 75014 Paris. ✆ (1) 45 45 49 33. Grand sauna femme du lundi au samedi de 10h à 21h. Hammam-sauna mixte, 7 jours sur 7.

Restaurant. La Chope d'Alsace 4, carrefour Odéon 75006 Paris. ✆ (1) 43 26 67 76. Ce restaurant fait de temps à autre des séminaires de cuisine finno-lapone.

Boutique. Torvinoka 4, rue Cardinale 75006 Paris. ✆ 43 25 09 13. Importateur et détaillant de meubles créés par Alvar Aalto. Drakkar 45, rue Cambronne 75015 Paris. ✆ (1) 47 34 23 41.

Curiosités. La Maison Carré, villa de conception originale située non loin de Paris, construite d'après les plans d'Alvar Aalto.

L'Institut finlandais : la culture finlandaise à Paris

L'Institut finlandais, situé face à la Sorbonne, est un point de rencontres dont l'ambition est de faire connaître la culture finlandaise.

Un auditorium de 200 places et une salle de réunions de 50 places accueillent des colloques, des cours et des séminaires ainsi que des concerts et des expositions.

Au sous-sol, la salle de cinéma de 80 places permet la projection de films de 16 et de 35 mm, ainsi que de films vidéo. Des représentations régulières et des rencontres franco-finlandaises sur le thème du cinéma et du théâtre offrent l'occasion de voir d'intéressants documentaires géographiques et ethnographiques.

Afin de favoriser les contacts entre les deux pays dans le domaine musical, l'Institut organise des concerts et propose un service d'informations concernant la musique finlandaise. On y trouve aussi une petite bibliothèque et une discothèque.

Institut finlandais : 60, rue des Ecoles 75005 Paris. ✆ (1) 40 51 89 09.

FORMALITES

La carte d'identité nationale suffit pour les ressortissants français. Le voyageur individuel qui projette une excursion en Russie doit être muni d'un visa. A l'entrée en Finlande aucune vaccination n'est exigée.

Les voitures et caravanes immatriculées à l'étranger sont admises pour une durée d'un an maximum sans droit de douane. N'omettez pas d'apposer le "F" à l'arrière du véhicule. Un permis de conduire national suffit, le permis international n'est pas exigé. La carte verte est, par contre, recommandée.

Si vous voulez emmener votre chien ou chat, sachez que tout animal introduit en Finlande doit être vacciné contre la rage plus de 30 jours et moins de 12 mois avant l'entrée dans le pays. Le document doit être rédigé en anglais, allemand, suédois ou finnois. Il n'est pas possible de transiter par la Suède ou la Norvège ; la quarantaine de 4 mois y est toujours en vigueur. Pour voyager avec votre animal favori, il faut donc forcément venir en ferry du continont.

MONNAIE LOCALE ET PRIX COMPARES

L'unité monétaire est le "markka" ou mark finlandais (FIM ou mk) qui se divise en 100 pennies. Les billets de banque sont de 10, 50, 100, 500 et 1 000 marks. Les pièces, de 10 et 50 penniä et de 1 et 5 marks.

- Un taxi de l'aéroport au centre-ville ....FIM 130
- Prise en charge minimum d'un taxi ....FIM 12
- Une communication locale d'une cabine téléphonique ..FIM 2
- Un ticket de tram ou de bus à l'unité ....FIM 8
- Une chambre double dans un hôtel 5 étoiles ....FIM 1 000
- Un hôtel moyen ....FIM 500
- Un hôtel bon marché ....FIM 300
- Un demi-pression de bière..FIM 15
- Un café..FIM 10

VOTRE ARGENT EN FINLANDE

Cartes de paiement. L'usage des cartes de paiement internationales est très répandu (Visa, American Express, Diner's Club, EuroCard). La carte Visa permet de retirer directement des marks aux billetteries de la banque Postipankki (24h/24h).

Vous pouvez également retirer des marks sans commission avec une carte de paiement dans les billetteries automatiques.

Chèques de voyage. Ils sont facilement convertibles dans les banques, agences de voyages, hôtels et grands magasins.

Banques. Ouvertes de 9h15 à 16h15, fermées le samedi. Les banques prennent une commission de change de FIM 15.

Bureaux de change. Aéroport d'Helsinki, ouvert tous les jours de 6h30 à 23h. Gare centrale d'Helsinki, ouverte tous les jours de 8h à 21h.

CARTES : OU ET LESQUELLES ?

"Autoilijan Tiekartta", carte routière de la Finlande en recto-verso (Nord et Sud) à l'échelle 1/800 000, routes principales et secondaires, pistes, distances en km, chemins de fer, parcs nationaux, indications touristiques et culturelles, table de distances. Cette carte est révisée et rééditée annuellement. C'est la seule qui fournisse une information complète sur le revêtement des routes.

"*Mair, Finlande",* carte routière et touristique à l'échelle 1/1 500 000, routes principales et secondaires, indications touristiques et culturelles.

"*Suomen Tiekartta GT",* carte générale de Finlande détaillée en 19 feuilles à l'échelle 1/200 000. C'est la carte routière et touristique la plus détaillée.

"*Ulkoilufartat",* carte de randonnées au 1/50 000, relief par courbes de niveaux, indications des sentiers et refuges, hydrographie détaillée (d'une utilité certaine dans ce "pays aux mille lacs").

Dans les offices du tourisme de la Finlande, on vous offre des cartes gratuites, avec le sourire. Les cartes des villes et quelques cartes régionales ne vous coûteront rien. Quant aux cartes routières et topographiques plus précises, il faut les acheter.

Karttakeskus. Opastinsilta 12B à Pasila, une banlieue d'Helsinki. Cette librairie produit et vend la plupart des cartes de la Finlande.

En France

L'Astrolabe. 46, rue de Provence 75009 Paris. ✆ (1) 42 85 42 95. Cette librairie est hautement spécialisée dans le voyage et vend aussi par correspondance.

Le Livre Ouvert. 48, rue des Francs-Bourgeois 75003 Paris. ✆ (1) 48 87 97 33. Une petite librairie spécialisée dans les pays nordiques.

Itinéraires. 60, rue Saint-Honoré – 75001 Paris. ✆ (1) 42 36 12 63.

TRANSPORTS INTERIEURS

AVION

La compagnie nationale Finnair dessert 25 aéroports à l'intérieur du pays. Le temps de vol excède rarement 30 à 45 minutes, sauf si vous allez d'Helsinki à Rovaniemi (ou Ivalo) qui sont à un peu plus d'une heure de la capitale. Les avions volant à assez basse altitude, c'est une excellente manière de voir les magnifiques lacs qui trouent les forêts.

Le **"Finnair Holiday Ticket"**, valable 15 jours, permet aux étrangers d'effectuer 10 trajets sur le réseau intérieur. Prix $US 400 (pour les enfants de 2 à 16 ans $US 150).

Pour un vol A/R intérieur, il existe des tarifs réduits (40 % à 60 %), soumis à certaines conditions. Il existe également des tarifs réduits pour les familles.

Pour un AS, réductions consenties seulement aux jeunes de 17 à 24 ans et aux personnes âgées de plus de 65 ans.

TRAIN

Le réseau couvre la Finlande méridionale et centrale (quelque 6 000 km en tous), dont environ un quart est électrifié. Les trains sont rapides et confortables, mais la configuration des lacs rallonge souvent la durée du trajet. Les liaisons quotidiennes relient les grandes villes, avec des wagons-lits sur les longues distances. En Laponie, le train ne monte qu'à Rovaniemi et Kemijärvi sur le Cercle polaire. Pour continuer vers le Grand Nord, il faut prendre un autocar.

Réductions. Les billets sont valables un mois et leurs prix sont avantageux. Jusqu'à 5 ans, les enfants voyagent gratuitement, jusqu'à 16 ans, ils bénéficient d'une réduction de 50 %. Il existe aussi un billet familial. Les plus de 65 ans peuvent acheter (FIM 50) une carte, qui donne droit à des réductions de 50%.

Le **"Finnrail Pass"** permet la libre circulation pendant 3 jours (FIM 480), 5 jours (FIM 650) ou 10 jours (FIM 900). Les billets **"Scanrail"** permettent de voyager pendant 5 ou 21 jours (non consécutifs) sur les 25 000 km de voie ferrée des 4 pays nordiques (Danemark, Suède, Norvège, Finlande). Ces billets sont vendus seulement dans les pays nordiques. Les cartes **"Inter-Rail"**, **"Eurail Pass"** et **"Eurodomino"** sont valables en Finlande. Renseignements à la SNCF.

D'Helsinki, des trains partent pour Saint-Pétersbourg et Moscou. Réservations à la gare d'Helsinki.

Les transports ferroviaires finlandais peuvent se féliciter du fait que leurs rails ont le même écartement qu'en Russie (avec le très célèbre Transsibérien). Au cours des deux ou trois dernières années, les différents transports de transit entre la Russie et un pays tiers, passant par la Finlande, ont augmenté d'une manière explosive. La ville de Kotka, située dans la partie orientale du golfe de Finlande, a presque rattrapé Helsinki dans le domaine des activités portuaires. En ce qui concerne les transports routiers de transit, le trafic des poids lourds entre la Finlande et la Russie a récemment doublé.

Informations sur les trains : Valtionrautatiet, Lipputoimisto. Rautatieasema 00100 Helsinki – Fax (358) 0 707 42 90.

AUTOCAR

Les lignes d'autocars sont particulièrement nombreuses en Finlande. Dans le Nord, le bus prend le relais du train. Même les villages les plus perdus de la Laponie sont desservis, dans les deux sens, au moins deux fois par jour.

La société *Matkahuolto* gère les 470 gares routières. Les prix du bus en Finlande sont plus bas que dans le reste de l'Europe. Les billets sont en vente dans toutes les gares routières, agences de voyages ou directement dans le car.

Les réductions sont sensiblement les mêmes que pour le train. Il existe aussi un billet de vacances, **"Bussilomalippu"** de 1000 km, valable 15 jours : prix FIM 320. Les jeunes titulaires d'une carte YIEE (Youth International Educational Exchange), ont une réduction de 30 % sur des trajets de plus de 80 km.

Renseignements : gare routière de Matkahuolto. Simonkatu 3, 00100 Helsinki – Fax (358) 0 607 715.

BATEAUX : au fil de l'eau, sur les lacs et sur les côtes

De confortables bateaux, pourvus de cabines et de restaurants, assurent la circulation sur de nombreux lacs, mais ne transportent pas de voitures.

Le **trafic lacustre** a lieu surtout sur les grands lacs dont le Grand Saimaa, le Päijänne, le lac Pielinen et le lac Inari. La saison de navigation va de la mi-juin à la fin août. Circuits et minicroisières durent de quelques heures à plusieurs jours. Les plus fréquentés sont la "Ligne d'Argent" entre Hämeenlinna et Tampere, et la "Route du Poète" entre Tampere et Virrat. De nombreuses croisières lacustres traversent les vastes étendues du Grand Saimaa. Les bateaux les plus anciens sont aussi les plus romantiques. Les premiers bateaux à vapeur ont fait leur apparition sur les lacs finlandais au début du XIXe siècle, quelque 50 ans plus tard, les riches familles de Saint-Pétersbourg arrivaient par train à Lappeenranta. De là, elles embarquaient à bord d'un vapeur qui les amenait à Savonlinna, la station thermale alors en vogue. Aujourd'hui, le canal de Saimaa qui relie le golfe de Finlande au lac de Saimaa, permet de faire une croisière du côté de la Russie, à Viborg ou à Saint-Pétersbourg. La plupart des services réguliers ont fait place aux croisières touristiques, mais des itinéraires tels que Lappeenranta-Savonlinna (7h) ou Savonlinna-Kuopio (11h) survivent encore.

Parmi les **circuits côtiers**, celui de la "route de l'archipel de Turku" qui fait le trajet Turku-Naantali est l'un des plus beaux. Sont également assurés les services quotidiens le long de la côte d'Helsinki à Porvoo.

En hiver, les **brise-glace**, équipement finlandais par excellence, assurent l'accès à tous les ports qui sont normalement pris dans les glaces. Tout au nord, dans le golfe de Botnie, on fête le réveillon de Noël et le Nouvel An sur un brise-glace, un "must" pour les touristes en mal d'exotisme nordique.

VOITURE : la bonne conduite sur route

Le réseau routier fait 76 000 km dont à peu près la moitié est goudronnée. Il n'y a pas de péage en Finlande, car il n'existe aucune autoroute de liaison entre les grandes villes, seulement des autoroutes de dégagement aux abords des agglomérations importantes. Les axes principaux sont cependant très bons, la circulation est généralement fluide. Les routes secondaires, plus étroites, traversent de magnifiques paysages, surtout dans la région des lacs.

Sur un territoire aussi vaste que la Finlande, il reste naturellement beaucoup de routes de terre. Elles sont clairement signalées sur les cartes, mais leur état est tributaire des intempéries. La débâcle du printemps (de fin avril à début juin, selon la latitude) est le seul vrai moment critique (panneaux portant l'indication *"kelirikko"*, ce qui veut dire mauvais état des routes). Certaines routes dans le Grand Nord peuvent être momentanément fermées en hiver entre novembre et mars.

La **vitesse** est limitée à 100 km/h, 80 km/h ou 60 km/h selon la route et l'importance de la circulation. En l'absence d'un panneau indicateur, la limitation de vitesse est de 80 km/h. Sur les autoroutes (rares), la vitesse est limitée à 100 km, dans les agglomérations généralement à 50 km/h.

Pour les camping-cars ou caravanes, la vitesse maximale autorisée est de 80 km/h. Les cyclomoteurs ne doivent pas dépasser 40 km/h.

Les phares doivent êtres allumés en tout temps en dehors des agglomérations.

Le respect du piéton. En ville, le respect des feux rouges et du piéton est absolu. Vous devez vous arrêter dès que celui-ci, encore sur le trottoir, manifeste l'intention de traverser. Inversement, le piéton finlandais ne traverse que si le signal l'y autorise. S'il traverse au feu rouge, il risque une contravention.

A Helsinki, les tramways ont toujours la priorité.

Les animaux sur les routes. Elans, cerfs et rennes sont nombreux en Finlande et provoquent fréquemment des accidents. La nuit, éblouis par les phares, ils peuvent se jeter contre la voiture. Et un élan pèse jusqu'à 600 kilos ! Ces animaux circulent généralement au crépuscule, mais on peut les rencontrer à toute heure. Dans le Nord, on trouve surtout des rennes (isolés ou en troupeaux) sur les routes. En cas d'accident causé par un animal, le conducteur est tenu d'avertir immédiatement la police. Les rennes ne sont pas des animaux vraiment sauvages, mais "domestiqués en liberté". Et leur propriétaire est en droit de vous poursuivre en justice.

Les stations-service sont bien réparties sur tout le territoire et acceptent les cartes de crédit (Visa). Elles sont généralement ouvertes de 7h à 21h, moins longtemps le dimanche. En Laponie cependant, région peu peuplée, il faut être prévoyant et faire le plein aussi souvent que possible. Les distances entre chaque pompe à essence sont ici bien plus longues.

L'alcool au volant. Ne jamais boire d'alcool avant de prendre le volant. Une infraction à cette règle peut vous mener en prison ! Il est d'usage chez les Finlandais que dans une soirée l'un des convives se dévoue et ne prenne pas d'alcool, ou bien tout le monde rentre en taxi. Le taux d'alcoolémie autorisé est de 0,5 pour mille.

Si vous vous trouvez impliqué dans un accident de la route, appelez le numéro d'urgence gratuit 112 à partir de n'importe quelle cabine téléphonique (police, ambulance, pompiers ou médecin).

Les panneaux de signalisation routière les plus courants :

Aja hitaasti	conduire lentement	*Aluerajoitus*	limitation de vitesse locale
Keskusta	Centre	*Kielletty*	Interdit
Kiertotie	déviation	*Lautta, lossi*	bac
Lentoasema	aéroport	*Lähtöselvitys*	enregistrement
Maantie	route nationale	*Moottoritie*	autoroute
Näkötorni	belvédère	*Opastus*	information
Posti	bureau de poste	*Rautatieasema*	gare
Satama	port	*Sateella liukas*	risque d'aquaplaning
Silta	pont	*Kekeile jarruja*	faire un essai de freinage
Tietyö	chantier	*Uimaranta*	plage
Valtatie	route nationale		

Location de voitures. La plupart des grandes compagnies internationales de locations sont représentées dans les aéroports et les principales villes de Finlande.
Le dépôt de garantie est calculé sur la base du prix de location estimé, et il est payable au moment de la location. Les cartes de crédit internationales sont acceptées. Conditions de location : l'âge minimum varie de 19 à 23 ans avec une année d'expérience de conduite. Frais supplémentaires pour rendre la voiture dans une autre ville : env. FIM 300. Franchise en cas d'accident : FIM 6 000 à 10 000. Supplément tout risque : FIM 45 à 100 par jour.

Suivant la saison et le type de camping-car, les prix des location varient de FIM 4 500 à 6 300 par semaine avec un kilométrage de 2 100 à 2 500.

Conseils photo pour vos départs en vacances

Pensez à vous munir des factures de votre appareil en cas de contrôle douanier.

Pensez à équiper votre appareil réflex ou compact d'une **pile** neuve et/ou en prévoir une de rechange.

Prévoyez un **boîtier de protection anti-radiation** pour le passage des bagages sous les portiques de détection, surtout pour les hautes sensibilités.

Munissez-vous de plusieurs types de **pellicules** : papier, diapo (ex. Kodak Elite ou Kodachrome), noir et blanc (ex. Kodak T-Max) et pourquoi pas d'un appareil jetable (ex. Kodak Fun).

Pour les pellicules papier, prévoyez plusieurs **sensibilités** :

- Sensibilité 25 : soleil, flash (ex. Kodak Ektar)
- Sensibilité 100 : soleil voilé, soleil, flash (ex. Kodak Gold ou Ektar)
- Sensibilité 200 : ombre, soleil voilé, soleil, flash (ex. Kodak Gold)
- Sensibilité 400 : ombre, soleil voilé, (soleil), flash (ex. Kodak Gold)
- Sensibilité 1000 : ombre, flash (ex. Kodak Ektar)

Très pratiques, les **appareils jetables**. Vous ne craignez ni le vol, ni d'abîmer votre appareil et vous bénéficiez d'une gamme variée d'appareils : avec ou sans flash, panoramiques (tirage papier panoramique, même largeur double longueur, pour les paysages grandioses ou les vues d'ensemble) ou aquatiques (étanches pour prendre des photos jusqu'à 3 m de profondeur). Pour faire développer ces photos, il suffit de confier votre appareil, sans l'ouvrir, à votre revendeur habituel.

Sachez que vous pouvez indifféremment faire développer vos photos sur place ou de retour chez vous : le **développement** est universel.

Faites **agrandir** vos meilleures photos ou faites-les tirer en double exemplaire pour les partager avec vos amis ou votre famille.

EUROCARD / MASTERCARD

Les cartes Eurocard MasterCard sont acceptées par 30 000 commerçants signalés par les logos Eurocard et/ou MasterCard. Vous pouvez retirer des devises aux guichets de nombreuses banques : Alandsbanken, Kanslli, Osake, Pankki, Oko Bank, Postipankki et Skop Bank, Union Bank of Finland.

N'oubliez pas : l'ASSISTANCE MEDICALE RAPATRIEMENT. Pour tous les titulaires de la carte Eurocard MasterCard et leur famille. Partout en France et à l'étranger :

- Rapatriement ou transfert à l'hôpital après l'accord d'Eurocard MasterCard Assistance.
- Prise en charge des frais de visite d'un membre de votre famille en cas d'hospitalisation de plus de 5 jours.
- Prise en charge des frais d'hôtel jusqu'à 2 000 francs.

Avantages : avec votre carte Eurocard MasterCard vous bénéficiez du remboursement des frais médicaux et d'hospitalisation (jusqu'à 70 000 F) ainsi que de l'assurance accidents de voyage, sans franchise kilométrique, et de l'assurance solde des paiements.

En cas de perte ou de vol : 24h/24 appelez le **33 - (1) 45 67 84 84** en France (PCV accepté) pour faire opposition, faites une déclaration aux autorités de police ou au consulat et prévenez votre agence par lettre recommandée.

En cas de perte de tous vos moyens de paiement, le Service Assistance vous assure un Cash Dépannage jusqu'à 5 000 F.

Important : vous bénéficiez également de l'Assistance juridique à l'étranger : Prise en charge des frais d'avocat à concurrence de 5 000 F et avance de la caution pénale jusqu'à 20 000 F.

Pour plus d'informations, minitel 3615 ou 3616 EM.

LA FINLANDE SURVOLEE

GEOGRAPHIE

Avec un tiers de son territoire au-dessus du Cercle polaire, la Finlande (dont le nom finnois est Suomi), est le pays le plus septentrional d'Europe. La Laponie apparaît comme une frange pionnière, à la lisière du Grand Nord.

Située entre la Suède jadis si prospère, à l'ouest, et les lambeaux de l'ex-Union soviétique, à l'est, la Finlande est un pays étonnamment moderne.

Placée à l'est du méridien de 20° (qui est celui de Cracovie), la Finlande appartient à l'Europe orientale (en outre, pendant plus d'un siècle, elle a subi la domination russe). Pourtant, elle est bien le plus occidental des Etats orientaux. Ses portes s'ouvrent sur la mer Baltique et, par-là, sur la mer du Nord. Aussi, la pénétration suédoise y est-elle très ancienne. Le pays a appartenu à la Suède pendant six siècles et on parle encore suédois sur la côte de l'Ostrobotnie.

La Baltique sépare le pays de la Pologne et de l'Allemagne, tandis qu'au-delà du golfe de Finlande sont situés les pays Baltes et la ville de Saint-Pétersbourg.

Au large de la côte Sud-Ouest, se déploie un des plus spectaculaires archipels du monde dont une partie forme les îles autonomes d'Åland. La traversée en ferry de Stockholm à Turku ressemble à une croisière de rêve. Elle passe à travers un labyrinthe de myriades d'îles, d'îlots et de récifs peuplés de tout petits villages et de hameaux de pêcheurs.

La côte du golfe de Finlande, au large d'Helsinki, et du sud-ouest est généralement basse et très découpée.

L'élévation des terres, qui se poursuit depuis la dernière glaciation, est le phénomène naturel le plus curieux du pays. Il est le plus sensible dans les régions côtières et dans l'archipel où le relèvement est de 85 cm en moyenne par siècle. Pendant la durée de sa vie, un homme peut voir une ou plusieurs îles émerger de la mer tandis que se modifient les contours de la côte.

Le "pays des mille lacs"

Le relief de la Finlande a été formé durant la période glaciaire quaternaire. Ce relief, très bas, est principalement composé par des dépôts morainiques d'où sortent des dorsales. Le pays est troué de milliers de lacs peu profonds, de 5 à 20 mètres généralement.

Tout le monde connaît la Finlande comme le "pays des mille lacs". C'est là une impardonnable sous-estimation : on en dénombre pas moins de 187 888 ! Ils couvrent un quart du centre du pays et constituent un système de rivières et de canaux qui relient les grands lacs entre eux. Ces régions lacustres offrent une configuration "tourmentée" : lacs parsemés de nombreuses îles que séparent d'étroits chenaux. Le Grand Saimaa forme le plus vaste et le plus complexe de tous ces systèmes lacustres.

Dans ce pays mal drainé, les sols marécageux sont abondants et couverts d'un épais manteau de tourbières. Les forêts occupent les sols secs et couvrent 80 % des terres. Les rares grands fleuves, tels le Torneäly et le Kemijoki, se trouvent principalement au nord.

La Finlande méridionale est doucement vallonnée, les dénivellations ne dépassant que rarement cent mètres. Le Sud est peuplé de villes nordiques proprettes, bien planifiées et intégrées dans des paysages environnés de lacs.

Les derniers espaces vierges d'Europe

La Finlande orientale présente les derniers grands espaces vierges d'Europe. La région des grandes forêts et des hautes collines boisées commence au nord des lacs dans lesquels se déversent de longs fleuves sinueux et des rapides écumants.

La forêt qui occupe environ 80 % du sol finlandais, n'est en général pas trop dense mais plutôt du type forêts-galeries, avec d'immenses fûts s'élançant vers le ciel. Pins (45 %), sapins (37 %) et bouleaux (18 %) constituent la grande forêt arctique et subarctique. Par endroits, la claire forêt de hauts bouleaux argentés aux troncs blancs et au feuillage qui tremble au soleil, fait penser aux vastes forêts boréales de la Russie toute proche. En Laponie, c'est le règne de la toundra et l'envoûtement des nuits blanches.

La flore, particulièrement riche pendant la belle saison, de fin mai à septembre, offre ses parterres de fleurs de champs qui tapissent les forêts de bouleaux. Les baies sauvages et les champignons envahissent les marchés de province dès l'automne. On y trouve également quantité de groseilles, de myrtilles, d'airelles et les curieuses "lakka", baies polaires au goût particulier et qui ressemblent à des framboises jaunes.

"L'immense forêt silencieuse où l'action de l'homme laisse moins de trace encore que dans les solitudes scandinaves ou les immensités russes, où les champs ne sont que des clairières tolérées, les fermes des îlots prouvant qu'un peu de culture s'est égaré jusque-là".

Poètes et romanciers finnois décrivent la Finlande avec une ferveur presque religieuse. Protégée par les habitants et superbement intacte, la nature a gardé ici toute son authenticité. Déjà en 1886, une loi fut promulguée interdisant de détruire les forêts et obligeant tous les propriétaires forestiers à renouveler les coupes de leurs forêts. La force de l'économie forestière réside dans les soins jaloux que les particuliers prodiguent à leur bien ; chacun veut laisser aux générations suivantes des arbres en bon état.
Aussi, les forêts soigneusement entretenues poussent bien, et fixent plus de gaz carbonique que le pays n'en produit.

Comparée aux zones les plus polluées d'Europe, la Finlande est un modèle de pureté, mais elle souffre de la pollution de ses voisins, apportée par le vent et les eaux. La Russie est le principal coupable, cependant la Pologne et l'ex-RDA sont aussi à l'origine d'une quantité de déchets et de miasmes – via la Baltique – non négligeable. Une grande campagne de sensibilisation concernant la protection de la mer Baltique, est en cours auprès des écoliers nordiques, baltes, polonais et allemands, sous le nom du "Projet baltique des écoliers".

La Suède et la Finlande ont été les premiers pays en Occident à détecter la tragédie de Tchernobyl. Pour déclencher un débat houleux, il suffit d'orienter la conversation sur le projet de construction de la cinquième centrale nucléaire en Finlande, projet qui a été vivement contesté après Tchernobyl.

Au mois de mars 1994, le réacteur nucléaire de la presqu'île de Kola commençait à fuir. Le fait a été signalé aux informations télévisées, puis oublié... En octobre de la même année, les Occidentaux découvraient la marée noire dans le Grand Nord de l'Oural, marée qui durait depuis le mois de février, mais dont les Russes minimisaient le danger de pollution. A ces tragédies écologiques qui se jouent aux portes du pays, la Finlande ne peut qu'assister impuissante.

La faune des forêts et des contrées boréales

Les prédateurs tels que loups, lynx, aigles et gloutons – qui hantent toujours les profondeurs des immenses forêts vers la frontière russe -, sont protégés par les pouvoirs publics. La plus impressionnante de ces bêtes sauvages est l'ours brun, jadis tellement redouté qu'il était tabou de prononcer son nom ("karhu"). Ayant retrouvé son habitat depuis la désertification des immenses sapinières de la Carélie russe annexée à la fin de la seconde guerre mondiale, il n'est plus menacé d'extinction. Sa chair est même devenue un mets de choix dans certaines restaurants d'Helsinki.

Il n'y a presque plus de loups en Finlande même, par contre un certain nombre d'entre eux, venant de contrées inhabitées, traverse la frontière russe. La haine et la peur ancestrales de cet animal sont encore si fortes dans l'est de la Finlande que dès qu'un loup est signalé, il est aussitôt traqué par des équipes en voitures 4x4 et immanquablement tiré.

"Ainsi les loups, dans le gel hivernal, n'évitaient-ils plus les enclos ; ils pénétraient jusque dans les maisons et s'emparaient dans l'étable d'une brebis, dans la cour d'un petit chien. Et si en été, ils ne rôdaient qu'isolement ou par deux, l'hiver venant ils se rassemblaient en grandes hordes, et ils montaient la garde sur les chemins forestiers ainsi qu'aux alentours des grands-routes, sautant sur les voyageurs ; c'est pourquoi d'aucuns, partant en voyage, attachaient un piquet à une longue corde et cette dernière à l'arrière du traîneau, afin d'effrayer les fauves." La fiancée du loup, Aino Kallas

Le phoque vivant dans le lac Saimaa, et dont l'espèce est pratiquement éteinte, est, quant à lui, hyperprotégé. Malgré tout, il reste très menacé par la pollution et les constructions intempestives de maisons de campagne sur les rives du lac.

Parmi les autres grands mammifères qui peuplent le pays, citons les élans, les cerfs et les rennes semi-domestiqués, très nombreux en Laponie. Le renard polaire est également assez commun, ainsi que le castor. Les animaux plus petits sont le hérisson, le rat musqué, la martre, la loutre et le lièvre. La vipère ("kyy") est le seul serpent venimeux de Finlande. L'antidote (à acheter en pharmacie) s'appelle "kyypakkaus" en finlandais.

En Laponie, on aperçoit souvent des troupeaux de rennes dans leurs migrations annuelles, au lointain sur les *tunturis,* ces mystérieuses hauteurs qui se profilent à perte de vue. La Laponie qui occupe presque le tiers de la Finlande, ne compte que deux habitants au km2. La faible densité de la population est sans doute l'un des grands luxes de la Finlande. Si la France avait la même densité démographique, sa population n'atteindrait pas les deux millions d'habitants !

Le curieux lemming est un petit rongeur des toundras et des forêts polaires qui ressemble à un mulot en fourrure noire et dorée. Périodiquement, l'espèce souffre d'un phénomène de surpopulation : une partie des lemmings se rue alors vers les vallées en troupeaux serrés, dévastant tout sur leur passage, végétation et cultures. Beaucoup périssent en route, noyés ou dévorés par les rapaces. Certains, cependant, arrivent jusqu'à l'océan où ils se jettent, nagent jusqu'à la limite de leurs forces et meurent...

De vastes parcs nationaux

"Avant la venue de l'homme, il y avait là des sapins rouges, des pins, de bouleaux et des aulnes qui luttaient avec une muette ténacité, pour leur existence ; des forêts touffues d'arbres confusément mêlés, qui encombraient les ravines creusées parmi les rochers. La ligne sinueuse de la côte basse brisée par d'innombrables pointes de terre, par des criques, des écueils, se blottissait contre le sein de cette mer qui lui avait donné le jour."
Aux rives de ma Finlande, Toïvo Pekkanen.

Dans les parcs nationaux, on peut randonner à pied ou à ski, camper et pêcher à condition de se conformer aux règlements en vigueur. (La végétation est très vulnérable, surtout en Laponie, et il faut faire attention de ne pas l'endommager). Interdiction d'allumer des feux, de camper en dehors des emplacements autorisés, de couper les arbres, de cueillir des plantes et, bien évidemment, de jeter des détritus.

Le Kuusamo. Le parc d'Oulanka est traversé par l'Oulankajoki, rivière à rapides propice au rafting et à la pêche. Le circuit de Karhunkierros à Kuusamo, le chemin de grande randonnée le plus réputé de Finlande, traverse des paysages sauvages, des chutes d'eau, parmi une faune et flore superbes. De bons sentiers mènent aux refuges (gratuits).

Le parc Lemmenjoki est traversé par la rivière du même nom, qui se jette dans le lac Inari. C'est le plus grand et le plus sauvage des parcs nationaux.

Le parc Urho Kekkonen qui est l'un des plus vastes espaces vierges d'Europe, s'étend de la chaîne des Rautunturit à celle du Saariselkä ; des sentiers et des refuges y sont aménagés pour les randonneurs.

Le parc Pallas-Ounastunturi se trouve dans l'ouest de la Laponie aux sommets dénudés comme les Kero.

Kilpisjärvi est une région de lacs et de montagnes.

INFORMATIONS COMPLEMENTAIRES : Suomen Matkailuliitto (Association du Tourisme de Finlande) – Mikonkatu 25 – 00100 Helsinki. ✆ (9) 0 170 868 – Fax 654 358.

LES REGIONS A VISITER
(villes importantes, routes, points forts, spécificités...)

La Finlande c'est d'abord la nature : un enchevêtrement de lacs, de baies, d'îles et de forêts, mais le pays possède aussi un patrimoine artistique et culturel important. Les ressources touristiques dans ce domaine sont variées, qu'il s'agisse de cathédrales médiévales, d'églises orthodoxes ou modernes, d'architecture contemporaine ou néo-classique, sans oublier les provinces aux noms magiques : la Carélie, la Laponie...

■ Villes importantes

Helsinki capitale actuelle, Turku ancienne capitale.

Petites villes romantiques : Rauma et sa vieille ville tout en bois, Porvoo, Naantali, Kristinenstad.

■ **Routes**

Circuit des trois grandes villes : Helsinki-Turku-Tampere (= 320 km)

La route de la côte : Turku-Pori-Vasa-Oulu-Kemi (= 760 km)
Détour vers l'intérieur à Rovaniemi (= 120 km)

En Laponie-Tornio-Munonio-Enontekiö-Kivilompolo (= 400 km)

De Turku à Kivilompolo : en tout 1 280 km

La traversée de la Finlande, du sud au nord par le centre : Helsinki-Lahti (= 100 km)
Mikkeli-Varkaus-Kuopio (= 300 km)

Ou route alternative par Lahti-Jyväskylä-Kuopio (= 315 km)

Kuopio-Kajaani-Rovaniemi-Muonio (= 750 km)

D'Helsinki à Muonio : en tout 1 150 km

La traversée de la Finlande, du sud au nord par l'est :
Helsinki-Porvoo-Lappeenranta-Imatra-Savonlinna (= 420 km)

Savonlinna-Joensuu-Nurmes (= 470 km)

Nurmes-Kuhmo-Kuusamo (= 350 km)

Kuusamo-Rovaniemi (= 190 km)

Rovaniemi-Sodankylä-Inari-Karigasniemi (= 430 km)

D'Helsinki à Karigasniemi : en tout 1 860 km

En Laponie, en direction du Grand Nord ou vers les trois frontières :
Rovaniemi-Sodankylä-Ivalo-Inari-Utsjoki (= 450 km)

Rovaniemi-Kittalä-Muonio-Entontekiö (= 300 km)

Au cœur de la région des lacs :
Lahti-Tampere (= 130 km)

Tampere-Keuruu-Jyväskylä (= 180 km)

Jyväskyla-Varkaus-Valamo (= 200 km)

Valamo-Savonlinna (= 120 km)

Savonlinna-Lappeenranta (150 km)

En tout 780 km

La Carélie, culture et traditions :
Joensuu-Valamo-Kuopio (= 170 km)

Kuopio-Iisalmi-Nurmes (= 210 km)

Nurmes-Lieksa-Ilomantsi-Joensuu (= 230 km)

Croisières lacustres
La "Ligne d'Argent" entre Hämeenlinna et Tampere.

La "Route du Poète" entre Tampere et Virrat.

Le "Canal de Saimaa" permet depuis peu de faire une croisière du côté de la Russie, à Viborg ou à Saint-Pétersbourg

Circuits côtiers
La "Route de l'archipel de Turku", entre Turku et Naantali, offre l'un des plus beaux circuits.

La "Route d'Åland", le plus bel archipel du monde.

POINTS FORTS ET SPECIFICITES

Les îles d'Åland dans l'archipel de Turku, le lac Saimaa (et ses précieux phoques protégés), les marchés colorés (*kauppatori*) et les marchés couverts (*kaupahalli*) des petites villes du centre, la maison de Bomba en Carélie (architecture spécifique), le nord de la Laponie et le lac Inari (avec l'île des sacrifices), le château fort de Savonlinna (et ses opéras), le monastère orthodoxe du nouveau Valamo (l'ancien fut annexé par l'ex-Union soviétique en 1940), le barrage d'Imatra (qui ouvre les vannes une fois par semaine)

Eglises – *Médiévales* à fresques peintes : à Lohja, à Hattula. *Orthodoxes* : cathédrale Uspenski à Helsinki, à Vaasa. *Néo-classiques* : la cathédrale Tuomiokirkko sur la place du Sénat à Helsinki. *Modernes* : Temppeliakionkirkko à Helsinki.

Architecture contemporaine – La ville-satellite d'Espoo, le palais Finlandia et le nouvel opéra à Helsinki, le nouveau musée arctique à Rovaniemi, la bibliothèque municipale de Tampere, le musée Alvar Aalto à Jyväskylä.

Grands musées d'art – L'Ateneum à Helsinki (surtout pour l'art finlandais, mais aussi italien et français de la Renaissance). Le Taide Museo à Turku (art finlandais des XIXe et XXe siècles). Le Taide Museo à Joensuu (antiquités, art finlandais).

Musées d'ethnographie régionale – Le musée orthodoxe de Kuopio (collection d'icônes anciennes unique en Europe). Le musée d'Ostrobotnie à Vaasa. Le Musée arctique à Rovaniemi. Le Musée national à Helsinki (l'ethnographie nordique et arctique).

CLIMAT ET SAISONS DU VOYAGE

Bien que la Finlande appartienne à l'Europe orientale, son climat est adouci par les influences maritimes dues au voisinage de la Baltique. Le pays profite du climat tempéré de l'Atlantique et du Gulf-Stream, avec cependant une note plus continentale que ses voisins scandinaves, la température moyenne de juillet oscillant entre 10°C et 20°C (mois le plus chaud), celle de février entre – 5°C et – 10°C (mois le plus froid). Températures moyennes à Helsinki : en juillet + 17°C et en janvier – 5,7°C.

"Il peut arriver, une nuit comme celle-ci, que l'on voie quelques gouttes d'eau tomber du ciel, le soir, mais que, à l'aube, la terre se couvre de nouveau d'une légère couche de givre." Un bal en avril, Frans Eemil Sillanpää

Le printemps arrive en mai. Après une fabuleuse éclosion de quelques jours (fêtée par la nuit du Walpurgis du 30 avril au 1er mai), surgit le court et intense été.

La brièveté de l'été nordique fait dire aux Finlandais que "*l'été ne dure que du mardi au jeudi*". Mais bien que court, il est chaud, lumineux et vivifiant avec, en juillet, des températures élevées. Même en Laponie, il arrive que le thermomètre dépasse les 30°C. A la Saint-Jean, la lumière du jour brille 20h dans le Sud ; au nord du Cercle polaire, le soleil ne se couche plus du tout durant 73 jours, de mi-mai à fin juillet. Le soleil de minuit de la Laponie (tout comme le fléau des moustiques) est un souvenir impérissable.

Dès la fin août, le temps fraîchit. En Laponie, la "ruska" – le fabuleux automne lapon – est une saison très belle qui teint les feuillages d'or et de pourpre.

La première neige tombe généralement en décembre dans le Sud, et vers octobre dans le Nord. Elle recouvre tout le pays jusqu'à la fin mars dans le Sud et la mi-mai dans le Nord. L'hiver finlandais est certes froid, mais c'est un froid sec, complice d'une nature éblouissante de beauté. Les maisons finlandaises sont bien isolées, souvent avec un triple vitrage. Pour en savoir plus sur le climat de la Finalnce, tapez 3617 METPLUS.

TEMPERATURES MOYENNES

Helsinki	J	F	M	A	M	J	J	A	S	O	N	D
Températures maximales	-3	-4	0	6	13	19	22	20	15	8	3	0
Températures minimales	-8	-9	-7	-1	4	9	12	12	7	3	-1	-5
Nombre d'heures de soleil/jour	1	2	4	6	9	10	10	8	5	2	1	0.5
pluies en mm/nombre de jours	55	40	35	45	40	50	70	70	70	75	70	65
	11	9	7	8	7	8	10	10	9	11	11	11

Sodankylä	J	F	M	A	M	J	J	A	S	O	N	D
Températures maximales	-9	-9	-3	3	9	16	20	17	10	2	-3	-6
Températures minimales	-19	-19	-16	-8	0	6	9	7	2	-4	-10	-15
Nombre d'heures de soleil/jour	0.5	2	4	6	7	9	9	6	3	2	1	0
Pluies en mm/nombre de jours	25	25	20	30	30	55	75	70	55	45	40	30
	8	8	6	8	7	10	10	11	10	9	10	10

Températures moyennes de la mer	J	F	M	A	M	J	J	A	S	O	N	D
Helsinki	1	0	1	2	5	11	15	16	13	9	5	3

Le soleil de minuit

Entre les mois de mai et de juillet, le soleil de minuit éclaire le ciel lapon d'une lumière diaphane. En revanche, l'astre diurne disparaît totalement dans le Grand Nord, entre fin novembre et début janvier : c'est le kaamos, la longue nuit polaire pendant laquelle le soleil ne se lève plus au-dessus de l'horizon.

Le soleil de minuit est visible en Laponie à :

- Utsjoki du 17 mai au 27 juillet
- Ivalo du 22 mai au 21 juillet
- Rovaniemi du 6 juin au 7 juillet
- Kuusamo du 12 juin au 30 juin

Le fléau des moustiques

Au début de l'été, la Laponie (principalement) est littéralement envahie de moustiques. Un produit antimoustique, en stick ou en crème protectrice, est indispensable, pour ne pas devenir fou. Un tout nouveau médicament antimoustique (comprimés à avaler) est actuellement en vente en Finlande.

"Les premières semaines, il n'avait pas du tout eu le mal du pays. Il avait tant de plaisir à voir la Laponie. Son seul souci avait été d'empêcher tous les essaims de moustiques qui y pullulent de le dévorer." Le merveilleux voyage de Nils Holgersson, Selma Lagerlöf.

Quand aller en Finlande ? (Voir aussi "festivals").

Sans hésitation, en été. Et n'importe quand, entre mai et septembre, bien que l'automne puisse être un peu pluvieux et frais. Plusieurs raisons nous font conseiller l'été : c'est la période du soleil de minuit et des températures les plus élevées. Et surtout, c'est seulement en été que les auberges de jeunesse, les campings, les parcs d'attractions et nombre de musées sont ouverts.

L'été est également la saison de nombreux festivals culturels, folkloriques et sportifs partout dans le pays. Les feux de la Saint-Jean et la fête des écrevisses sont toujours très populaires et animés. C'est aussi seulement durant l'été qu'opèrent les bateaux lacustres.

L'hiver permettra aux amoureux du ski de fond de s'y adonner à cœur joie. En Laponie, dans le Grand Nord, on peut faire du scooter de neige, ou conduire un attelage de rennes. Noël et Jour de l'an à Rovaniemi, dans la maison du Père Noël au Cercle polaire arctique, sont une féerie inoubliable dans la longue nuit polaire, parfois éclairée par les aurores boréales.

INFORMATIONS GENERALES SUR LE TOURISME DANS LE PAYS

La Finlande est une nation sportive comme l'attestent les moissons de médailles que récoltent ses athlètes lors des diverses compétitions internationales. Les Finlandais sont également amateurs de **courses automobiles** et de **rallyes**. La réputation que les pilotes de rallyes se sont taillée à l'échelle mondiale est telle qu'ils pourraient revendiquer cette discipline comme leur domaine réservé. Le monde entier connaît les exploits d'Ari Vatanen et de Kankkunen, ces fous du volant nordique. Le fait qu'ils soient originaires d'un petit pays, qui cherche à s'affirmer, n'y est certes pas étranger. Et, à la force du célèbre *"sisu"*, ils joignent un esprit inébranlable de droiture et de loyauté. Tous les ans au mois d'août, à Jyväskylä a lieu le célèbre **rallye des Mille Lacs**.

Les Finlandais pratiquent le **volley**, le **tennis** et le **squash**. Ils organisent des concours de **sauts à ski**, de **patinage**, de **matchs de hockey sur glace**. Tous les grands hôtels sont équipés de **sauna** avec **piscine** mais même les auberges de jeunesse et les plus petits campings disposent d'un sauna.

Le **cyclisme** est aussi en vogue, en particulier le long de la côte Sud, dans les îles d'Åland, et dans la région du Saimaa. La plupart des itinéraires préétablis empruntent de vieilles routes à faible circulation, bien plus intéressantes que les nationales. De nombreux hôtels, campings, offices du tourisme locaux et auberges de jeunesse sont prêts à vous louer des bicyclettes, entre FIM 40 à 60 par jour (de FIM 200 à 300 par semaine). Dans certaines villes, la location est gratuite, à condition de rendre le vélo là où on l'a pris.

Des pistes de **jogging** éclairées sont aménagées dans presque toutes les villes. En hiver elles servent de pistes de ski de fond. Les amateurs de course à pied pourront se procurer la *"Ulkoilukartta"*, carte distribuée par les offices du tourisme et sur laquelle sont répertoriés les nombreux sentiers qui leur sont réservés. En Laponie, on peut participer à des séjours d'orpaillage combinés avec des randonnées pédestres.

■ Randonnées

La Finlande se présente comme une vaste pénéplaine granitique, d'une altitude moyenne de 400 mètres. En général, les ondulations sont lentes et de faible amplitude. La forêt qui occupe 2/3 du pays, peu dense (sauf dans le Kuusamo), est plutôt du type forêts-galeries. Souvent le bouleau s'y mêle au pin et au sapin, éclairant les sombres forêts de résineux. Les hautes collines de la Finlande orientale et les monts (*"tunturis"*) de la Laponie attirent les amoureux de la nature.

Le pays entier est sillonné de chemins de randonnées, plus ou moins longs et plus ou moins difficiles. Les circuits sont marqués de panneaux ou de rubans. Dans le Sud, certains relient des agglomérations entre elles et ne requièrent des marcheurs aucune expérience particulière. Des cartes détaillées sont vendues dans les offices du tourisme de chaque province.

Randonnées dans le Grand Nord. Bien que les possibilités soient infinies partout, la Laponie reste incontestablement la région préférée des randonneurs. Les saisons les plus propices sont les mois de juin et d'août (juillet étant le mois où pullulent les moustiques, prévoir absolument un produit anti), et surtout septembre, quand la *"ruska"*, le fabuleux automne lapon, fait flamboyer les espaces infinis de cette nature sauvage.

Pour s'aventurer dans le Grand Nord, il est utile de posséder une connaissance des conditions de survie dans un milieu sauvage et inhabité. On y trouvera des refuges, qui ne sont souvent que de simples cabanes aménagées le long des circuits, mais où l'on peut passer gratuitement une nuit. Il est donc possible de parcourir ces pistes sans guide, mais carte et boussole demeurent indispensables ! Respectez la règle élémentaire de ne pas partir seul et prévenez l'office du tourisme de votre départ.

Sur les pistes les plus fréquentées, on trouve des chalets gardés. Il faut alors réserver à l'avance et, avant le départ, prendre la clé à l'office du tourisme contre une somme modique. Noter que ces chalets sont à la disposition de tous, et ne sauraient faire l'objet d'un usage privé. Tous les randonneurs ont un même droit à leur accès.

Ski de fond. Les enfants finlandais apprennent à skier en même temps qu'ils apprennent à marcher, dès l'âge de deux ans. Le ski de fond se pratique partout en Finlande, et plus particulièrement en Laponie, où, enchanteresses et majestueuses, les solitudes polaires sont d'un exotisme garanti. Le ski se pratique jusqu'à la fin mars dans le Sud et le centre, jusqu'à la mi-mai en Laponie où le soleil brille alors 14 heures par jour ! Comme si l'hiver en Finlande n'était pas assez long, on remarquera souvent des sportifs continuer leur entraînement sur des skis à roulettes en été.

Raids à ski. La plupart des circuits de randonnées pédestres peuvent être parcourus à ski. Certains raids en Laponie consistent à traverser les lacs gelés. La traversée du lac Inari, jusque dans les régions proches de la Russie où vivent les Sâmes *"skolts"*, est une expérience inoubliable.

De nombreuses épreuves sportives de ski de fond, ouvertes aux amateurs, ont lieu chaque année, telle la course de ski "Finlandia" en février. Au cours de cette célèbre compétition, près de 10 000 participants doivent parcourir les 75 km qui séparent Hämeenlinna de Lahti.

Motoneige (ou skidoo). C'est le dernier sport en date qui remplace la *pulkka,* traîneau traditionnel tiré par des rennes, et que les Sâmes utilisent parfois encore. La motoneige ravit les fous de vitesse (et les touristes). Bien que très pratique, c'est néanmoins une invention responsable d'une nouvelle sorte de pollution sonore et atmosphérique.

■ Autres sports

Navigation et voile. La navigation, à voile comme à moteur, est le plus prisé de tous les sports aquatiques. La côte Sud-Ouest, l'archipel de Turku, les îles d'Åland se prêtent bien à la plaisance grâce à leurs rives très découpées, parsemées d'une myriade d'îlots et de récifs. On pratique également la voile dans la région d'Helsinki et dans le golfe de Botnie. La plupart des villes côtières et lacustres disposent de ports de plaisance pour visiteurs, bien que les services puissent varier d'un endroit à l'autre. INFORMATIONS : Merenkulkuhallitus (Direction générale de la Navigation) – Vuorimiehenkatu 1 – 00140 Helsinki. ✆ (9) 0 18 081 – Fax 180 84 31. Suomen Moottoriveneliitto/Purjehtijaliitto (Association finlandaise des bateaux à moteur/yachting) – Radiokatu 20 – 00240 Helsinki. ✆ (9) 0 1581 – Fax 158 2369.

■ Pêche

La Finlande est un paradis pour les pêcheurs. Le brochet, la perche, et la brême y abondent. Sans doute fait-on les plus belles prises au printemps et en automne, mais on pêche aussi en été. De la mi-juillet à la mi-août, on traque le lavaret, le sandre, la lotte, la truite (de mer, saumonée ou arc-en-ciel), l'omble chevalier et le saumon. Les offices du tourisme vous indiqueront les meilleurs lieux de pêche.

Deux permis sont nécessaires : un permis de pêche national à acheter dans n'importe quel bureau de poste (env. FIM 35), et un permis local délivré par les propriétaires des eaux de pêche (le prix dépend de la réputation des eaux).

La pêche en hiver. Le *"pilkki"* (pêche à travers la glace) se pratique sur les lacs gelés. Un trou est d'abord foré dans la glace, et le poisson attiré par la lumière mord à l'hameçon (pendant que le froid mord le pêcheur).

■ Chasse

Il faut présenter un permis de chasse français pour obtenir l'équivalent local dans un commissariat finlandais. Noter qu'on ne peut chasser l'élan qu'en participant à une chasse à l'affût organisée soit par une association finlandaise, soit par une agence de voyages. Il faut au préalable passer une épreuve de tir sur cible fixe et sur cible animée, placées à 75 mètres : 3 balles mortelles en 20 secondes pour chaque épreuve. Pour l'introduction des armes de chasse venant de l'étranger, un permis spécial doit être demandé à la police du lieu d'arrivée.

Les saisons de chasse sont sensiblement les mêmes chaque année :

- Oiseaux aquatiques et marins : 20.08 au 31.12
- Lièvre : 01.09 au 28.02
- Elan, cerf : 24.09 au 15.12
- Grand tétras lyre, perdrix des neiges,
- Lagopède (cousin de la grouse d'Ecosse) : 10.09 au 31.10

L'HEBERGEMENT

HOTELS

Le nombre d'étoiles peut sembler parfois surévalué, et le parc hôtelier un peu vieillissant, même s'il existe de grands palaces d'un luxe éblouissant. Comme partout dans les pays nordiques, la salle de bains n'est pas toujours équipée d'une baignoire, mais seulement d'une cabine de douche. Les Finlandais, en général, estiment que *"prendre une douche est plus propre"*. En revanche, tous les établissements hôteliers ont un sauna collectif, même la moindre petite pension, auberge de jeunesse ou camping. Ces derniers sont souvent admirablement situés, au bord d'un lac permettant de piquer une tête après l'étuve du sauna.

Les grands hôtels disposent fréquemment d'un sauna privé dans les chambres et/ou d'une piscine pour le plongeon salvateur. Le sauna est généralement gratuit pour les clients de l'hôtel, mais souvent très tôt le matin seulement. Nombre de Finlandais commencent leur journée par un sauna matinal.

Le petit déjeuner est presque toujours compris dans le prix de la chambre. Restaurants, bars et boîtes de nuit des hôtels sont ouverts à tous.

Dans certaines gares, notamment celle d'Helsinki, il existe des comptoirs de réservation de chambres. Un "libre service" de réservation fonctionne à l'aérogare d'Helsinki-Vantaa.

Les "hôtels d'été", ouverts du 1er juin au 31 août, sont des logements d'étudiants, loués pendant l'été.

En période d'été et pendant les week-ends le reste de l'année, des hôtels de plus en plus nombreux pratiquent des prix réduits. Il existe aussi différents systèmes de chèques-hôtel comme le "Finnchèque", et d'autres valables dans différentes chaînes d'hôtels des quatre pays nordiques : Best Western, ProSkandinavia, Scandic. Renseignements à l'office du tourisme.

Principales chaînes hôtelières finlandaises :

- Arctia. Iso Roobertinkatu 23-25, 00120 Helsinki. ✆ (9) 0 694 8022 – Fax 694 8471.
- Best Western. Annankatu 8, 00100 Helsinki. ✆ (9) 0 694 7755 – Fax 694 7867.
- Cumulus. Kalvokatu 8, 00100 Helsinki. ✆ (9) 0 7337480 – Fax 733 7299
- Elanto (Hôtels : Merihotelli, Olympia, Seurahoune Socis). C/o Ramada Presidentti Hotel, Eteläinen Rautatiekatu 4 – 00100 Helsinki. ✆ (9) 0 691 3399 – Fax 694 7886.
- Finlandia. Elimäenkaty 22, 00510 Helsinki. ✆ (9) 0 148 8987 – Fax 148 8937.
- Fontana. Sales office, Toinen linja 17, PB 133, 00531 Helsinki. ✆ (9) 0 716 422 – Fax 713 713.
- Sokos. Kluuvikatu 8 – PB 892, 00101 Helsinki. ✆ (9) 0 131 001 – Fax 1310.
- Finnish Travel Association. Mikonkatu 25, 00100 Helsinki. ✆ (9) 0 170 868 – Fax 654 358.

BED & BREAKFAST

C'est une formule récente, qui n'est pas encore très répandue en Finlande. Les prix varient de FIM 00 à 160 par personne et par nuit. Une brochure (en anglais) répertorie ces logements. **Lomarengas** : Malminkaari 23 C, 00700 Helsinki. ✆ (9) 0 3516 1321 – Fax 3516 1370.

CHEZ L'HABITANT

Tourisme chez l'Habitant. 15, rue des Pas-Perdus BP 8338 Cergy Saint-Christophe Cédex. ✆ (1) 34 25 44 44. Centre-Ouest et Sud de la france : ✆ 16 47 94 00 30 - Fax 16 47 94 00 51. Minitel 3615 TCH. Réservation en 48h. Pour une durée supérieure à un mois, le service s'appelle **Nuits du Monde : ✆ 42 71 01 08 ou 16 47 59 37 38. Minitel 3615 NDM.** Un devis personnalisé vous sera délivré.

AUBERGES DE JEUNESSE

La plupart des auberges ne fonctionnent que pendant l'été. Elles sont ouvertes à tous, sans aucune limite d'âge. Leurs catégories peuvent être très variables : petits chalets style camping au bord d'un lac, fermette restaurée ou grand manoir aménagé pour des séminaires.

Le prix par personne varie de FIM 60 à 150 si l'on possède la carte d'adhérent. A défaut, il faut payer un petit supplément d'environ FIM 20. Une carte de membre peut être achetée à l'auberge même. Il existe aussi un système de chèques pour le règlement.

Les auberges proposent des chambres pour 2 personnes comme des dortoirs de 10 lits. Elles disposent souvent d'une cuisine self-service ou d'une cafétéria, certaines servent des repas chauds. Généralement très bien situées, elles font souvent de la location de barques, canoës, planches à voile et vélos. La signalisation des auberges sur les routes et à partir des centres-villes est très bien faite. Ce sont, du reste, les logements les plus faciles à trouver.

Fédération unie des Auberges de Jeunesse. 27, rue Pajol 75018 Paris. ✆ (1) 44 89 87 27 – Fax 46 07 93 10.

SRM. Yrjönkatu 38 B 15 – 00100 Helsinki. ✆ (9) 0 694 03 77 – Fax 693 13 49. Prix par personne de FIM 60 à 150. Le réseau de SRM assure les réservations pour les formules économiques suivantes :

Auberges de jeunesse et de famille. Elles sont classées en 4 catégories, les 3 et 4 étoiles offrent des chambres familiales. Prévoir des draps ou des sacs de couchage, ou bien s'attendre à un supplément pour leur location. Le petit déjeuner n'est pas compris.

Finnhostels. Une solution d'hébergement intéressante. Les draps sont compris dans le prix.

Hôtels d'été. Ces Summer Hotels & Hostels pratiquent des prix avantageux. Les draps et les serviettes sont toujours fournis et le petit déjeuner est parfois compris.

LOCATION DE CHALETS

5 000 chalets (*kasämökki*), souvent admirablement situés, dans tout le pays et allant de la simple petite cabane à la luxueuse villa en rondins de bois traditionnels. Les chalets sont presque toujours nichés à l'orée d'une forêt au bord d'un lac. L'équipement comprend tout ce qui est nécessaire pour la cuisine et le couchage, sauf les draps et les serviettes. Les prix varient selon la taille du chalet, l'emplacement et le confort offert. Ils sont généralement loués à la semaine. Catalogues à l'office du tourisme.

TERRAINS DE CAMPING

En Finlande, ce sont des lieux de vacances familiales proches de la nature, situés près des cours d'eau, sur les rives des lacs ou en bord de mer. On y pratique la pêche, le canotage, les excursions en bateau et les randonnées en forêt. Les terrains, bien équipés, comprennent toujours l'indispensable sauna. La nuit dans un camping coûte de FIM 27 à 75 suivant la catégorie du terrain.

On y trouve, très souvent, des chalets de 2 à 6 lits à louer, mais d'un confort plutôt modeste. Un brochure gratuite sur les terrains de camping est disponible à l'office du tourisme. L'Association du Tourisme de Finlande publie tous les ans un guide de camping complet, en vente dans tous les *"R-Kioski"* (kiosques à journaux).

Association du Tourisme de Finlande. Mikonkatu 25, 00100 Helsinki. ✆ (9) 0 170 868 – Fax 654 358.

La carte internationale de camping s'obtient auprès du Camping Club international de France : 14, rue des Bourdonnais 75001 Paris. ✆ (1) 42 36 12 40.

LA GASTRONOMIE

"Il y avait six heures que nous étions à table, et, après les krapuia, ces écrevisses de Kemi, après les bons hors-d'œuvre suédois, le caviar, le siika et la langue de renne fumée, après la soupe de choux et de couenne, après les énormes saumons de l'Ouras, roses comme des lèvres de jeune fille, après le rôti de renne et les pattes d'ours au four, après la salade de concombres au sucre, à l'horizon brumeux de la table, entre les bouteilles vides de snaps (...), on avait vu paraître enfin, dans son ciel couleur d'aurore – le cognac.» Eugène Onéguine, Alexandre Sergueïevitch Pouchkine.

La plupart des Finlandais prennent un solide petit déjeuner et généralement un dîner léger. Le matin, tous les hôtels servent une version locale du fameux *smörgåsbord* scandinave, un buffet copieux comprenant des poissons marinés, des charcuteries, des œufs brouillés et du bacon, des fruits mais aussi des plats traditionnels comme le porridge.

Chez eux, pour accompagner le repas, les Finlandais boivent volontiers du lait. Avec les Suédois, ils sont les plus grands consommateurs de café d'Europe.

RESTAURANTS (*ravintola*)

Presque tous les restaurants proposent des menus à prix fixe. Le déjeuner est servi entre 11h et 14h, et le dîner entre 16h et 20h. Dans les grandes villes on tend actuellement à dîner plus tard. Aujourd'hui, à Helsinki, certains restaurants restent ouverts jusqu'à 2 ou 3 heures du matin. Les restaurants internationaux les plus populaires sont les innombrables italiens, suivis des russes et des chinois.

Les prix varient de FIM 30 à 80 pour le déjeuner, et de FIM 60 à 150 pour le dîner. Attention aux vins, ils alourdissent notablement la facture. Les menus pour enfants de moins de 12 ans coûtent en général moitié prix. La deuxième tasse de café n'est souvent qu'à moitié prix ou même gratuite.

Des repas économiques sont servis dans les snack-bars (*baari*) ou cafétérias (*kahvila*). Les adeptes de la restauration rapide auront le choix entre les *kiosk nakki* locaux qui servent des hot dogs ou des saucisses grillées (*makkara*), des grosses frites molles et des boissons pétillantes, et les fast foods internationaux comme MacDo ou Carrolls.

Les boissons alcoolisées gardent encore un goût de prohibition... Les vins (chers) et les alcools sont servis dans les hôtels et les restaurants uniquement (et encore pas tous). Les spiritueux sont vendus exclusivement par le monopole d'Etat "Alko". Ses magasins sont ouverts du lundi au jeudi de 9h à 17h, le vendredi jusqu'à 18h et le samedi de 9h à 14h. (Les taxes sur l'alcool représentent un dixième des recettes de l'Etat.) Les supermarchés n'ont le droit de vendre que de la bière légère.

Les Finlandais sont de grands amateurs de bière (*olut*) dont les plus connues sont la *"Lapin Kulta"* (l'Or de la Laponie) et la *"Koff"* (la plus ancienne brasserie des pays nordiques).

Les alcools locaux les plus populaires sont les liqueurs de baie comme la très appréciée *lakka* faite avec les baies polaires (ou framboises arctiques), et l'eau-de-vie telle la vodka *Finlandia* ou la *Kockonkorva*. Cette dernière, souvent parfumée aux airelles, prend alors l'appellation de *Vargtass* (le louveteau).

Les prix des alcools étant décourageants (200 francs pour une bouteille de whisky !), il arrive encore qu'on distille en famille. Ainsi, au fin fond de la campagne on vous proposera peut-être du *pontikka*, de la "gnole" clandestine fabriquée à la maison. Mais, chut ! ceci doit rester secret...

Les buveurs finlandais impénitents s'embarquent souvent pour un aller-retour à Tallin ou à Stockholm afin de s'abreuver en alcools détaxés sur les grands ferries luxueux.

Les jeunes boivent de plus en plus, et surtout plus tôt. Une ville comme Lahti offre des visions apocalyptiques d'innombrables adolescents rampant ivres morts à quatre pattes dans le vomi qui dégouline sur tous les trottoirs le samedi soir !

Malgré cela, les routes restent sûres. La législation est draconienne et les accidents dus à l'ébriété sont rarissimes. Quiconque enfreindrait la loi serait passible de prison ferme, en principe sans recours possible, et c'est également valable pour les étrangers.

La cuisine finlandaise

La cuisine finlandaise, point trop raffinée, comporte cependant des spécialités intéressantes, influencée qu'elle fut par la cuisine suédoise et russe. Le célèbre smörgåsbord scandinave, buffet-banquet où chacun se sert à volonté, offre une grande variété de poissons marinés, de charcuteries, de viandes et des salades.

Dans ce pays de lacs et baigné par la mer, le poisson est roi : hareng de la Baltique mariné *"silakka"*, grillé ou cuit au four, brochet, anguille, lavaret fumé (*"siika"*), omble chevalier, lotte, et le saumon (*"lohi"*) qui se sert frais, fumé ou cru. Le *"muikku"*, délicieux poisson blanc d'eau douce, inconnu en France, appartient lui aussi aux salmonidés.

La fameuse saison des écrevisses (*"rapu"*), qui commence fin juillet, donne lieu à de joyeuses bombances dans les restaurants ou entre amis. Les écrevisses sont cuites à l'eau aromatisée à l'aneth, herbe qui remplace aussi le persil pour la garniture. Selon la tradition finlandaise, chaque écrevisse doit être suivie d'un verre de vodka glacée. L'aneth, ingrédient indispensable de la cuisine nordique, est présent sur tous les marchés, entre les betteraves, les navets et les choux-raves, légumes de base de cette même cuisine.

Les *lihapullat* sont les traditionnelles boulettes de viande.

Le pain noir, *ruisleipä* ou *jälkiuunileipä*, toujours très savoureux, est resté le symbole des disettes en Finlande.

Parmi les spécialités de gibier : la viande de renne fumée (*poro*) servie en roulades farcies d'un mélange de raifort et de fromage blanc ; la langue de renne servie avec une gelée de canneberge ; la perdrix des neiges (*riekko*) sauce crème servie avec une gelée d'airelle acidulée (*puolukka*) ; les baies polaires ou mûres arctiques (*lakka*) à la crème ou en glace.

La Finlande est le pays des baies, sauvages ou cultivées. A l'automne, les étals des marchés débordent de *lakka*, mais aussi de myrtilles, airelles et groseilles.

Spécialités régionales

La région de Kuopio est célèbre pour ses *kalakukko* : des petits pains noirs fourrés de menus poissons de lacs et de morceaux de lard. C'est costaud ! Goûter aussi son poisson "du bord de lac", le *rantakala*.

Les provinces de l'Est, comme le Savo et la Carélie sont connues pour leurs pirochki finlandais, les *karjalanpiirakka* : des barquettes d'une fine pâte de seigle fourrées à la purée de pommes de terre ou au riz. Les tartes aux baies comme les myrtilles (*mustikka*), et aux champignons sont délicieuses.

Dans le Häme, le *munajuusto* est un fromage à base de lait et d'œuf préparé au feu de bois. Dans le nord de la Finlande, on trouve un fromage plat, fait avec le colostrum, le premier lait de la vache après qu'elle a vêlé.

Les régions de l'Ostrobotnie sont plus influencées par la cuisine suédoise: le *janssonin kiusaus* (*janssons frestelse* en suédois ou la Tentation de Jansson), sont des pommes de terre et des anchois au four, et *pyttipannu* est un sauté de pommes de terre et de jambon.

L'ESSENTIEL

COMMUNIQUER

Selon la Constitution de 1919, le finnois et le suédois sont les deux langues officielles de la république de Finlande. Le finnois est la langue maternelle de 93 % des Finlandais. Le suédois, de 6 % d'entre eux. (Le finnois et le suédois sont deux langues aussi éloignées l'une de l'autre que le français et le suédois.) En outre, le sâme (anciennement lapon) qui est aussi une langue finno-ougrienne, est parlé par 2 000 à 3 000 personnes en Laponie finlandaise.

Dans le Sud, un grand nombre des Finlandais sont bilingues finnois-suédois. L'anglais est parlé dans les villes touristiques et, bien sûr, dans les offices du tourisme. Le français est peu répandu. Dans le nord du golfe de Botnie, les Finlandais connaissent souvent mieux l'allemand que l'anglais. N'espérez pas être renseigné en français dans la rue, et en anglais, ce n'est pas sûr non plus.

On trouve des dictionnaires finnois-français en format de poche dans les grandes librairies finlandaises et en France, au Livre Ouvert : 48, rue des Francs-Bourgeois 75003 Paris. ✆ (1) 48 87 97 33.

Le grand écrivain, Alexis Kivi a dit : *"Je tiens le peuple finnois pour le plus humoristique de tous les peuples ; sa vie intérieure est plus profonde que celle d'aucun autre. J'entends parler ici de cet humour qui a la fraîcheur d'une source, non de l'humour maladif qui surgit des naufrages de l'existence."*

Les Finlandais, ces "latins" des pays nordiques, sont plus courtois – surtout envers les femmes – que leurs voisins scandinaves. La famille est pour eux très importante et les enfants sont, par conséquent, toujours bien accueillis. Les lieux publics disposent habituellement de nurseries équipées de tables à langer et la plupart des restaurants mettent des chaises hautes à la disposition de leurs petits clients.

Les gens de la région du Savo ont la réputation d'être de grands bavards. Ceux de Häme seraient les plus réservés et les plus introvertis. Les Caréliens sont exubérants, amicaux et hospitaliers. Les Ostrobotniens passent pour des fiers-à-bras enclins à la bagarre et qui sortent facilement leur couteau.

Au travail, les cadres et les employés sont matinaux. Leur téléphone mobile en poche (on n'est pas au pays de Nokia pour rien), ils arrivent au bureau à 8h et le quittent à 16h. Si vous êtes convié à un déjeuner d'affaires, présentez-vous à 11h, jamais après 13h. Les Finlandais sont généralement ponctuels et relativement formels : il est donc très mal vu d'arriver en retard à un rendez-vous. Comme tous les hommes du Nord, ils sont pragmatiques : les démonstrations longues et confuses sont inutiles. Si les déjeuners d'affaires sont généralement sobres, les soirées le sont beaucoup moins et il est de rigueur de prendre un verre après les heures de bureau.

En Finlande, l'hiver est si long et le manque de soleil si grand qu'on les tient pour responsables des fréquentes dépressions et du taux élevé de suicides. L'alcool, qui fait souvent office d'anxiolytique, est ici un réel problème. Nombre de personnes sont incapables de communiquer sans quelques rasades de vodka. C'est pourquoi le retour du soleil et les nuits blanches sont célébrés avec une joie quasi païenne à la Saint-Jean.

Le fameux "sisu" : un trait du caractère finlandais

L'intraduisible "sisu", trait complexe et fondamental du caractère national, appartient autant à la Finlande que le sauna.

Vertu cardinale presque indéfinissable parce qu'à multiples facettes, c'est un mélange d'ardeur et de patience, de violence et de placidité, d'obstination et de bravoure, d'endurance et d'inconscience. Un cocktail qui peut mener l'individu aux extrêmes limites, et parfois même au-delà... Sans le "sisu", les Finlandais n'auraient peut-être pas survécu à des siècles de guerres et de famines, ni conservé leur identité propre envers et contre tout.

Le mauvais "sisu" se traduit par des manifestations d'entêtement, de colère et de bouderie provenant d'un orgueil mal placé.

HABILLEMENT

A l'instar des autres pays nordiques, le style vestimentaire dans la rue est très décontracté, un rien sportif. En revanche, certains restaurants, les boîtes de nuit et les casinos exigent pour le soir une "tenue correcte", excluant jeans et baskets, avec de préférence une cravate pour les hommes.

Même si l'été est très ensoleillé en Finlande, pensez à apporter une "petite" laine pour les soirées souvent fraîches. En Laponie, les promeneurs devront s'habiller comme pour une randonnée dans les Alpes.

En hiver, le sel déversé sur les routes et trottoirs pour les déneiger corrode le cuir. Pour épargner vos chaussures, une paire de bottes en caoutchouc est indispensable. Par ailleurs, il faut s'équiper comme pour les sports d'hiver.

LES JOURS FERIES

Le Jour de l'an, l'Epiphanie (samedi entre le 6 et le 12 janvier), le Vendredi saint, Pâques. L'hiver prend fin le dernier jour d'avril (la nuit de Vappu), le 1er Mai est une grande fête à la fois estudiantine et ouvrière.

L'Ascension, la Pentecôte.

La Saint-Jean ou "Juhannus" ("midsommar" en suédois) est la grande fête du milieu de l'été (vers 21-22 juin), certainement la plus populaire en Finlande.

La Toussaint.

La fête de l'Indépendance a lieu le 6 décembre. A Helsinki, les étudiants brandissant des torches, vont en procession, de Hietaniemi à la place du Sénat. La population allume des bougies dans l'embrasure des fenêtres.

Noël le 24 et le 25 décembre et la Saint-Etienne le 26 décembre.

■ Les grandes fêtes populaires

La Vappu, carnaval de la nuit du 30 avril au 1er mai. Par un heureux hasard, la fête des étudiants coïncide avec la fête du Travail, et tout le pays participe aux réjouissances dans les rues. Les festivités des étudiants commencent au soir du 30 avril pour ne se terminer que le lendemain après le déjeuner.

Les étudiants sortent leur casquette blanche des placards. A Helsinki, ils célèbrent, sur la place du marché, le "chapeautage" de la célèbre statue *Havis Amanda* (la Fille de la Baltique) qu'ils coiffent d'une casquette estudiantine. Cette cérémonie prenait traditionnellement place à minuit, mais en raison de la popularité de l'événement et la foule qui s'y presse, elle a été avancée à 18h.

Le Finlandais oublie alors ses inhibitions et se laisse aller dans une grande ambiance de vapeurs d'alcool. Les restaurants sont bondés, tout le monde ne peut pas y entrer et la fête continue dans la rue. Le champagne mousseux coule à flots (c'est un "must" pour la "Vappu"), et les plus endurants dansent toute la nuit. Rituellement, le programme prévoit à 7h du matin un petit déjeuner costaud composé de harengs de la Baltique et de salaisons en vue de continuer la fête et de combattre les maux de tête.

La "Juhannus", ou la nuit la plus courte de l'année. La Saint-Jean ou "Juhannus" est un vibrant hommage à la victoire éphémère du soleil sur les forces obscures de l'hiver. Des feux s'allument dans la campagne, au bord des lacs et sur les îles.

Dans les enclaves suédophones on dresse un "Majstång", un de ces mâts tout enguirlandés autour duquel on dansera toute la nuit. Sagement, les petites filles, aux cheveux couronnés de fleurs des champs bleues, blanches et roses, commencent leur farandole en fin d'après-midi. Le bal du soir continue dans une grange, sur un ponton, sur un embarcadère au bord de l'eau où l'on danse au son de l'accordéon dans la clarté laiteuse de l'été. Il n'est pas question de dormir, tout est mis en œuvre pour passer une nuit blanche.

Autrefois, on fêtait traditionnellement la Saint-Jean le 24 juin, deux jours après le solstice d'été. Il y a environ vingt ans, une loi fit passer tous les jours fériés mobiles au week-end le plus proche.

Pendant cette nuit, la plus claire de l'année, tous les Finlandais font la fête. (A Helsinki, la nuit ne dure alors que deux heures, à Rovaniemi le soleil de minuit ne se couche pas du tout). Tous ceux qui n'ont pas pu partir à la campagne viennent au musée de plein air Seurasaari d'Helsinki pour voir le grand feu allumé, les danses folkloriques et les compétitions d'aviron. Le clou de la soirée est la cérémonie de mariage du couple de la "Juhannus". C'est un vrai mariage, une survivance d'anciennes traditions, qui rappelle que la "Juhannus" reste toujours le moment le plus propice pour l'union conjugale.

De nombreux Finlandais passent un week-end romantique dans leur cabane avec sauna au bord d'un lac. La coutume veut que, la veille, après avoir nettoyé la maison de fond en comble, on la décore de branches de bouleaux ornées de guirlandes de fleurs. Des feuilles de sorbier sont répandues sur le sol des maisons pour y apporter le subtil parfum de l'été.

A la "Juhannus", il est indispensable de s'accorder une séance de sauna en se fouettant avec des branches de bouleau aux premières feuilles tendres de l'été. (Avant, on séchait ses bouquets de branches précoces pour pouvoir s'en servir le reste de l'année en les trempant dans l'eau. Aujourd'hui on les surgèle tout simplement). Le sauna se termine par un plongeon dans le lac, suivi d'un pique-nique de bière et de saucisses grillées. Les jeunes parcourent la campagne, et vont d'une fête à l'autre, avec la calandre de leur voiture décorée de branchages.

Dans cette célébration de la Saint-Jean, on retrouve des réminiscences de rites qui remontent à la nuit des temps, de ces feux de Beltane allumés dans les campagnes pendant la folle nuit du solstice d'été. Depuis toujours, on croit que des êtres surnaturels exercent cette nuit-là leur pouvoir. Et c'est également le moment où les forces telluriques sont censées atteindre leur point culminant.

Les jeunes filles à marier doivent, selon la tradition, ramasser sept sortes d'herbes et de fleurs et les placer sous leur oreiller. Si elles parviennent à s'endormir sans avoir dit un seul mot, elles verront en songe, durant cette éphémère nuit d'été, leur futur époux. Cette même nuit, les vieilles gens du village cueillent les plantes médicinales. On dit qu'à la Saint-Jean l'eau possède des propriétés magiques. Ainsi, la rosée de la Saint-Jean efface les taches de rousseur, protège du mal et guérit.

Signalons parmi les fêtes populaires :

- Janvier. Marché et carnaval de Kuopio.
- Mars. Fête de l'Annonciation des Sâmes d'Enontekiö/Hetta. Championnat de course de rennes à Inari.
- Avril-mai. Vappu, nuit des étudiants et fête du Travail (surtout à Helsinki).
- Juin. Fête de la Saint-Jean ("Juhannus") : la veille on allume des feux dans tout le pays pour fêter le jour le plus long de l'année, mâts fleuris dans les communautés suédophones. Culte sâme de la Saint-Jean à l'église de Pielpajärvi (à Inari).
- Juillet. Championnat des flotteurs de bois à Savukoski. Fêtes folkloriques de Stundars à Vaasa. Semaine de la dentelle à Rauma. Fêtes des "Sept Dormants d'Ephèse" à Naantali et Hanko.
- Août. Journées artisanales de Turku. Championnats d'orpaillage à Tankavaara (Sodankylä).
- Juin, juillet, août. Les "Praasniekka", fêtes religieuses des Caréliens orthodoxes à Ilomantsi.

■ Les vacances

Les grandes vacances scolaires commencent le 1er juin et se terminent à la mi-août. Pendant l'année scolaire, il y a une semaine de vacances en octobre, environ une dizaine de jours à Noël, une semaine fin février – début mars, et une semaine à Pâques.

Les vacances occupent une grande place dans la vie des Finlandais qui profitent d'un été éphémère entre le 15 juin et le 15 juillet. Ils ont également deux semaines de congé à Noël, une semaine pour skier fin février-début mars, et une autre à Pâques. Le week-end, les citadins désertent la ville pour se rendre à leur maison de campagne qui comporte toujours un sauna au bord de l'eau.

LES FESTIVALS

Les Finlandais sont de grands amateurs d'opéras et de musique classique. Emboîtez-leur le pas sur la route des festivals d'été.

■ En juin

Festival de musique d'**Ilmajoki** : musique classique et moderne, opéras populaires.

Festival de danse et de musique de **Kuopio** : ballet classique et moderne, musique folklorique, jazz.

Festival de chant de **Joensuu** : rassemblement de nombreuses chorales.

Festival de Musique de **Naantali** : musique de chambre, ensembles et solistes prestigieux.

Eté de **Jyväskylä** : concerts, expositions, cinéma, théâtre, séminaires.

Festival de musique de **Korsholm** (près de Vaasa) : musique de chambre ancienne et moderne.

Festival de l'accordéon de **Sata-Häme** à **Ikaalinen** : le plus grand rassemblement d'accordéonistes du monde.

■ En juillet

Festival d'opéra de **Savonlinna** : pendant tout le mois, de grands opéras dans l'enceinte d'un fabuleux château médiéval (le "Bayreuth" de la Finlande).

Festival de chant choral de **Joensuu**.

Festival international de jazz de **Pori** : réunion des sommités du jazz.

Festival de musique de chambre de **Kuhmo** : concerts en continu, pour amateurs éclairés.

Festival de musique folklorique de **Kaustinen** : nombreux groupes finlandais et étrangers.

■ En août

Semaine internationale de musique d'orgue de **Lahti** : concerts et séminaires par des artistes internationaux.

Festival de musique classique de **Turku** : musique ancienne et contemporaine, concerts symphoniques et de musique de chambre.

Festival international de théâtre de **Tampere** : actualité du théâtre finlandais et représentations internationales.

■ Fin août-début septembre

Festival d'**Helsinki** : toutes les musiques, du classique au jazz en passant par le hard rock, expositions d'art, cinéma, danse. La ville est en liesse, tous les habitants sont dans la rue. Renseignements : Finlande Festivals, PL 56, 00100 Helsinki. ✆ (9) 0 445 686 - Fax 445 117.

LES EVENEMENTS SPORTIFS

Janvier. Rallye arctique à Rovaniemi

Février. La "Finlandia", course de ski de fond de 75 km entre Hämeenlinna et Lahti. Marathon de patinage sur glace naturelle à Kuopio

Mars. Concours de pêche à travers la glace à Oulu

Juin. Marathon "Finlandia" à Jyväskylä. Course-relais de canotage. 700 km sur les lacs dans la région de Saimaa

Juillet. Relais-Finlande, marathon de 1 300 km à pied à travers toute la Finlande, d'Utsjoki à Helsinki. Finn-Vélo, course de 170 km autour du lac Päijänne. Courses en barques traditionnelles à Sulkava. Semaine internationale d'orientation de Kainuu, dans la région de Kajaani (une discipline qui a de plus en plus d'adeptes en France également). Course arctique du canoë. 535 km sur des fleuves tumultueux de Laponie.

Août. Marathon d'Helsinki. Rallye des Mille Lacs à Jyväskylä, avec des superstars de la conduite sportive comme Ari Vatanen, Kankkunen, Carlos Saintz, François Delecour...

PRATIQUE

ASSISTANCE

Avant de partir, n'oubliez surtout pas de souscrire à une assistance qui, en cas de pépin, vous assurera le remboursement des frais de rapatriement, les frais médicaux, etc.

Parce qu'on s'y prend toujours au dernier moment, qu'on n'a jamais le temps, et parce qu'il vaut mieux être bien assuré et, si possible, pour pas très cher, le Petit Futé a décidé de vous faciliter les démarches en vous proposant, en collaboration avec **Elvia Assistance**, spécialiste de l'assurance tourisme, une assistance avec des garanties complètes et à un tarif "futé". Pour y souscrire, il suffit de compléter le bulletin que vous trouverez dans ce guide et de le renvoyer accompagné d'un chèque à l'adresse indiquée

AURORES BOREALES

En Laponie, le ciel hivernal se drape parfois des lueurs magiques et nébuleuses des aurores boréales. Si les Sâmes y voient la manifestation d'un esprit divin, ce phénomène de luminescence s'explique scientifiquement.

Les aurores boréales apparaissent sous des latitudes extrêmes (comme la Laponie) et se produisent lorsque le vent solaire rencontre un champ magnétique terrestre (qui se concentre dans les régions polaires). Se produisent alors des phénomènes électromagnétiques qui aboutissent à des décharges électriques. A la faveur des gaz ionisés dans le vide presque absolu des hautes couches du ciel polaire, ces décharges donnent des lueurs différentes selon la nature des gaz.

Le résultat est le déploiement d'un fabuleux rideau lumineux, nimbant la voûte céleste de couleurs fantasmagoriques, qui vont du rouge au jaune d'or en passant par le blanc et le vert. Ces écharpes de couleurs irisées, mollement agitées par le vent, ondulent en se repliant sur elles-mêmes. Un véritable feu d'artifice naturel, visible de loin dans un halo lumineux !

DANCINGS

Les Finlandais aiment danser. Discothèques et dancings sont nombreux et il est fréquent de danser aussi dans les hôtels et les restaurants. La dance ici est un plaisir naturel : hommes et femmes s'invitent mutuellement sans être guindés, ni irrespectueux.

Le *"Naistentanssi"* est la soirée des femmes, pendant laquelle ce sont elles qui choisissent et invitent les hommes à danser. Ces soirées ont lieu une fois par semaine, généralement le mercredi, pendant des dîner dansants, dans pratiquement toutes les villes de Finlande. Les soirées *"Sekahaku"* sont celles où hommes et femmes s'invitent mutuellement à danser.

A la campagne, on tombe fréquemment sur une piste de danse au milieu de nulle part, sur la place du marché ou sur une estrade en bois au bord d'un lac.

Des groupes locaux jouent du rock pour les plus jeunes, du tango ou de la *"humppa"* pour les plus âgés, et tout le monde danse en se mélangeant joyeusement.

A expérimenter déjà sur le car-ferry pendant votre traversée. Ces gigantesques bateaux luxueux comportent plusieurs pistes de danse, avec des orchestres finlandais jouant du tango, des valses, du rock'n'roll...

DECALAGE HORAIRE

En Finlande on est en avance d'une heure sur la France.

ETIQUETTE

Pour les présentations, les femmes comme les hommes se serrent la main.

Si vous êtes invité à dîner chez des amis, apportez une bouteille de vin, un bouquet de fleurs ou une boîte de chocolats.

Chez des amis ou dans une famille, être invité au sauna est une marque d'estime. Décliner cette invitation (qui n'a aucune connotation libidineuse) serait considéré comme mal poli, à moins que vous ne soyez cardiaque. Noter qu'au sauna, lieu de détente et de purification, on reste discret et on parle à voix basse.

HOPITAUX

Tous les hôpitaux ont une permanence 24h/24h. La couverture sociale est très bien développée en Finlande. Les hôpitaux facturent FIM 67 la visite médicale et FIM 87 la journée d'hospitalisation, y compris les frais de médecin, les soins et les médicaments. Les cliniques privées sont plus chères.

Dentiste entre 9h et 21h, ✆ 736 166.

Les médicaments sont vendus exclusivement dans les pharmacies (*"apteekki"*), et le plus souvent sur ordonnance (même ceux qui en France sont en vente libre).

KANTELE

Instrument de musique national, le kantele est une sorte de cithare à cinq cordes. Ses sonorités cristallines et suaves accompagnaient les bardes qui récitaient des runes. Plus tard, elles agrémentaient les chants et les danses. Aujourd'hui, le kantele se joue surtout en solo. Une chaire a même été créée à l'académie de Sibelius à Helsinki pour l'étude de cet instrument.

On ignore l'origine du kantele, mais il était déjà connu de longue date des Baltes et des Russes. Vers la fin du XVIIIe siècle apparut le "grand kantele" que l'on posait sur une table pour jouer.

LAVERIES AUTOMATIQUES

C'est un vrai problème. Il n'y a pas de laveries automatiques à part celle, démodée et très chère, que l'on trouve dans chaque centre-ville, mais qui est plus destinée à un lavage industriel qu'aux chemises et petites culottes des voyageurs. Pour compliquer encore les choses, la poudre à lessive ne se vend pas par petites boîtes.

Les laveries que nous connaissons ne sont pas non plus fréquentes dans les auberges de jeunesse, pour ne pas parler des hôtels. Les prix de "laundry" pratiqués dans ces derniers sont très élevés.

LAKKA

C'est une baie sauvage qui pousse dans les marais et les tourbières dans le nord et l'est de la Finlande, – surtout en Laponie. La "lakka", qui ressemble à une framboise jaune, a un goût très particulier, soit on adore, soit on n'aime pas du tout. Les années de bonne récolte, les prix peuvent descendre jusqu'à FIM 40 par kilo sur les marchés de province. Les *lakka* se dégustent fraîches, nature ou avec de la chantilly, en confiture ou en glace. Les Finlandais en ont fait une spécialité spiritueuse, la célèbre (et très bonne) liqueur du même nom.

MAFIA RUSSE

Les Finlandais ont observé la désintégration de l'Union soviétique avec une certaine inquiétude. La mafia russe exporte déjà ses hôtesses aux seins nus de Saint-Pétersbourg vers les casinos et boîtes chic d'Helsinki. Un marché aux puces près du port de plaisance de la capitale a pris le nom de "place Rouge" en raison des nombreux ressortissants russes qui y viennent brader tout ce qu'ils possèdent (et plus encore). Helsinki, depuis toujours une ville très sûre, même la nuit, s'inquiète aujourd'hui de voir déborder la délinquance mafieuse de son grand voisin trop proche.

MAGASINS (HEURES D'OUVERTURE)

Ils sont ouverts du lundi au vendredi de 9h à 17h, le samedi de 9h à 15h. Cependant certains grands magasins et supermarchés restent ouverts jusqu'à 20h en semaine et 18h le samedi.

On trouve, un peu partout, sous l'enseigne *"R-Kioski"*, des kiosques à journaux qui vendent également timbres, cigarettes, confiseries, articles de toilette.

OBJETS PERDUS

L'honnêteté reste l'une des grandes vertus finlandaises. Si vous perdez votre sac à main ou votre portefeuille, essayez de revenir sur vos pas. L'objet perdu pourrait très bien être gardé en vous attendant dans un restaurant, ou à votre hôtel.

POSTE ET POSTE RESTANTE

Les bureaux de poste sont ouverts de 9h à 17h, fermés le samedi. Les timbres sont vendus également dans certaines librairies, papeteries et dans les kiosques des gares. Un timbre pour la France coûte FIM 2,90.

Pour recevoir son courrier en poste restante, il suffit de le faire adresser comme suit : M, Mme ou Mlle X, "Poste Restante", nom de la localité. La poste restante se trouve toujours au bureau principal de la localité en question.

POURBOIRES

Le pourboire n'est pas d'usage en Finlande. Il est compris dans le prix des restaurants et des taxis. Les coiffeurs n'attendent pas de pourboire non plus. Au restaurant, le service est toujours compris dans l'addition. On donne un pourboire seulement au portier et au vestiaire où il est obligatoire.

SHOPPING

Que rapporter de Finlande ? Résolument du design finlandais. On y trouve toutes sortes d'objets usuels ou Art déco en verre, céramique, bois, plastique, métal.

La vaisselle et les ustensiles de cuisine sont parfois géniaux, d'une pureté de lignes et d'une fonctionnalité sans reproche. La poêle à frire "WingPan" de la firme Hackman est un exemple prosaïque et concret de l'application du design finlandais à un simple objet utilitaire. La coutellerie Fiskars offre un grand choix d'articles pointus et contondants (les célèbres ciseaux de la même marque sont vendus en France). Vous y trouverez aussi des couteaux traditionnels (*puukko*), modèles uniques à manche de bouleau ou de corne, et à lame ciselée (les fameux "Marttini").

"Aarikka" est la marque la plus connue pour les objets en bois.

Nombre de beaux articles stylisés de verre, de porcelaine et de céramique sont réalisés par "Iittala", "Nuutajärvi" et "Arabia". Cette dernière est l'une des plus anciennes entreprises de Finlande.

Parmi les textiles on trouve des tapisseries murales artisanales, les célèbres *ryas* et *poppanas*. La marque "Marimekko", très mode, se reconnaît facilement à sa ligne de vêtements aux rayures colorées et à ses beaux textiles d'ameublement.

Dans une gamme relativement plus chère, on trouve des vêtements de cuir et de fourrure. "Grünstein" est un fourreur renommé depuis longtemps. Noter que les tailles de confection sont légèrement plus grandes qu'en France.

Parmi les bijoux, une curiosité finlandaise est la montre-bracelet avec un écran en spectrolithe (pierre semi-précieuse) reflétant toutes les couleurs de l'arc-en-ciel. Les plus beaux bijoux d'or et d'argent sont d'inspiration kalevalienne, les "Kalevala Koru" et sâme, les "Lapponia".

De Laponie, on peut rapporter des peaux ou des bois de renne, des articles d'artisanat sâme comme le tressage d'écorce de bouleau, ou encore les "broderies" d'étain.

SPECTACLES (DANSE, THEATRE ET MUSIQUE)

La danse, sous toutes ses formes, est très à l'honneur en Finlande. L'Opéra national a son propre ballet, et il y a plusieurs écoles de danse moderne à Helsinki. Le Festival annuel de danse à Kuopio montre les dernières tendances dans ce domaine.

Les danses folkloriques peuvent être vues pendant l'un des nombreux festivals d'été à Helsinki comme en province.

L'amour des Finlandais pour le théâtre et la musique est connu : il n'existe pas de petite ville qui n'ait sa compagnie théâtrale et Finland Festivals organise chaque année des manifestations culturelles de grande qualité.

La musique a aussi son public fidèle, averti et exigeant. Le Festival d'opéra de Savonlinna connaît une grande renommée, même à l'étranger. C'est un must pour tout mélomane se rendant en Finlande durant l'été.

SPECTROLITHE

Pierre semi-précieuse, variante du labrador (qui comprend la diorite et le mica), c'est une pierre noire aux couleurs irisées arc-en-ciel, un peu comme l'opale noire que l'on trouve en Australie.

Les labradors découverts ailleurs dans le monde ne présentent pas la même richesse de tons que la spectrolithe que l'on exploite près d'Imatra. Après extraction, la pierre est polie à Yämmaa, village touristique situé sur la route n° 387 de Lappeenranta à Vaalimaa. On peut visiter l'atelier de polissage et un musée de pierres précieuses (entrée FIM 15). La spectrolithe sert surtout à la fabrication des écrans de montres-bracelets, bijoux que l'on trouve dans toutes les joailleries, boutiques pour touristes et free-taxes.

SPORTS NATIONAUX

Le sport a toujours occupé une place importante dans la vie des Finlandais. Les moissons de médailles obtenues aux Jeux olympiques au début du siècle ont contribué à renforcer la nouvelle identité nationale. On dit que *"c'est avec leurs jambes que les Finlandais inscrivirent leur jeune pays dans les atlas géographiques"*. Paavo Nurmi remporta 9 médailles d'or et 3 d'argent aux débuts des J.O. Lasse Virén remporta les 5 000 et 10 000 m de course à pied aux J.O. de 1972 et de 1976. Au javelot, les Finlandais ont gagné une triple victoire olympique par trois fois. Par ailleurs, ils ont remporté des médailles d'or aux J.O. et aux divers championnats du monde dans des disciplines telles que le ski nordique, la course d'orientation, le tir, la lutte, la boxe, l'aviron, la voile, le canoë-kayak, les courses automobile.

TANGO, UN PARADOXE FINLANDAIS

La grande passion populaire en Finlande, c'est le tango. Comme tout le monde le sait, le tango vient de loin. En Argentine, il fut joué d'abord dans les maisons closes avant de devenir un élément de la culture populaire, et une occasion de s'encanailler pour la bourgeoisie. Aujourd'hui, le tango est toujours vivant en Amérique du Sud, au Japon et... en Finlande.

Le tango finlandais est un paradoxe, un mélange spécial Nord-Sud (comme tout bon Finlandais). Il convient parfaitement au tempérament autochtone, mélancolique et passionné en même temps. Le "roi du tango", Toivo Kärki, définissait le tango finlandais par la formule suivante : *"composé de 50 % de romance russe et de 50 % de marche militaire prussienne"*.

TAX-FREE (ACHATS)

Concerne seulement des achats supérieurs à FIM 100 effectués dans des magasins Tax-free. Les points de remboursement d'achats "Tax-free" se trouvent aux frontières au départ de la Finlande – aéroports d'Helsinki, Turku, Tempere, Mariehamn, Vaasa et Rovaniemi. – et également à bord des car-ferries en partance pour l'étranger.

TAXIS

Il est libre lorsque le voyant jaune *"taksi"* est allumé. On le hèle dans la rue, on le prend à une tête de station ou en appelant au téléphone (*"Taksiasemat"* dans l'annuaire). Une course de 10 km coûte environ FIM 60.

Le *flagfall* (la prise en charge minimum) est de FIM 12 (de 6h à 20h), de FIM 19 (de 20h à 24h) et de FIM 25 (de 24h à 6h). Attention, les chauffeurs font payer la course de leur point de départ : il vaut donc mieux contacter le radio-taxi le plus proche. Un supplément est à payer la nuit et les jours fériés.

A l'aéroport d'Helsinki-Vantaa, il existe des taxis collectifs "Airport taxis" ou "taxis jaunes", ils ne coûtent que FIM 50 pour le centre-ville.

TELEPHONE

Pour appeler la Finlande de France, composer dans l'ordre : le 19 pour l'étranger, l'indicatif 358 pour la Finlande, l'indicatif régional sans le premier 9, et le numéro du correspondant.

Pour téléphoner de Finlande en France, composer d'abord l'indicatif international 999, ensuite le 33 pour la France, puis l'indicatif régional (1 pour Paris, 16 pour la province), et le numéro du correspondant.

Pour les communications locales en Finlande, composer seulement le numéro du correspondant. Les appels d'une province à l'autre doivent être précédés de l'indicatif régional, avec le chiffre 9.

Pour appeler en Russie, il faut passer par un opérateur en composant le 92027.

Le cabines téléphoniques acceptent les cartes ou les pièces de FIM 1 ou FIM 5. Certaines cabines fonctionnent avec des cartes de crédit. Le coût minimum est de FIM 5, la communication est automatiquement coupée lorsqu'elle atteint FIM 100.

URGENCES

Depuis le 1er janvier 1993, le numéro de téléphone pour toutes les urgences est le 112.

BULLETIN D'ADHESION

selon protocole 800 025

Merci de retourner ce bulletin d'inscription dûment rempli (ou sa photocopie), accompagné de votre chèque à l'adresse suivante :

ELVIA A.V.
49 - 51 rue de Ponthieu 75381 PARIS CEDEX 08
Tél. 42 99 02 99

Nom et Prénom

1re personne ....

2e personne ....

3e personne ....

4e personne ....

5e personne ....

Date de départ ....

Date de retour ....

Destination ....

Adresse du souscripteur ....

....

....

Europe, Israël, Maghreb ❑ Reste du monde ❑

Option frais médicaux 1 000 000 F ❑ oui ❑ non

Prime .... x nb de personnes = ... francs.

ATTENTION • *Toute souscription nous parvenant alors que le voyage est déjà commencé ne pourra être prise en considération.*

Code : GUI080

HISTOIRE

Un peuple mal connu

Quelques grandes dates de l'histoire de la Finlande

1er siècle av. J.-C.	le territoire commence à être occupé par les Finnois.
400 apr. J.-C.	les îles Åland sont peuplées par des Suédois.
1157	première croisade suédoise, colonisation progressive du sud-ouest de la péninsule finlandaise. Christianisation du pays.
1200-1300	des colons suédois s'établissent dans les régions côtières.
1323	la guerre entre la Suède et Novgorod se termine par la paix de Pähkinäsaari. Par le traité, la Suède obtient la Finlande proprement dite (Suomi), la Tavastie et une partie de la Carélie.
1362	participation des Finlandais à l'élection du roi suédois.
1527	réforme luthérienne.
1550	Gustave Vasa fonde Helsinki.
1595	la paix de Täyssinä, à la suite d'une guerre russo-suédoise, fixe les frontières orientales de la Finlande.
1618-1648	la guerre de Trente Ans
1710-1720	les armées russes ravagent le pays.
1721	la paix de Nystad ampute la Finlande de la Carélie et de l'Ingrie.
1809	traité de paix de Hamina. La Finlande, cédée par la Suède à la Russie, devient grand-duché de l'Empire russe, doté d'une large autonomie.
1812	Helsinki remplace Turku en tant que capitale.
1835	publication du *Kalevala*.
1863	le finnois devient langue officielle au même titre que le suédois.
1898-1904	gouvernement dictatorial du général Nikolaï Ivanovitch Bobrikov (assassiné en 1904).
1917	révolution d'Octobre, la Finlande proclame son indépendance.
1918	guerre civile de quatre mois, qui oppose les pro-soviétiques Rouges à la garde civile des Blancs de Carl Gustaf Mannerheim. Celui-ci l'emporte ; il est élu régent de Finlande.
1919	la constitution actuelle est adoptée.
1920	admission de la Finlande dans la Société des Nations.
1921	la Société des Nations reconnaît la souveraineté de la Finlande sur l'archipel d'Åland.
1939-1940	la Guerre d'Hiver contre l'Union soviétique. Traité de paix de Moscou, la Carélie est annexée par l'URSS.
1941-1944	la Finlande est entraînée par l'Allemagne dans la "Guerre de Continuation" contre l'URSS. L'armistice est conclu à Moscou.
1948	pacte d'amitié, de coopération et de coexistence pacifique entre la Finlande et l'URSS.
1956	début de la longue présidence de U.K. Kekkonen, qui poursuit une politique de coopération avec les pays nordiques et d'amitié avec l'URSS.
1952	Jeux olympiques à Helsinki. Fin du paiement du tribut de guerre à l'URSS.
1955	admission à l'ONU.
1956	entrée au Conseil nordique.
1975	Conférence sur la sécurité et la coopération en Europe (CSCE) à Helsinki.
1994	élection du 1er mars. M. Martti Intsiaris l'emporte devant la reine Elisabeth, représentante de la minorité suédoise.
1994	référendum sur l'entrée de la Finlande dans l'Union européenne (UE). Les électeurs votent "oui" à 57 %.

Finnois. *Se dit du peuple d'origine qui habite la Finlande.*

Finlandais. *De la Finlande. On parle de "nation finnoise" au sens éthnique et linguistique, et de "nation finlandaise" au sens de communauté nationale de l'Etat de Finlande.*

Finno-ougrien. *Se dit d'une famille de langues rattachées à l'ensemble ouralo-altaïque et qui comprend le finnois, le hongrois, l'estonien et diverses langues de la CEI.*

Les origines des Finnois : une histoire nébuleuse

L'origine de la nation finnoise remonte aux populations néolithiques ouraliennes et finno-ougriennes qui vivaient entre les montagnes de l'Oural et la Volga. Le peuple finlandais actuel descend de ces immigrants venus au fil des siècles d'horizons différents. Pendant de très nombreux siècles, le reste du monde a tout ignoré ou presque des anciens Finnois, au peuplement épars entre les golfes de Finlande et de Botnie, et le lac Ladoga. Rares étaient les autres peuples qui s'aventuraient dans ces contrées reculées du Nord, isolées par la mer et les étendues désertiques, et considérées comme pays de chamans, de sorciers et de magiciens.

Les Finnois étaient constitués de quatre tribus ; les Kvänes sur la rive du golfe de Botnie (ouest), les Finlandais proprement dits, ou Suomi, établis dans la région de Turku (sud-ouest), les Hämiens occupant la région de Hämeenlinna autour des grands lacs de l'intérieur (centre), et les Caréliens entre les lacs Saimaa et Ladoga (est). Ces tribus qui se disputaient âprement les eaux poissonneuses et les terres de chasse, ne formaient pas encore un peuple uni. En outre, leur vie se trouvait ponctuée de luttes contre les ancêtres des Vikings, luttes qui fourniront les thèmes les plus dramatiques du *Kalevala*, célèbre épopée finnoise.

Les habitants aborigènes de la Laponie, les Sâmes (ou Lapons), diffèrent physiquement des Finnois, mais appartiennent au même groupe linguistique finno-ougrien.

Au Xe siècle, de nouvelles populations arrivées de Suède, au-delà du golfe de Botnie, vinrent s'établir sur le littoral ouest de la Finlande. Bientôt, elles commencèrent à former un Etat à l'ouest. La mer Baltique fut, au gré des convoitises, tantôt grande séparatrice, tantôt unificatrice. Aux premiers temps historiques de la Finlande, les intérêts économiques étaient tournés vers l'est. La "route de l'Est", qui frôlait la Finlande, fut d'abord empruntée par les commerçants hanséatiques qui avaient établi un comptoir dans l'antique cité suédoise de Birka. Au temps des Vikings, cette même route était parcourue par les Varègues suédois pour le commerce des fourrures, très prisées sur le continent.

Colonisée par la grande puissance suédoise

La Russie de Novgorod, qui adopta le christianisme byzantin à la fin du Xe siècle, envoya des missionnaires chez les Caréliens et chez les Ingriens autour du site de la future Saint-Pétersbourg mais leur mission avança plus lentement que celles, envoyées à l'ouest par les Suédois et les Danois, dans le but de rivaliser avec la principauté de Novgorod. Au début du XIIe siècle, des missions suédoises et danoises étaient installées dans l'ouest de la Finlande, une région qui faisait l'objet de convoitises d'ordre religieux, économique et politique.

En 1155, le roi de Suède, saint Erik, entreprit une expédition militaire, sous couleur de croisade, afin de réaliser le rattachement administratif de la Finlande à la Suède.

Tandis qu'il soumettait les Finlandais par la force du glaive, le missionnaire Henri, d'origine anglaise, les convertissait, et fondait un évêché dont le siège sera établi en 1929, à Turku (Åbo). Cette incursion, assortie de croisade, ne fut qu'une parmi beaucoup d'autres, de caractère plus ouvertement militaire. Devenue une grande puissance européenne, la Suède s'annexait les régions occidentales de la Finlande. Dès lors, commençait une union qui devait durer plus de six cents ans.

Au cours des XIVe et XVe siècles, divers ordres monastiques s'implantèrent autour de l'évêché de Turku. L'influence de l'Eglise catholique romaine s'y manifesta par la construction d'églises en granit, richement ornées, dont un certain nombre a été conservé à Åland. Turku ainsi que le centre culturel religieux de Vyborg (Viipuri, actuellement en Carélie russe), étaient en relation étroite avec les grandes capitales bourgeoises de l'époque, telles que Reval (l'ancienne Tallin), Danzig, Lübeck et Stockholm.

La haute administration suédoise s'installa dans des châteaux forts. Aux châteaux de Turku, Hämeelinna et Viipuri, s'ajoutèrent plus tard ceux de Korsholm, près de Vaasa, et Savonlinna (Olavlinna, aujourd'hui célèbre pour ses opéras).

En 1397, à la suite de hasards de succession, le Danemark, la Norvège et la Suède-Finlande furent réunis sous la même couronne. Cette union, dite de Kalmar, fut désastreuse et ce n'est qu'en 1523, sous l'impulsion du futur "père de la nation suédoise", Gustave Vasa, que le pays fut délivré de la tyrannie du monarque danois.

La Réforme arriva dans le Nord sous sa forme luthérienne ; un certain nombre de prêtres suédois et finnois avaient étudié en Allemagne, et notamment à Wittenberg où vécut Luther. Gustave Vasa, à peine couronné, embrassa le protestantisme afin de s'ériger en chef de l'Eglise et de renforcer son pouvoir. Mikael Agricola, évêque de Turku, traduisit la Bible en finnois, faisant de cette langue la nouvelle langue d'évangélisation du pays.

Les nombreuses guerres et la "Grande Haine"

Durant toute la période de l'Union, la Suède ne cessa quasiment pas de chercher à étendre son autorité vers l'Est, ce qui provoqua des heurts continuels avec son grand voisin oriental. Sous la domination suédoise, la Finlande fut le terrain de bataille des douze guerres qui éclatèrent entre la Suède et la Russie. Le tracé de la frontière orientale fut déplacé sept fois. Lors de la succession d'Ivan le Terrible, le sol finlandais servit également de champ de bataille aux guerres russo-suédoises pour la possession de l'Estonie.

"Car en ces temps-là les ours, les lynxs et toute une armée d'autres bêtes sauvages avaient proliféré au-delà de toute estimation en Estonie orientale, de sorte que même les voyageurs étrangers notèrent le fait avec stupéfaction. Tout cela était encore l'héritage des anciennes périodes d'hostilité, car on était en l'an de grâce 1650, et le pays avec ses habitants reposait alors dans la douce paix suédoise, alors que notre malfaisant ennemi, le Moscovite, refoulé derrière les rives de la Neva, grinçait des dents en une vaine fureur." La fiancée du loup d'Aino Kallas, née en 1878 dans le grand-duché de Finlande qui faisait alors partie de l'Empire russe.

Alors que les Finnois ne représentaient que le tiers de la population du royaume, ils formaient quelquefois près de la moitié des troupes suédoises. La plus grande partie de la cavalerie que le roi suédois, Gustave II Adolphe, envoya se battre en Europe pendant la guerre de Trente Ans (1618-1632), était composée de Finnois, les célèbres "Hakapelites" (du cri de guerre Hakka päälle qui veut dire "cogne dessus"). Ces dragons répandaient une telle terreur que l'Eglise catholique de Rome jugea utile l'énoncé d'une formule propre à l'exorciser : *"A horribile Haccapaelitorum agmine libera nos, Domine"*. Cette guerre mettait la noblesse finlandaise en rapport avec la culture germanique et française, mais elle fut très coûteuse pour la paysannerie. A l'époque où les troupes remportaient la longue bataille de Lützen, les Finlandais dans leur pays mouraient de faim, épuisés par plusieurs années de disette.

Au début du XVIIe siècle, lorsque la Suède reconquit la Carélie du lac Ladoga, elle tenta de convertir les habitants orthodoxes au luthérianisme, provoquant ainsi le départ de la moitié des Caréliens vers la Russie. Des Finnois protestants s'installèrent alors dans les villages abandonnés, faisant de la population orthodoxe une minorité méprisée.

La Russie allait néanmoins finir par gagner en puissance avec, à sa tête, le jeune tsar Pierre le Grand, et conduire la Suède au déclin. Soucieux de donner à son empire des débouchés sur la Baltique, le tsar fit édifier, aux portes de la Finlande, la ville fortifiée de Saint-Pétersbourg. La menace russe se précisa avec le désastre de Poltava. A partir de 1713, Turku et tout le Sud tombèrent entre les mains des Russes qui s'enfoncèrent jusqu'à Vaasa, entamant une longue période d'incursions, aussi sanglantes que chaotiques, et connue sous le nom de la "Grande Haine". Cette époque terrible dans l'histoire de la Finlande n'a cessé depuis lors de hanter la mémoire collective.

Excepté la Carélie et les places fortes de Viipuri (Vyborg) et de Käkisalmi, le tsar finit par évacuer le pays, vaste champ de bataille, décimé par la peste et la famine.

A la mort de Charles XII en 1721, la Suède fut contrainte de signer la paix de Nystad et se vit amputée, à l'est, de l'Ingrie et d'une partie de la Carélie. Alors, petit à petit, la Finlande devint le parent pauvre du royaume suédois. Tant que ses propres intérêts n'y étaient pas en jeu, Stockholm se soucia peu de sa province orientale.

Le régime russe, la voie de l'indépendance

Les accords de Tilsit, au début du XIXe siècle, firent de la Russie l'alliée de la France. Napoléon et le tsar Alexandre Ier prévoyaient alors de se partager le monde. L'affaiblissement de la puissance suédoise permit aux soldats russes d'envahir sans peine la Finlande, zone stratégique pour la défense de Saint-Pétersbourg. En 1809, le pays fut rattaché à l'Empire tsariste en tant que grand-duché autonome. Bien que la Finlande, en état de faiblesse, fut forcée jusque-là d'adopter les us et coutumes de la Suède et de lui sacrifier ses fils aux avant-postes contre la Russie, cette rupture de la vieille union n'alla pas sans déchirements, et laissa dans les mémoires le souvenir d'un lien à jamais cher et sacré.

"La Finlande, déclara le tsar Alexandre 1er, affichant ainsi à l'extérieur de nobles intentions, *sera désormais placée au rang des nations"*, même si la logique des choses (et de l'administration tsariste), impliquait une russification progressive. C'est d'ailleurs cette menace qui donna le branle à un mouvement nationaliste jusque-là peu animé.

Cependant, le passage à l'heure russe n'entraîna pas de transformations profondes des institutions. Alexandre Ier promit de respecter la constitution en place et la foi luthérienne. Pendant cette période de grande autonomie, les structures administratives et sociales (qui allaient servir plus tard à l'indépendance) furent développées, tandis que le suédois était conservé comme langue officielle. En outre, l'Empire russe ne fut pas hostile à la pratique du finnois ; il croyait combattre l'influence suédoise en favorisant la langue vernaculaire. Seuls les personnes désireuses de servir le tsar, en dehors de leur pays, furent tenues d'apprendre le russe. Le seul mot d'ordre était de pacifier le pays pour l'éloigner de la Suède.

L'autonomie signifia pour la Finlande une ère de paix presque totale de plus d'un siècle. Une monnaie spécifique du grand-duché, le mark, fut créée en 1860. Les villes dévastées par les guerres furent reconstruites. L'ancienne capitale, Turku, étant située trop loin de Saint-Pétersbourg, – et surtout trop près de Stockholm – Helsinki fut choisie pour la supplanter.

"Plus tout à fait des Suédois, pas encore Russes ; soyons Finlandais"

En 1863, le finnois accède au rang de langue nationale. Les autorités russes avaient regardé l'éveil du sentiment national d'un œil indifférent puisqu'elles y voyaient le signe d'un éloignement d'avec la Suède. Le climat de bienveillance qui caractérisa les premiers temps de la domination russe, permit de catalyser les aspirations nationales qui avaient germé au tournant du siècle. La classe politique et intellectuelle déclara unanimement après A.I. Arwidsson : *"Nous ne sommes pas des Suédois ; nous ne voulons pas devenir des Russes ; nous devons être des Finlandais."* Ce mot d'ordre fut suivi à la lettre par des milliers des familles qui remplacèrent leur nom suédois par un nom finnois.

Quand Alexandre III voulut remettre en cause le statut de grand-duché, il dut se rendre à l'évidence : la Finlande était peu à peu devenue un Etat quasi libre, fort de vingt-cinq années de tradition parlementaire, et possédant, outre sa propre monnaie, son armée et son système éducatif.

Cependant, en 1894, dès son accession au trône, le tsar Nicolas II se montra résolument hostile à l'autonomie de la Finlande et pratiqua une politique de russification intense. C'est l'accord franco-russe qui contraignait le gouvernement russe à cette politique : un grand duché trop autonome constituait un danger pour l'empire, notamment en raison de la menace croissante d'une invasion allemande sur les côtes de la Finlande, invasion susceptible de se déployer ensuite vers Saint-Pétersbourg. En 1899, l'armée finlandaise fut absorbée et le russe imposé comme seule langue administrative.

La guerre russo-japonaise (1904-1905), et la Révolution russe de 1905 allaient apporter un répit à cette russification et donner à la Finlande l'occasion d'imposer au tsar des mesures audacieuses. Affaibli par ses défaites militaires, préoccupé par les mouvements de révolte qui agitaient la société russe, Nicolas II céda à la pression d'une grève générale en Finlande.

A partir de 1906, le pays fut doté d'un parlement à chambre unique, l'Eduskunta, remplaçant l'ancienne diète. Le droit de vote fut reconnu à tous les citoyens, hommes et femmes, âgés de 24 ans, faisant ainsi des Finlandaises les premières femmes à voter en Europe. Mais cette amélioration fut rapidement suivie d'une période d'illégalité et d'oppression. Une nouvelle russification instaura en Finlande un climat de terreur policière marqué par des déportations en Sibérie, dont celle du président finlandais, Svinhufvud.

Les tsars de l'Empire russe régnant sur le grand-duché de Finlande

1809-1825 Alexandre Ier	1881-1894 Alexandre III
1825-1855 Nicolas Ier	1894-1917 Nicolas II

La naissance de la république de Finlande

La Finlande resta dominée par la Russie jusqu'à la proclamation de son indépendance, en décembre 1917, en pleine tourmente de la Révolution russe et de la Grande Guerre.

L'armée russe comprenait de nombreux officiers finlandais, tel le général Mannerheim (qui prendra ultérieurement le commandement de l'armée finlandaise dans les trois guerres successives, avant de devenir le chef de l'Etat qui réussit à rétablir la paix). A partir de la fin du XIXe siècle, la Finlande commença à faire l'objet d'une sympathie internationale en raison de sa "culture nationale" naissante, de sa curiosité intellectuelle et de son ouverture aux expériences dans le domaine artistique. Lorsque les pouvoirs tsaristes voulurent russifier le pays, une proclamation européenne en faveur de la Finlande fut signée par les intellectuels les plus connus.

Les premières années de la Grande Guerre furent celles d'un rapprochement avec l'Allemagne. Les étudiants nationalistes finnois étaient convaincus qu'une victoire allemande favoriserait un soulèvement armé contre l'oppresseur russe. Mais les nouvelles orientations prises par la Révolution russe en 1917, creusèrent le fossé existant entre les différentes tendances finlandaises : les socialistes "Rouges" et les conservateurs "Blancs" soutenus par l'Allemagne. L'amertume engendrée par cette division perdura dans la nation finlandaise pendant des décennies.

La révolution russe d'Octobre 1917 amenant au pouvoir les bolcheviks, la Finlande en profita pour proclamer rapidement son indépendance (décembre 1917). Celle-ci fut reconnue par Staline dès janvier 1918. Mais le pays n'eut pas le temps de connaître un quelconque état de grâce ; il entra fin janvier dans une guerre civile aussi brève que sanglante. Les Rouges ayant investi Helsinki, le gouvernement se réfugia à Vaasa d'où le général Mannerheim organisa une armée gouvernementale. En avril de la même année, à la demande du Premier ministre Svinhufvud, l'Allemagne envoya un bataillon. Avec cette aide, Mannerheim remporta la victoire décisive à Tampere et devint régent de l'Etat sous la tutelle de l'Allemagne. Entre les dizaines de milliers de Finlandais passés par les armes et des milliers d'autres morts de faim, le bilan de la guerre fratricide était lourd.

Les vingt années suivantes furent employées à faire de la Finlande une nation moderne, de type scandinave. Elle resta cependant secouée d'agitations politiques, notamment anticommunistes, dont le mouvement le plus connu fut celui de Lapua. Même indépendante, elle jouait encore un rôle d'Etat tampon entre le communisme russe et la neutralité suédoise, tout en étant proche de l'Allemagne militariste. A la peur, déjà ancienne, de la Russie vint se greffer un sentiment presque fanatique de méfiance à l'égard de l'Union soviétique. Le nouveau président finlandais, Relander, allait entretenir ce sentiment anticommuniste, et apporter son soutien au mouvement Lapua. Celui-ci, procéda avec violence à l'arrestation de leaders communistes. Cependant, malgré cette intense répression, le mouvement de gauche parvint en 1930 à diriger une grande marche paysanne sur Helsinki et à mener une révolte armée en 1932.

Les présidents finlandais depuis l'indépendance

1917-1919 C.G. E. Mannerheim (régent temporaire)
1919-1925 K. J. Ståhlberg
1925-1931 L.K. Relander
1931-1937 P.E. Svinhufvud
1937-1940 Kyösti Kallio
1940-1944 Risto Ryti
1944-1946 C. G. E. Mannerheim
1946-1956 J. K. Paasikivi
1956-1982 Urho Kekkonen
1982-1994 Mauno Koivisto
1994- Martti Ahtisaari

L'héroïque Guerre d'Hiver contre l'Union soviétique

La réconciliation nationale eut lieu devant la menace d'une agression étrangère. En novembre 1939, l'Armée soviétique envahit l'isthme de Carélie. C'était le début de la guerre dite d'Hiver. Pendant cette guerre, qui dura cent jours, les fils des Blancs et des Rouges se battirent coude à coude pour repousser l'agresseur soviétique. Les soldats russes étaient peu entraînés et mal équipés face aux conditions climatiques exceptionnellement rigoureuses de l'hiver 39-40. Les Finlandais, par contre, camouflés dans leurs uniformes blancs, trouvèrent dans la neige une précieuse alliée. La pratique du ski de fond, à laquelle ils étaient rompus depuis toujours, leur était également d'une aide non négligeable.

Une ligne de fortifications, appelée ligne Mannerheim, fut tracée dans les forêts entre la Carélie et le lac Ladoga. De nombreux barrages furent construits afin d'augmenter le niveau des rivières. Ainsi en mars 1940, l'ouverture des vannes du canal de Saimaa permit à l'armée finlandaise d'isoler les troupes soviétiques dans des zones embourbées. D'autre part, pour pallier le manque d'armes antichars, les Finlandais inventaient une bombe de fortune, le "cocktail Molotov", baptisée du nom de l'homme qu'ils détestaient le plus. De nombreuses femmes, les Lotta Svärd, s'engagèrent dans les sections sanitaires et les états-majors. Cependant, la Finlande souffrait cruellement d'un manque d'appui réel de la part des Occidentaux et, toutes héroïques qu'elles fussent, les troupes de Mannerheim ne purent résister longtemps à une puissance armée, nettement supérieure. Elle furent finalement forcées à déposer les armes à Viipuri (Vyborg).

La paix de Moscou (mars 1940) contraignait la Finlande à louer la presqu'île de Hanko pour 50 ans, à céder les territoires de Kuusamo et de Salla, dans le Nord, ainsi qu'une grande partie de la Carélie. Aussi, en l'espace de quelques jours, plus de 400 000 Caréliens durent-ils évacuer leur terre natale pour se réfugier derrière la nouvelle frontière finlandaise. Les moines du monastère de Valamo, sur une île du lac Ladoga, se réfugièrent dans le Savo pour reconstituer leur cloître à Heinävesi (aujourd'hui ouvert au public). Cette terrible guerre n'en avait pas moins permis à la courageuse Finlande de montrer au monde qu'elle était une véritable nation et non une construction artificielle.

Chevaux de feu, chevaux de glace

Ceux qui ont lu *Kaputt* de Curzio Malaparte, ont dû garder en mémoire l'incroyable histoire des chevaux du lac Ladoga. Alain Peyrefitte la raconte ainsi :

"A l'entrée du terrible hiver, des soldats finlandais, dans l'isthme de Carélie, mirent le feu à la forêt de Raikkola, où s'était concentrée l'artillerie soviétique – hommes, bêtes et canons. Réveillés durant la nuit en sursaut, entourés de clameurs, pris de panique, un millier de chevaux coururent se jeter dans le lac Ladoga pour échapper à la fournaise. Ils essayèrent de nager vers l'autre rive, la tête tendue hors de l'eau, farouchement cabrés, grelottant de froid et de peur. Soudain, avec le bruit sec d'une vitre qu'on brise, l'eau qui les protégeait gela, les saisit, les emprisonna.

Le lendemain, à travers la forêt calcinée, les Finlandais découvrirent, émergeant d'une plaque d'albâtre qui s'étendait à perte de vue, des centaines et des centaines de têtes de chevaux. Le givre les avait recouvertes d'un linceul blanc bleuté. Dans les yeux dilatés, la terreur brillait encore comme une flamme. Tout au long de l'hiver, elles demeurèrent ainsi, ces têtes mortes à la crinière glaciale, dures comme du bois, les lèvres contractées par un hennissement désespéré". Les chevaux du lac Ladoga, Alain Peyrefitte

Seconde guerre mondiale : dans l'étau germano-soviétique

L'isolement de la Finlande ajoutait à son sentiment d'inquiétude. Molotov avait déclaré, en novembre 1940, qu'il allait régler le problème du territoire finandais selon le modèle des états baltes, annexés cinq mois plus tôt.

Profitant du retournement d'Hitler contre Staline, les Finlandais décidèrent de reprendre les territoires perdus. Ce fut le début de la "Guerre de Continuation" (1941-1944). Le gouvernement finlandais entendait faire admettre que cette guerre était distincte de celle que menait le Reich. C'est pourquoi aucun traité d'alliance ne fut signé. Mais Hitler avait des visées sur la région de Petsamo, riche en nickel, et seule voie d'accès finlandaise à l'océan Glacial Arctique.

Le généralissime Mannerheim sut amorcer ce nouveau conflit de façon indépendante. Il refusa d'emblée d'engager ses troupes dans l'attaque contre la voie ferrée de Mourmansk et de participer à l'offensive contre Leningrad (Saint-Pétersbourg sous les Soviets). Il informa son gouvernement à Helsinki, qu'il n'interviendrait en aucun cas contre "la grande ville de la Neva", craignant qu'une offensive de cette sorte ne se solde par de terribles représailles de la part des Soviétiques. Son but était de récupérer les terres perdues en 1940 et de libérer ses compatriotes du joug soviétique.

Le mois de juin 1944, date de la grande offensive de l'Union soviétique, marqua un tournant décisif. Au prix de nombreuses vies, les Finlandais parvinrent à contenir son assaut. Parallèlement, l'opinion publique acceptait de moins en moins la coopération militaire avec l'Allemagne nazie. Au vu du désastre militaire qui menaçait la Finlande, coincée entre l'Allemagne et l'Union soviétique, le président Ryti avait signé, en son nom personnel, au printemps 1944, un accord politique avec l'Allemagne, afin de permettre aux diplomates à Stockholm de parvenir à un accord avec les Russes. En août, cet accord fut rendu caduc par la démission de Ryti, remplacé par le maréchal Mannerheim.

La Finlande se retourna contre l'Allemagne pour chasser les troupes nazies qui stationnaient dans le nord du pays. L'évacuation des Allemands prit alors l'allure d'une guérilla amère, connue sous le nom de "guerre de Laponie". Au cours de leur retraite, les nazis dévastèrent la Laponie, brûlant et ravageant une grande partie de la Finlande septentrionale. La ville de Rovaniemi, réduite en cendres, n'était plus signalée que par un panneau, laissé en "remerciement d'une apparente fraternité d'armes".

Le prix à payer pour l'armistice signé avec l'URSS en septembre 1944 fut colossal pour la Finlande, contrainte de céder 10 % de ses territoires et de payer un tribut de guerre paraissant excéder ses capacités. Ces réparations, calculées à partir du taux de change de 1939, atteignirent près du double du montant prévu dans les conditions de paix. *"Economiquement, c'était une impossibilité, mais politiquement une nécessité"*, déclara plus tard le président Paasikivi.

La Finlande mit un point d'honneur à s'acquitter de ses dettes (c'est le seul pays qui ait remboursé entièrement un tribut de guerre). Ironie du sort, c'est cet impératif financier qui fut à l'origine du redémarrage de l'économie et de la mise en place des technologies nouvelles. Sa dette réglée, en 1952, le pays se trouvait en possession d'un excellent outil de travail, juste au moment où l'Europe avait besoin de produits industriels. Ces possibilités d'exportations nombreuses entraînèrent une croissance économique rapide.

La "finlandisation" ou la ligne "Paasikivi-Kekkonen"

La plupart des petites "nations" créées après la première guerre mondiale eurent à supporter une destinée peu agréable du fait de l'Union soviétique. Les pays Baltes avaient été annexés en 1940. Après la seconde guerre mondiale, on assista à la soviétisation graduelle de l'Albanie, de la Bulgarie, de la Roumanie, de la Hongrie, de la Tchécoslovaquie, de la Pologne ainsi qu'à la création de l'Allemagne de l'Est. Les conséquences en furent la guerre froide, le rideau de fer, et le mur de Berlin édifié en 1961. Dans ce contexte très difficile, la Finlande réussit cependant à rester du côté Ouest. Elle dut le payer du prix de ce qu'on a appelé la "finlandisation".

Rares sont les groupes non slaves ou non germaniques qui ont aussi bien résisté à l'érosion par les deux blocs rivaux. Entre les points de repères suédois ou russe (qui, finalement, ont servi de repoussoirs), la Finlande a su s'adapter autant que faire se peut à des circonstances terriblement contraignantes. Façonné par ces événements tragiques, le caractère finlandais se manifeste par un réalisme aigu et un grand sens de l'adaptation. C'est à la lumière de ce caractère qu'il faut analyser la politique suivie par le gouvernement d'Helsinki depuis la seconde guerre mondiale, politique qui n'a pas toujours été bien comprise à l'étranger. Le bon voisinage avec l'URSS revenait à accepter que la souveraineté nationale soit restreinte pour ne pas faire ombrage au puissant voisin. De ce fait, la position de la Finlande tant géographique que politique reste pour certains ambiguë et troublante.

A l'Ouest, des esprits critiques avaient lancé le terme de "finlandisation", un terme assorti d'une nuance de mépris, et qui désignait la soumission passive du pays à l'Union soviétique. Les Finlandais, quant à eux, parlent de "ligne Paasikivi-Kekkonen", du nom des deux présidents qui ont défini et appliqué cette politique de "neutralité active".

Emergeant du drame collectif de la seconde guerre mondiale, et contrairement aux anciennes possessions tsaristes des pays Baltes qui avaient acquis leur indépendance en 1918, la Finlande est parvenue à sauvegarder son identité et sa souveraineté après avoir perdu deux guerres contre l'ex-Union soviétique. Il était clair pour ses dirigeants que, face à la forteresse bolchevique, ils ne pouvaient plus tourner le dos à l'URSS. De ce fait, pendant des nombreuses années, les Occidentaux ne reconnaissaient pas tout à fait la Finlande comme un Etat neutre, mais plutôt comme un "Etat qui cherche à établir sa neutralité".

Mais, dans le même temps, c'est-à-dire pendant la guerre froide, l'Occident ne semblait pas être capable de protéger cette dernière avancée de l'Ouest que constituait la Finlande face au bloc soviétique.

Les armes avaient parlé et tiré une sanglante morale. Dans l'obligation de coexister avec un géant politique à ses portes, la petite Finlande avait décidé de lui présenter un visage aussi peu hostile que possible. L'amitié à l'égard de l'Union soviétique était à deux tranchants et ne fut pas sans avoir des conséquences sur la vie intérieure finlandaise, et notamment sur sa vie culturelle. C'est ainsi par exemple, que les livres de Soljenitsyne furent considérés comme non grata, que le film *Une journée d'Ivan Denissovitch* fut interdit par la censure, et que le terme "antisoviétique" pouvait permettre de faire condamner un citoyen.

L'Esprit d'Helsinki et le choix de la neutralité

Le pacte d'amitié, de coopération et d'assistance mutuelle que la Finlande conclut avec l'URSS en 1948 est totalement différent des accords que ce dernier pays signa avec ses autres voisins. Certes, les dirigeants finlandais marchaient sur une corde raide, mais le pays n'avait pas choisi lui-même sa situation géographique et il fallait bien qu'il s'en accommode. La sauvegarde de son indépendance nationale, conquise en suivant ses propres critères, atteste de la sagesse de ses choix.

Les Finlandais n'ont voulu donner à leur voisin qu'un témoignage de bonne volonté. Ils ne se sont engagés qu'à défendre leur propre territoire, pas à faire la guerre aux côtés des Soviétiques.

Il fallait aussi rassurer les Occidentaux et les convaincre que le gouvernement d'Helsinki était parvenu à un équilibre entre les deux blocs qui se partageaient le monde à l'époque. Le rôle actif de la Finlande à l'ONU, où elle fut admise en 1955, semble avoir démontré le succès de cette entreprise. L'actuel président de la République, Martti Ahtisaari fut Secrétaire général adjoint aux Nations unies, chargé de coordonner le processus d'indépendance de la Namibie au cours des années 1989 et 1990.

En 1956, la Finlande assiste à la première session du Conseil nordique réunissant tous les pays scandinaves. L'adhésion de la Finlande à l'AELE (Association européenne de libre échange) en 1961, permet au pays de développer son commerce avec la CEE tout en maintenant ses échanges avec l'URSS et les pays de l'Europe orientale.

Parmi les pays nordiques, seules l'Islande et la Finlande ont opté pour une constitution républicaine, les trois autres étant des monarchies. Les Finlandais ne ressentaient pas le besoin de recourir à une figure autoritaire et ils ne voulaient *"ni empereur, ni roi"*.

La Finlande moderne est un pays neutre qui s'efforce de prévenir tout conflit armé en Europe. Les démarches du président Kekkonen auprès de Paris, Londres et Washington ont abouti à la tenue à Helsinki de la Conférence européenne de sécurité et de coopération en Europe (1973 et 1975).

L'acte final, signé par 35 pays, contient de nombreuses dispositions touchant à la libre circulation des personnes et des idées entre l'Est et l'Ouest. De cette conférence est née l'expression "Esprit d'Helsinki" : l'aspiration des Etats à résoudre leurs différends par la voie pacifique. Depuis, la capitale a été surnommée la "Genève du Nord".

L'entrée dans l'Union européenne et les inquiétudes quant à l'avenir

Une grande partie des exportations de la Finlande allait vers l'ex-Union soviétique, d'abord en règlement de sa lourde dette de guerre, ensuite en exportations commerciales ou en troc. A la dissolution de l'Union soviétique en 1991, la Finlande perdait le plus important de ses débouchés. Ses produits n'étant pas adaptés aux normes de l'Occident et, la crise économique actuelle aidant, le pays se retrouvait dans une situation dramatique.

Le problème du chômage y est actuellement énorme, il concerne environ 20% de la population active. Malgré leur souci de neutralité, les Finlandais n'avaient plus vraiment les moyens de voter contre l'Union européenne. Le référendum du 16 octobre 1994, marqué par un " kyllä" (oui) massif de 57%, fut perçu comme l'événement politique le plus important depuis l'accession à l'indépendance en 1917.

Cependant, 43% des Finlandais ont quand même dit non, et ce n'est pas négligeable. Ce "non" s'explique, certes, par l'attachement à la neutralité, mais aussi par une véritable cassure géographique et économique entre le nord et le sud du pays. Helsinki et sa région se sont prononcé pour le "oui". En face, en faveur du "non", le Nord lointain, la campagne, les petites agglomérations où la vie n'est pas toujours facile, notamment pour des raisons climatiques. Les agriculteurs, surtout, craignent que l'application de la politique agricole commune ne fasse disparaître bon nombre des petites exploitations peu rentables. Largement subventionnés jusqu'à présent, ils peuvent s'attendre, malgré la reconnaissance par Bruxelles des conditions particulières de l'agriculture "arctique", à une chute de leurs revenus.

Quoi qu'il en soit, l'effondrement des échanges commerciaux de la Finlande avec les pays de l'Est a déplacé le centre de gravité de son commerce extérieur de plus en plus fortement vers l'Ouest. Mais en même temps, ce fait ne doit pas faire oublier que l'ex-URSS, redevenue la Russie, reste la grande voisine de la Finlande, avec une frontière orientale de 1 200 km, la plus longue de l'Europe depuis l'entrée de la Finlande dans l'Union Européenne. Aussi la Finlande aimerait-elle à présent que cette frontière entre l'Ouest et l'Est soit clairement établie, de façon à ne plus être considérée comme un pays faisant office de "no man's land" entre superpuissances et éviter ainsi à l'avenir une nouvelle "finlandisation".

"Si grande et ténébreuse est la forêt,
entre les Etats prédateurs,
entre la Suède et la Russie,
et terre de bonheur".
Cavalier, Paavo Haavikko

LA LANGUE FINNO-OUGRIENNE

Toutes les langues finno-ougriennes proviennent d'une même langue ancienne qui s'est différenciée au cours des temps, avec la dispersion des hommes qui la parlaient. Le fait le plus étonnant concernant la langue finnoise est qu'elle ait survécu jusqu'à aujourd'hui. Quand les lointains ancêtres des Finnois quittèrent la Russie, chassés par les Slaves, ils laissèrent en chemin des lambeaux de populations. Celles-ci furent intégrées à l'Empire russe et, plus tard, à l'Union soviétique. Ces petites peuplades, noyées dans l'écrasante majorité russe, réussirent à conserver leur langue. Le "mordve" ou le "mari" (de la région de la Volga, à l'est de Gorki) est aussi un lointain parent du finnois. Le "permien" occupe une aire qui va de l'Oural à la mer de Glace. Les langues dites ougriennes sont établies sur de vastes espaces de part et d'autre de l'Ob, mais elles ne sont représentées que par des populations peu nombreuses.

Les langues finno-ougriennes sont aujourd'hui localisées, pour la plupart, dans les seules contrées nordiques. Outre le finnois (comme on vient de le voir), le magyar (hongrois) et l'estonien sont les seules exceptions notables. Le finno-ougrien est cependant parlé en Transylvanie (aujourd'hui roumaine), et une autre variété de cette langue est le carélien, parlé dans la partie orientale de la Carélie (actuellement en territoire russe).

Le hongrois est un lointain parent du finnois ; l'estonien en revanche, en est si proche qu'un Finlandais et un Estonien peuvent communiquer assez bien. Le finnois est une langue difficile mais non pas inabordable ; très mélodieuse, elle rappelle l'italien. Elle comporte de nombreuses voyelles, longues ou courtes. Sa morphologie est fondée sur le principe dit d'agglutination (juxtaposition de suffixes ou élargissement des noms aux bases radicales). Il existe 15 cas de déclinaison qui métamorphosent complètement un mot. Ainsi le mot *"joki"* (= fleuve) devient *"joessa"* (= dans le fleuve). Il n'y a ni articles ni genres, mais "non" se décline également. Les mots sont souvent très longs. On dit qu'en raison de leur longueur, *"le Finlandais, en parlant, a le temps de réfléchir et profère moins de bêtises que les autres".*

PEUPLEMENT DU PAYS

La population finlandaise est issue pour 75 % de la même souche que les Scandinaves, et pour 25 % de tribus nomades venues de l'Oural (d'où les variantes morphologiques constatées dans le pays). Les authentiques Finnois immigrèrent probablement vers le début de notre ère dans la Finlande actuelle, par la côte Sud, pour atteindre vers le VIIIe siècle, l'isthme de Carélie. Les habitants de l'Ostrobotnie et du Sud sont blonds et élancés, tandis que les Caréliens à l'est sont d'un type oriental aux pommettes saillantes et d'une stature plus trapue.

Depuis la nuit des temps, la Finlande a été peuplée de Lapons, chasseurs et pêcheurs, qui ont été refoulés aux XVIe et XVIIe siècles par les Finnois et les Suédois.

La Finlande d'aujourd'hui

La Finlande compte 5 030 000 habitants avec une densité de 14,8 habitants au km2. La majorité de la population habite dans les villes. Dans les vastes espaces de la Laponie, la densité ne dépasse pas les 2,2 habitants au km2.

A côté des Finnois qui forment la majorité de la population (93 %), il existe trois minorités dont la plus importante est consitutée par les 300 000 "Finlandsvensker" ou "Finlandais d'expression suédoise". Aujourd'hui, le pays est toujours bilingue, avec deux langues officielles : le suédois et le finnois.

Le second groupe comprend les quelque 4 000 Sâmes (ou Lapons) qui appartiennent à la culture arctique. Contrairement aux Esquimaux, ils sont entrés très tôt en contact avec les peuples plus méridionaux et les brassages ont été plus profonds.

Enfin, le troisième groupe est formé d'environ 5 000 gitans, installés au pays depuis quatre cents ans. Les "Mustalienen", comme on les appelle ici, anciens nomades romani, se sont aujourd'hui sédentarisés.

Il y a moins de 1% d'immigrés en Finlande, c'est le pourcentage le plus bas d'Europe. Si le patriotisme finlandais peut paraître chauvin à certains, il s'explique fort bien par les vicissitudes de l'histoire. L'une des quêtes constantes du Finlandais est son identité nationale. Et il a une propension naturelle à se renfrogner lorsqu'il est pris pour un autre, un Suédois par exemple, comme c'est malheureusement souvent le cas.

L'émigration massive du siècle dernier

Comme en Suède au milieu du XIXe siècle, l'émigration vers les Etats-Unis et le Canada a pris en Finlande l'ampleur d'un mouvement de population qui ne s'est ralenti que quand le pays fut devenu indépendant. En revanche, l'émigration finlandaise vers la Suède à partir des années 1950, n'a pas cessé d'être relativement importante, – et n'a pas été sans poser quelques problèmes. (Les Finlandais ont été considérés un peu comme les Maghrébins des Suédois.)

En 1969 et au début des années 1970, en particulier, le chômage et la crise du logement ont forcé de nombreux Finlandais à émigrer chez leur voisin scandinave. Des émigrés finlandais traversèrent le golfe de Botnie dans l'espoir d'une amélioration de leurs conditions de vie. De nos jours, la Finlande souffre plutôt d'une pénurie de main-d'œuvre qualifiée.

Les "Finlandsvensker", les Suédois finlandais

Contrairement à ce que laisse supposer leur nom officiel, les Suédois finlandais ne sont pas des immigrés. Ces Finlandais suédophones – car il s'agit bien là de Finlandais – n'ont de suédois que la langue. La plupart d'entre eux n'ont plus aucun autre lien avec l'ancienne mère-patrie. Leurs origines remontent aux XIIe et XIIIe siècles, époque où la Finlande fut rattachée à la couronne suédoise, et où les expéditions suédoises vinrent défricher et cultiver les terres vierges des côtes finlandaises, laissant derrière elles une population rurale hermétiquement fermée au parler autochtone. Puis vinrent des nobles, officiers, pasteurs, commerçants et artisans suédois. Installés outre-Baltique, ils firent du suédois la langue des cercles dirigeants finlandais qui dominèrent tout le pays jusqu'au XIXe siècle.

Outre ces descendants des "Suédois du royaume", des autochtones finnois adoptèrent la langue suédoise – celle de l'administration et de la culture – pour des raisons d'ascension sociale.

Les Finlandais suédophones n'ont jamais été une minorité faible ou opprimée. Bien au contraire, c'était le finnois qui faisait l'objet d'une discrimination. La langue vernaculaire était considérée comme une langue de paysans, et jugée inadaptée aux nécessités d'une civilisation moderne. Même pendant le siècle où la Finlande fut un grand-duché russe, le suédois resta l'unique langue officielle du pays : celle de l'enseignement, de l'administration et de la justice. Cependant, en dépit des pressions exercées par les autorités suédoises d'abord, russes ensuite, la majorité des Finlandais conserva opiniâtrement son propre parler. Ce n'est que dans les années 1860 que la langue finnoise obtint un statut officiel aux côtés du suédois.

La guerre des langues

Sous l'égide du philosophe J.V. Snellmann, les fennomanes purent enfin convaincre le tsar Alexandre II de mettre le finnois à égalité avec le suédois. Depuis 1863 la langue autochtone fut ainsi introduite dans l'administration. C'est donc tout naturellement que la constitution de 1919 conserva leur statut aux deux langues.

Peu à peu, la dualité linguistique prit une coloration politique. Les Finlandais suédophones qui détenaient la richesse et le pouvoir, devinrent la cible d'accusations de plus en plus fréquentes. Les extrémistes, tel le mouvement Lapua, réussirent à obtenir du ministère de l'Education d'interdire, dans les écoles, le mot "finlandais" au profit de "finnois".

Dans les années 1940 et 1950, les "Suédois finlandais" commencèrent à cultiver leur spécificité et à se considérer comme une minorité. En 1962, ils obtinrent qu'une loi définisse le statut bilingue des villes d'Helsinki (Helsingfors en suédois), de Turku (Åbo) et de Vaasa (Vasa). Les Finlandais d'expression suédoise obtinrent le droit d'employer leur propre langue dans leurs contacts avec l'administration, d'assurer la scolarité de leurs enfants en suédois, et de faire leur service militaire dans un bataillon de langue suédoise.

Parce que les Suédois finlandais, minorité sur le déclin, se sont définis selon des critères linguistiques et non pas culturels, le pays est resté majoritairement indifférent à leur recul démographique. Pourtant la perspective d'une extinction n'est pas du tout irréaliste. Les mariages mixtes accélèrent le processus, les jeunes Finnois étant peu enclins à s'initier au suédois, lui préférant de loin l'anglais. Aussi, la minorité d'expression suédoise ne représente-t-elle plus que 6 % de la population, contre 12 % au milieu du XIXe siècle. Aujourd'hui, les derniers foyers suédophones se concentrent le long de la côte Sud et en Ostrobotnie avec pour capitale Turku (Åbo).

Une enclave au statut privilégié

L'archipel d'Åland, jeté comme un pont sur la Baltique entre Stockholm et Turku, est très différent de la Finlande continentale. Ces îles jouissent d'un statut unique au monde. Leur autonomie est garantie par un accord international que le parlement finlandais ne peut modifier seul. En effet, à l'époque de la guerre civile en Finlande, un parti séparatiste favorable au rattachement à la Suède s'était formé dans l'archipel. Après bien des débats, la question fut soumise à la Société des Nations, qui rendit son verdict en 1921 : la souveraineté de la Finlande devait être maintenue, mais la préservation de la langue suédoise et la culture des insulaires devaient être garanties. Ainsi, les Ålandais sont aujourd'hui autonomes, dotés d'un gouvernement et d'un parlement local.

Index général des noms, page 171

L'ECONOMIE

Au début du siècle, il n'existait en Finlande qu'une petite industrie du bois et une industrie textile concentrée à Tampere. En raison de la faiblesse des communications à l'intérieur du pays, le commerce tardait à se développer. Les voies ferrées étaient rares. Restaient les rivières et les lacs, le bateau en été, le traîneau en hiver...

Hormis Helsinki, Turku et Tampere, on ne trouvait pas alors de véritable ville en Finlande. Depuis, l'exode rural a fait naître des cités. Ainsi Lahti, créée vers 1905, est actuellement la quatrième ville du pays avec environ 100 000 habitants, un chiffre considérable à l'échelle nordique.

L'hydro-électricité, palliant partiellement la pauvreté du sous-sol, provient principalement de la rivière Kemijoki en Laponie. Cette houille blanche fournit de l'énergie aux industries métallurgiques, textiles et chimiques.

Aujourd'hui, la Finlande possède quatre réacteurs nucléaires.

La sylviculture

L'industrie finlandaise s'est d'abord appuyée sur la richesse des forêts, l'"or vert". Elle s'est fait connaître mondialement par le bois et ses produits dérivés, puis par la fabrication des machines liées à ce secteur. Aujourd'hui, la Finlande est parmi les premiers producteurs mondiaux de papier.

La forêt couvrant la majeure partie du pays, il était naturel que la sylviculture soit devenue sa principale ressource. Pour chaque coupe (dont la plus grande partie est transformée en pâte à papier, cellulose, contre-plaqué ou pâte de bois) une surface identique est replantée en jeunes arbres. Jadis, une partie importante de la population travaillait dans la forêt : abattage des arbres en hiver, flottage du bois au printemps (tradition actuellement reprise dans le cadre des concours locaux et touristiques).

L'agriculture

La Finlande est le pays agricole le plus septentrional du monde. Les fermes (on en compte environ 125 000), sont essentiellement de petites exploitations familiales. Pratiquer l'agriculture dans des conditions subarctiques implique de nombreuses restrictions. La production repose surtout sur l'exploitation des herbages. L'industrie laitière, de caractère traditionnel, est basée sur le système coopératif.

Les cultures et l'élevage de bovins pour le lait et le beurre sont développés surtout dans le Sud, au climat plus clément que dans le reste du pays. C'est en Finlande que le blé, le seigle, l'avoine, la pomme de terre et la betterave atteignent leur limite de culture septentrionale.

Dans les années soixante, le pays a connu une très grande transformation structurelle, passant d'une société à dominante agricole à une société à dominante industrielle. En 1969, 36 % de la population tirait encore sa subsistance du secteur primaire, de l'agriculture et de la sylviculture. Aujourd'hui, ce pourcentage n'est plus que de 8 %.

On sait que la Finlande a décidé, par voie de référendum, d'adhérer à l'Europe mais il paraît évident que l'agriculture finlandaise ne peut pas s'intégrer à la politique agricole commune de l'UE sans des dispositions qui prennent en compte les conditions climatiques du pays. Les requêtes finlandaises se fondent surtout sur la situation géographique et le désir de maintenir un habitat réparti sur l'ensemble du territoire. C'est là un important enjeu social. La Finlande aimerait voir inclus dans la "première zone d'assistance" l'Ostrobotnie centrale et du Nord, le Savo du Sud, la Carélie du Nord et le Kainuu. Elle voudrait aussi y inclure la Laponie en raison de sa faible densité de la population. Elle souhaiterait, enfin, maintenir l'aide nationale actuelle aux éleveurs de rennes dans le nord du pays. En Russie, le prix de la viande de renne n'est que de 15 écus par tonne, alors qu'il est de 350 écus par tonne dans les pays nordiques.

LE BOOM ECONOMIQUE DES ANNEES 80

En Finlande, l'industrialisation, depuis la fin de la seconde guerre mondiale, s'est déroulée autrement que dans les autres pays nordiques, où le processus fut lent et progressif. La défaite finlandaise bouleversa l'industrie. L'ex-Union soviétique exigea un lourd tribut de guerre, consistant principalement en produits métallurgiques. Pour faire face à ces exigences, le pays dut se constituer une industrie qui, plus tard, notamment dans les années 70 et 80, prit un caractère quasi explosif. Le taux de croissance économique aux cours de ces deux décennies fut aussi fulgurant que celui du Japon, avec un PNB par tête d'habitant, comptant parmi les plus élevés des pays industrialisés.

Ce véritable boom économique fut provoqué par la libéralisation du marché monétaire et la spéculation boursière. Combiné avec des taux d'intérêt élevés, le marché libre entraîna une surévaluation du mark. La Finlande devint le pays le plus cher du monde.

Touchée de plein fouet par la récession de ses partenaires commerciaux, la Finlande s'est vue, en outre, confrontée à une situation à laquelle elle n'était pas préparée. A la fin des années 80, on s'est rendu compte que le commerce de clearing bilatéral avec l'Union soviétique était fini. Fin 1990, la décision des Soviétiques de ne pas reconduire le traité commercial d'échange fut lourde de conséquences, et condamna de nombreux commerces à mettre la clef sous la porte.

Les dévaluations du mark finlandais

En novembre 1991 le mark finlandais fut dévalué de 12,3 %. Comme cela ne suffit pas à ramener la confiance, on le laissa flotter en septembre 1992, alors que le marché européen des devises commençait à devenir instable. Le flottement a, en même temps, affaibli et renforcé la monnaie finlandaise. Il a eu des effets visibles sur la balance commerciale entre la Finlande et la France. En 1992, les grandes livraisons de navires construits pas les chantiers navals finlandais avaient gonflé les statistiques d'exportation (Kværner Masa Yards ont construit les car-ferries *Barfleur* et *Normandie*.) En 1993, la France était le cinquième partenaire commercial de la Finlande. Le mark finlandais était alors largement sous-évalué, aussi bien par rapport au mark allemand qu'au dollar US.

Cette situation aida les industries exportatrices finlandaises à étendre leur production en dépit de l'affaiblissement de la demande des marchés occidentaux et de la disparition du marché russe.

Les pays de la Communauté européenne comptent toujours parmi les principaux partenaires commerciaux de la Finlande. Près de la moitié des exportations finlandaises leur sont destinées. La Russie représente pour la Finlande un marché potentiel qui, pour l'instant, n'absorbe plus que 3 % de ses exportations. Au début des années 80, lorsqu'elles étaient à leur apogée, près du quart de ses exportations était dirigé vers l'ex-Union soviétique.

Un taux de chômage alarmant

Cependant, à la fin de 1993, le mark finlandais était encore plus faible qu'il ne l'était avant de devenir flottant. Aussi, la Banque de Finlande s'est-elle fixé comme but de sa politique monétaire une inflation de base de 2 % à compter du début de 1995.

Outre que son économie est à la fois surspécialisée et surprotégée, la Finlande souffre actuellement des mêmes problèmes structurels que le reste de l'Europe occidentale mais dans des proportions plus grandes encore. Ces problèmes sont d'ailleurs apparus plus tôt que dans les autres pays d'Europe de l'Ouest, suite à l'effondrement de son commerce avec l'ex-URSS. La dissolution de ce pays, conjuguée à la crise économique mondiale, a provoqué un chômage record qui atteint aujourd'hui près de 20 % (contre seulement 3,5% en 1990). La pauvreté est cependant moins apparente dans les rues d'Helsinki que dans celles de Paris. On n'y voit pratiquement pas de clochards ou de gens faisant la manche. Pourtant, cette population de 5 millions d'habitants compte 500 000 chômeurs, et l'économie nationale souffre de la récession.

LES DIFFERENTES INDUSTRIES FINLANDAISES

L'**industrie métallurgique** représentait près de la moitié des exportations mais, comme partout, les chantiers navals finlandais ont subi la crise. Reste la construction des brise-glace et des plates-formes de forage pétrolier.

L'acier de Rautaruukki répond aux normes particulières des régions arctiques.

Koné est une importante entreprise de constructions mécaniques cotée en bourse. Spécialisée depuis sa fondation en 1910, dans les ascenseurs, les escaliers mécaniques et le matériel de levage, elle est l'un des trois premiers fournisseurs du monde de ce type de matériel.

Le groupe Metra produit des moteurs diesel (Wärtsilä Diesel a des usines en France), des équipements de salles de bains (Sanitec), ainsi que des serrures et des systèmes d'accès électroniques (Abloy Security).

Vingcard Systems fabrique des serrures hôtelières à cartes perforées.

La firme Teräsbetoni avait déjà un quart de siècle d'expérience sur le marché soviétique du bâtiment lorsque le système socialiste s'effondra. Teräsbetoni n'a cependant pas cessé ses activités en Russie, c'est elle qui a construit l'usine alimentaire McDonald's de Moscou.

Les **industries chimiques** produisent des huiles de graissage, des engrais, des produits plastiques et synthétiques, des peintures et colorants et, enfin, des produits pharmaceutiques.

La Kemira est le second fabricant d'engrais d'Europe, après le groupe norvégien Norsk Hydro.

Matériau dérivé du raffinage du pétrole, le plastique est une spécialité finlandaise. L'écologie impose ici des contraintes particulières. La durée de vie d'un produit doit être la plus longue possible, et il doit être fabriqué avec une quantité minimale de matériaux bruts, une utilisation maximale de matériaux recyclés et une consommation minimale d'énergie.

La compagnie pétrolière Neste, première entreprise du pays, fabrique l'essence et le gasoil les mieux adaptés au froid. (En janvier 1985, la température la plus basse du siècle fut enregistrée dans un petit village du nord de la Finlande : - 54,4°C.) Neste sponsorise aussi le rallye des 1 000 Lacs. En outre, le groupe récompense chaque année le meilleur design finlandais par le prix Neste Forma Finlandia.

Le **design** est développé industriellement : porcelaine, argenterie et, surtout, verrerie et bijoux (dont la réputation n'est plus à faire). Fiskars et ses ciseaux au design bien connu, est la plus ancienne entreprise de Finlande encore en activité. Fiskars, c'est aussi des couteaux de cuisine, des articles de jardinage, etc., écoulés dans le monde entier par l'intermédiaire de son propre réseau de filiales.

Les entreprises de **chimie clinique** se concentrent sur la technologie la plus avancée. Instrumentarium Corp. est la première entreprise de technologie médicale du pays. Datex, sa filiale, qui produit des moniteurs d'anesthésie, affirme que sans le niveau élevé de la médecine finlandaise elle ne serait jamais parvenue à la tête du marché européen.

Cultor Oy est spécialisée dans l'**alimentaire**. Son principal secteur est celui des édulcorants tels que le fructose (Xyrofin) et le xylithol (invention finlandaise). Cette entreprise possède, avec Eastman Kodak, la Genecor International spécialisée dans les produits de biotechnique. Cette dernière a développé une enzyme utilisée en boulangerie qui remplace partiellement la levure.

La laiterie géante, Valio Oy, s'est lancée sur le marché international avec les fromages (emmenthal Finlandia), les aliments pour bébés, les substituts de lait maternel et les produits alimentaires injectables. En plus de l'industrie agro-alimentaire, la société Valio produit un facteur de croissance, isolé à partir du colostrum de la vache et servant, dans les laboratoires, de substrat pour les cultures de bactéries et de virus. Les laboratoires Valio ont été dirigés en leur temps par le professeur A.I. Virtanen qui, en 1945, a obtenu le prix Nobel de chimie.

Le conglomérat d'envergure mondiale, Huhtamäki, couvre trois secteurs : la confiserie (groupe Leaf, l'un des dix premiers confiseurs du monde, dont près de 90% de la production se fait aux Etats-Unis), l'emballage des denrées alimentaires (groupe Polarcup) et les produits pharmaceutiques (Leiras). Les laboratoires Leiras sont spécialisés dans les domaines de la contraception, de l'ophtalmologie, du métabolisme osseux et des inhalateurs.

Les sociétés Alko et Genencor ont conclu des alliances internationales afin de consolider leur positions dans l'utilisation d'enzymes servant au blanchiment de la pâte à papier. La Chapelle d'Arblay est un holding de papier journal bien connu de la presse française.

Le groupe Kymmene produit essentiellement du papier, en particulier des papiers magazine et des papiers fins, dont il est l'un des premiers producteurs d'Europe. Les prix des différents papiers d'impression ont subi une baisse de 15 à 20 % durant l'année 1992.

Les **industries textiles** du pays atteignent également une certaine importance. La marque Lutha, très "mode", s'est spécialisée dans des vêtements de sport. Fondée en 1649 à Tampere, Finlayson produit des tissus pour la fabrication des vêtements de sport notamment les combinaisons de ski.

Le high-tech et la recherche scientifique

Plus de 600 sociétés de recherche scientifique sont basées dans les villages "high-tech" d'Espoo, Turku, Tampere, Jyväskylä, Lappeenranta, Kuopio et Oulu. Le high-tech actuel est représenté par la fabrication de téléviseurs, de téléphones portatifs, d'ordinateurs et autres produits de pointe.

Les pays scandinaves ont, de tout temps, été en tête dans le domaine de la radiotéléphonie et, de ce fait, ce réseau y a pris une ampleur internationale. La Finlande est actuellement le second exportateur mondial de technique des télécommunications et se trouve parmi les cinq premiers pays du monde pour le nombre de téléphones et de modems par rapport au nombre d'habitants. Avec 80 téléphones mobiles pour mille habitants, il se place au second rang mondial. L'entreprise qui a le mieux réussi dans cette branche est la multinationale Nokia, deuxième producteur mondial de téléphones mobiles, et actuellement, le deuxième fabricant de système GSM numéris. Le GSM, dont les débuts en France ont été plutôt modestes, représente aujourd'hui un marché en pleine expansion. Les téléphones mobiles Nokia sont renommés pour leur technologie innovatrice et leur design raffiné.

L'implantation des sociétés françaises

La France vend à la Finlande des automobiles, des machines industrielles, des appareils ménagers et électriques, des cosmétiques, etc. Le groupe français Sodexho a investi, en 1994, le marché de la restauration collective en Finlande.

- France International. 15, rue Vignon 75008 Paris, ✆ (1) 42 65 13 00, est un centre d'affaires spécialisé dans le recrutement et le managing des sociétés travaillant avec les pays nordiques et la Finlande.
- Chambre de Commerce franco-finlandaise. 19, bd Haussmann 75009 Paris, ✆ (1) 40 22 80 00.

LITTERATURE

Les Finlandais, à l'instar des Islandais, ont la réputation d'être parmi les lecteurs les plus assidus du monde.

L'histoire de la littérature finlandaise reflète celle d'un peuple tourmenté, à la recherche de son identité.

L'histoire mouvementée de la nation a favorisé toutes les confusions, rebuté les bonnes volontés et constamment nui à la production littéraire de la Finlande, laquelle, malgré tout, parvint à résister aux tentatives d'assimilation et à garder sa propre identité. En outre, l'usage veut que l'on distingue la littérature finlandaise de langue suédoise de celle d'expression finnoise.

Mais quelle que soit leur langue, la personnalité des écrivains a été profondément marquée par les guerres et par un attachement viscéral à la terre. L'âme finlandaise est régie par une nature fascinante de mélancolie ; le ciel, l'arbre et l'eau sont les trois acteurs centraux de toute œuvre finlandaise, populaire ou littéraire. *"S'il s'agit de restreindre la liberté d'expression, c'est comme d'attacher une à une les feuilles du tremble qui frémissent au vent".*

L'éveil d'une littérature nationale et de la langue finnoise

En 1548, furent posés les premiers jalons d'une tradition littéraire finnoise avec la traduction en finnois du Nouveau Testament par Mikael Agricola, évêque de Turku et ami de Luther. On lui doit, en outre, les premiers ouvrages écrits en finnois, ainsi qu'un abécédaire. Jusqu'à cette époque, tous les écrits rédigés en latin ou en suédois étaient restés inaccessibles à une population majoritairement illettrée.

En 1828 fut fondé, à l'université suédoise de Turku (Åbo), le premier poste de lecteur finnois, suivi en 1850 par l'inauguration de la première chaire de langue finnoise.

A cette époque, les Suédois finlandais se trouvèrent dans la situation, pour le moins paradoxale, d'avoir à plaider dans la langue suédoise, la cause de l'émancipation finnoise. Parmi eux, Johan Ludvig Runeberg (1804-1877), reconnu comme le poète national, fut le premier à donner ses lettres de noblesse à la littérature finlandaise. Les vers par lesquels débutent ses ballades patriotiques *Récits de l'enseigne Stål* devinrent les paroles de l'hymne national *Vårt Land* (*Maamme* en finnois, *Notre Pays*).

Il en fut de même pour Elias Lönnrot (1802-1884), un autre Suédois finlandais, champion de la fennophonie. On lui doit l'immense et célèbre épopée du *Kalevala*, ainsi que le premier dictionnaire par lequel la langue finnoise fut enfin codifiée. Lönnrot rêvait d'élever au rang de langue officielle ce qui n'était alors qu'un ensemble de dialectes parlés dans les campagnes. Et c'est dans ce but que ce médecin de campagne, fils d'un tailleur de village, semi-autodidacte et féru de poésie, explora, pendant vingt ans, les forêts de Carélie, où les anciens bardes chantaient encore les poèmes transmis oralement depuis la nuit des temps. Lönnrot parcourait, à pied, tous les villages du pays, visitant les laulajat et transcrivant leurs répertoires fort étendus. La dernière descendante d'une lignée de bardes, Larin Paraske, qui mourut quasi-centenaire en 1904, connaissait encore treize cents poèmes totalisant quelque trente mille vers !

Grâce à son génie scientifique et poétique, Lönnrot composa une seule vaste épopée à partir des variantes d'un même thème. L'immense fresque épique du *Kalevala* eut une grande influence sur la littérature comme sur les beaux-arts. Dans cette œuvre classique à l'instar des sagas islandaises, il arrive que le héros finnois ressemble à Don Juan ou à Don Quichotte, mais jamais à un Peer Gynt norvégien. Le nihilisme des Eddas et la hantise de la fin du monde du Ragnarok, n'alourdirent jamais les rêves finnois.

Grâce au *Kalevala*, les Finlandais découvraient qu'ils possédaient un patrimoine qui ne devait rien ni à la Suède ni à la Russie, et qui leur apparaissait comme l'expression même de leur fennitude. Par le *Kalevala* qui prit vite valeur de symbole, la Finlande s'enracina dans le passé et se donna une littérature nationale. Les écrivains, les peintres, les compositeurs et les philosophes se mirent en quête de tout ce qui pouvait exalter cette spécificité finnoise – alors même qu'ils étaient privés de libertés politiques. Dans l'art, ce mouvement prit le nom de romantisme national, qui se confond souvent avec le carélianisme.

Le *Kalevala*, une saga finnoise

Lönnrot groupa les poèmes recueillis en cycles articulés autour d'un même personnage, constituant un poème en trente-deux chants et douze mille vers. La date de sa publication, le 28 février 1835, reste commémorée par une fête nationale, le Kalevalapana (jour de *Kalevala*). Lönnrot en donna en 1849 une deuxième édition, complétée, en cinquante chants et vingt-deux mille sept cent quatre-vingt-quinze vers.

Le poème épique raconte l'histoire des gens de Kalevala (le pays des héros) en lutte contre ceux de Pohjola (le pays du Nord). Les deux pays se disputent le Sampo, un objet symbolique et magique. Le personnage central est le vieux Vaïnämöinen, à la fois barde et chaman, qui ensorcelle les humains, les animaux et la nature par la magie de son chant et les accords de son kantele.

Les autres personnages – parmi lesquels Lemminkaïnen (le Don Juan finlandais) et Ilmarinen (le forgeron) -, sont engagés dans des aventures diverses, sentimentales ou guerrières, opposant le Kalevala et le Pohjola avec, dans un Nord tantôt hostile et tantôt amical, une belle fille qui épousera celui qui saura forger le Sampo. (Le Sampo se présente sous la forme d'un moulin qui moud le blé, le sel et qui bat la monnaie.) Dans le cadre de cette œuvre, récit d'une quête qui évoque celle du Graal, il y a place pour tous les genres poétiques : épique, lyrique, comique. La forme en est très particulière. Voici le début du poème:

"Voici qu'un désir me saisit
L'idée m'est venue à l'esprit
De commencer à réciter,
De moduler des mots sacrés,
D'entonner le chant de famille,
Les vieux récits de notre race ;
Les mots se fondent dans ma bouche,
Les paroles lentement tombent.
Elles s'envolent de ma langue,
Se dissipent entre mes dents."

Les vers procèdent par couples, avec une même idée qui se répète. Les bardes chantaient en se répondant. Le *Kalevala* est, en vérité, plus intéressant qu'émouvant. Il renvoie à un monde fruste et magique, plus primitif que celui d'aucune autre épopée populaire européenne, et plus étrange aussi...

Le premier roman finlandais

La Finlande possédait aussi une merveilleuse anthologie d'autres poèmes ancestraux, transmis par la tradition orale. Maintenue dans l'oubli par l'élite suédoise, elle ne fut analysée qu'au XVIIIe siècle par Porthan, avant d'être célébrée au début du XIXe, par Zacharias Topelius (1818-1898), l'auteur de contes et du *Livre de notre pays*.

D'autres poètes ont manifesté une belle maîtrise de la prosodie kalevaléenne. Eino Leino (1878-1926), apporta au mètre kalevaléen une subtile finesse dans son recueil Helkavirsiä. Mais, après la seconde guerre mondiale, les derniers bardes véritables venus de "Carélie perdue" meurent, réfugiés en Finlande.

Le fondateur de la littérature finnoise contemporaine fut Aleksis Kivi (1834-1872) avec son roman pathétique et puissant *Sept frères*, qui raconte l'itinéraire de paysans analphabètes et leur rencontre avec la civilisation moderne. Parue en 1870, cette première grande œuvre finnoise de rayonnement international, décida de l'orientation ultérieure de la littérature finnoise.

Kivi était, comme Lönnrot, un fils de pauvres à qui les grandes écoles bourgeoises restèrent interdites. Trop instruit pour rester paysan et pas assez pour que cela lui assure un état social, il dut marauder la culture universelle comme, enfant, il chapardait des fruits dans le verger d'un riche fermier. Après des années de vagabondage, il se retira dans une cabane en montagne pour lire et écrire. Epuisé par des années de luttes, d'incompréhension et de misère, ce dramaturge et romancier de grand talent, mourra alcoolique et fou en 1872, à l'âge de trente-huit ans. Tuomas, l'un des sept frères du roman d'Alexis Kivi, chante :

"Nos ancêtres vivaient heureux
avec la forêt pour tanière.
Ils avaient du bois pour leurs feux
et buvaient l'eau de la rivière."

L'exorcisme de l'après-guerre

A l'aube du XXe siècle, de graves crises secouèrent le pays. Les débuts de l'indépendance furent marqués par la guerre civile, en 1918, entre Finlandais Rouges et Blancs.

Un courant littéraire dont Frans Eemil Sillanpää (1888-1964) est représentatif, tenta de donner un sens au passé traumatisant de la nation. Frans Eemil Sillanpää obtint le prix Nobel en 1939, alors que la Finlande faisait héroïquement face à l'agression de l'URSS. A la fin de son roman *Sainte Misère*, le héros est fusillé avec d'autres révoltés communistes, et cela *"au moment où l'orage sévissait en Finlande et où l'humanité tentait ardemment de deviner quel était le bonheur qu'elle cherchait avec tant de peine."*

C'est avec Vainö Linna (1920-1992) que la Finlande soigna enfin ses traumatismes dus à la Guerre de Continuation aux côtés des nazis, souvenir douloureux qui avait suscité le besoin d'une autocritique et d'une thérapie nationales. En 1954, *Soldats inconnus*, son plaidoyer en faveur du simple soldat, devint le best-seller national, suivi bientôt de sa trilogie *Ici, sous l'étoile polaire.*

Mais il n'y a jamais eu de naufrage finlandais: seulement des catastrophes, des malheurs. Lorsque l'orage s'éloigne, et qu'un silence apaisé baigne les maisons solitaires, les rescapés se retrouvent comme ces héros de *Dimanche*, d'Esther Stahlberg : *"Une telle paix règne dans la maison qu'on n'y entend aucun bruit, et c'est à peine si, à la lumière de la lampe, nous distinguons dans le soir d'un bleu sombre les branches chargées de givre qui frissonnent devant nos fenêtres."*

Le sauna, une "institution" finlandaise

On ne saurait séjourner en Finlande sans s'initier au rite national : le sauna, bain de vapeur sèche qui revigore autant qu'il détend et promu au rang d'institution nationale. Les Finlandais s'y rendent habituellement une à deux fois par semaine (ou même tous les matins avant d'aller travailler).

Les saunas traditionnels, situés en pleine nature, n'ont rien en commun avec les succédanés des grands hôtels. Il serait dommage de ne pas en faire l'expérience.

Contrairement à ce que certains aimeraient croire, le sauna n'est pas mixte, exception faite des anciens "saunas de fumée" et les "saunas de vapeur" où, de toute façon, il fait si sombre que l'on n'y voit rien. Quoi qu'il en soit, ce serait une grande erreur que d'associer le sauna à un lieu de rencontres plus ou moins "hard" comme on en vit en Allemagne (et ailleurs) avant l'époque du sida. En Finlande, on dit "au sauna, conduis-toi comme à l'église". Au point qu'il y est même très mal vu de jurer ! A moins d'appartenir à la même famille, les hommes et les femmes ne s'y rendent pas ensemble. Si votre hôte vous invite au sauna, c'est une preuve de son hospitalité. A moins d'être malade, il ne serait pas de bon ton de refuser une telle invitation.

On compte environ 1,6 million de saunas en Finlande (sur une population de 5 millions) de différents types, de la simple cabane au bord de l'eau aux installations les plus modernes avec piscine, jacuzzi et spa dans les grands hôtels, où l'utilisation matinale du sauna et de la piscine est comprise généralement dans le prix de la chambre.

Le sauna est équipé de bancs en bois à claires-voies, disposés en gradins, et d'un poêle central sur lequel de grosses pierres rondes sont chauffées à blanc. Le but du sauna est d'activer la circulation du sang par l'alternance du chaud et du froid. La température qui monte à 80°C-100°C provoque la sudation, ensuite on jette de l'eau sur les pierres chaudes pour humidifier l'atmosphère. Un sauna trop chaud et trop sec est à déconseiller. Au bout de 10 à 15 minutes, on plonge, pour se refroidir, dans un lac si le sauna est situé dans la nature, sinon dans une piscine ou... sous une douche froide.

A la campagne, toutes les fermes et maisons de vacances ont leur sauna situé au bord de l'eau. En fait, le fin du fin, c'est le sauna privé au bord d'un lac. Les petites cabanes avec un ponton qui s'avance dans l'eau, et que l'on aperçoit un peu partout sur les rives des lacs, sont des saunas. C'est un vrai bonheur que de sortir sur la petite véranda du sauna, dans la paix du soir (ou la clarté de l'aube) et de plonger dans les eaux limpides d'un lac. Ensuite, dans le silence environnant, on connaît un sentiment d'apaisement profond et de communion parfaite avec la merveilleuse nature finlandaise...

"L'intérieur du sauna, l'étuve finlandaise, est occupé par un grand foyer et par une chaudière, de laquelle dégoutte sur les pierres brûlantes entassées au-dessus d'un feu de bouleau odorant – l'eau qui produit le nuage de vapeur. Sur les bancs disposés l'un au-dessus de l'autre en étagère, le long du mur du sauna, sont soit assis, soit étendus une dizaine d'hommes nus." Eugène Onéguine, Alexandre Sergueïevitch Pouchkine

RELIGION

Du chamanisme à l'orthodoxie

Le chamanisme était la religion des anciennes civilisations arctiques de chasse et de pêche. Caractérisé par le culte de la nature et la croyance aux esprits, il subsistait encore en Laponie, au début de ce siècle. Le chaman, sage-sorcier, assurait le lien entre le monde des vivants et celui des esprits, pouvait guérir grâce à des pratiques magiques et jouissait d'une énorme autorité auprès des peuples ouralo-altaïques.

Des traces de ce culte se perpétuèrent jusque dans des jeux théâtraux de la noblesse qui mettaient en scène l'abattage de l'ours.

Les gnomes et les lutins jouaient un rôle important dans les anciennes croyances païennes, tout comme certaines divinités tels le dieu du tonnerre, Ukko, le dieu des vents et des orages, Ilmarinen Ahti, le dieu des eaux et des poissons et le dieu des forêts, Tapio.

Väinäöinen, le héros du *Kalevala*, était un sage. Les esprits des morts étaient traités avec respect et vénérés. Le *"kalmisto"* (cimetière) était un lieu d'offrandes. Les arbres et les rochers d'une forme particulière ainsi que certains animaux tels que l'ours, faisaient l'objet des cultes locaux.

"Quand les oursons eurent atteint l'âge de deux ans, les jeux de l'ours furent organisés. L'on avait choisi un grand espace découvert dans le cour du château ; nobles seigneurs et nobles dames s'étaient drapés de riches fourrures de martre, de zibeline ainsi que de léopard, car il gelait à pierre fendre. (....) L'on était en l'an de grâce 1553." La fiancée du loup, Aino Kallas.

Avec l'arrivée du christianisme, la religion animiste s'est trouvée influencée par les "nouveaux dieux", mais autour des chamans (de moins en moins nombreux), les anciennes croyances survécurent pendant quelques siècles encore.

La Finlande faisant partie du royaume suédois, était alors catholique. La Réforme, entreprise par Luther en Allemagne, gagna la Suède-Finlande au milieu du XVIe siècle. Le protestantisme convenait bien à l'individualisme forcené, si typique des Finlandais. L'accent fut mis sur le catéchisme et l'alphabétisation, ce qui aboutit à l'éducation du peuple entier. Mais l'intransigeance des courants théologiques protestants fut à l'origine de la destruction de la plupart des superbes peintures murales dans les vieilles églises catholiques (on peut en voir encore à Hattula et à Lohja). Aujourd'hui le nombre des catholiques ne dépasse pas 5 800.

A l'époque où la Finlande était sous la domination russe, de nombreuses églises furent construites pour répondre aux besoins spirituels de l'armée occupante.

L'Eglise orthodoxe grecque est encore influente dans les provinces de l'Est et en Carélie. On peut voir de petites chapelles, les *"tsasouana"*, au fond des forêts et dans les villages de l'Est où afflua un grand nombre de réfugiés caréliens des régions annexées après la seconde guerre mondiale. Les églises orthodoxes sont remarquables pour leur architecture, si caractéristique, et leurs riches collections d'icônes anciennes.

La Finlande est aujourd'hui le pays le plus luthérien du monde. La liberté du culte y fut reconnue en 1923, mais 90 % des Finlandais sont actuellement membres de l'Eglise luthérienne, les orthodoxes et les pentecôtistes représentant chacuns 1 % de la population.

Le président de la République représente aussi l'autorité suprême de l'Eglise luthérienne. Le pays est divisé en huit diocèses et c'est l'évêque de Turku qui en est l'archevêque.

L'Eglise orthodoxe dépend du patriarche œucuménique de Constantinople. Les fidèles sont répartis entre le diocèse d'Helsinki (auquel sont rattachés les Sâmes orthodoxes), et le diocèse de Kuopio dont l'évêque est l'archevêque de l'Eglise orthodoxe finlandaise.

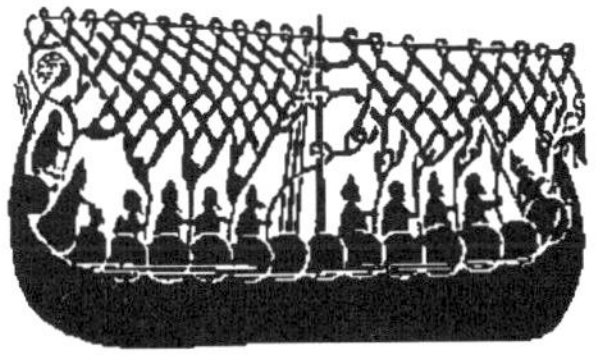

MUSIQUE

L'origine de la tradition musicale se confond avec celle de la poésie populaire dont les bardes ont chanté les runes pendant des siècles au son du kantele, l'instrument folklorique par excellence. Dotée, par les anciens Finlandais, d'un pouvoir magique, la musique était le moyen de venir à bout des forces les plus hostiles.

La musique populaire actuelle se souvient encore du passé. A partir de l'ancien kantele à la voix faible et lyrique, un instrument de concert d'une quarantaine de cordes a été élaboré. Son étude, incluse dans les programmes scolaires, est désormais pratiquée dans plusieurs conservatoires, ainsi qu'à l'académie Sibelius à Helsinki.

La musique finlandaise porte aussi l'empreinte du christianisme venu se greffer sur la souche païenne. Introduit par l'Eglise catholique, le chant choral trouva plus tard sa place dans les paroisses luthériennes et orthodoxes. Cette tradition est toujours vivace à en juger par le nombre remarquable d'ensembles vocaux qui existent dans le pays : chorales d'enfants, chœurs d'hommes, de femmes, chants d'église...

Quant à la composition, elle reste étroitement associée au grand nom de la musique finlandaise : Jean Sibelius (1865-1957). Célèbre dans le monde entier, il est l'un des grands compositeurs de notre siècle.

Sa musique exhorte son peuple à la résistance contre la russification de l'oppresseur. Son œuvre la plus connue, *Finlandia*, est un hymne au patriotisme finlandais.

On dit que *"la nature finlandaise chante dans les œuvres de Sibelius"*. Le poème symphonique *Tapiola* s'inspire directement du fonds traditionnel de la poésie populaire. La liberté avec laquelle Sibelius traite le thème du *Kalevala* apparaît dans l'argument qu'il a inclus dans la partition de cette composition :

"Sombres étendues forestières du Nord,
Rêves anciens, mystérieux, sauvages qui couvent,
Y réside le puissant dieu sylvestre
Et les esprits des bois y trament,
dans les ténèbres, de magiques secrets."

CD à acheter avant de rentrer en France

- Airs instrumentaux de kantele de Carélie
- Chœurs de voix masculines (style Armée Rouge)
- *Maamme* (Vårt Land), l'hymne national (de préférence par un chœur masculin)
- *Finlandia* de Sibelius
- Joïk des Sâmes de Laponie.
- *To the Edge of the Dream* sous la direction d'Esa Pekka Salonen. Sony Classical 1994. (Takemitsu, Messiaen, Lutoslawski, Stravinsky)

Les Leningrad Cowboys

En 1993, le groupe finlandais des Leningrad Cowboys eut l'idée saugrenue de conclure un marché avec l'ensemble de l'Armée Rouge russe. Le concert qui s'était tenu à Helsinki au printemps de la même année fut un succès énorme. Il eut lieu sur la place du Sénat, au centre de laquelle se dresse la statue du tsar Alexandre, et qui est bordée par l'Université, le ministère des Finances et la cathédrale, monuments construits sous le régime tsariste russe. Le concert rassembla autant de spectateurs que la place pouvait en recevoir, soit 50 000 personnes. Il accapara aussi l'attention des médias, fut montré dans toute l'Europe aux information télévisées, et on en fit un film.

"L'ensemble rock le plus mauvais du monde, les Leningrad Cowboys*"*, rassemble dix jeunes gens absolument délirants. Ils se distinguent par une mèche gominée exagérément longue et des chaussures pointues aux proportions extravagantes. Leur réputation fut consacrée par le film-culte d'Aki Kaurismäki, *Leningrad Cowboys goes to America*. Le long métrage *Leningrad Cowboys meet Moses* fut présenté à l'occasion du festival cinématographique de Berlin en février 1994.

Aujourd'hui, les Leningrad Cowboys sont devenus une institution. *Synebrychoff*, la plus ancienne brasserie des pays nordiques, vient de lancer une bière qui porte leur nom.

LES BEAUX-ARTS

La culture finlandaise qui n'est pas une ancienne culture comme ailleurs en Europe, est relativement jeune, et encore en cours d'intense développement.

Durant les cent dernières années, la création artistique s'est cristallisée autour du culte de l'identité nationale. Encore fallait-il se débarrasser des traditions suédoises colportées par une élite suédophone omniprésente. C'est pourquoi les peintres se réfugièrent dans des régions d'expression finnoise, comme la Carélie, où les us et coutumes étaient restés vierges de toute empreinte étrangère.

Le romantisme national, pendant nordique de l'Art nouveau, trouva son plus brillant apôtre en la personne du peintre Aleksi Gallen-Kallela (1865-1931), qui puisa l'essence de son art dans le *Kalevala*. Ecrivains comme compositeurs se ressourçaient dans les forêts caréliennes pour mettre au jour les authentiques racines de leur pays. Les grandes toiles de Gallen-Kallela sont l'expression la plus originale de l'art finlandais.

Les autres peintres classiques les plus connus sont les trois frères von Wright (paysages romantiques et planches d'oiseaux) et Werner Holmberg (paysages). Albert Edelfeldt (1854-1905), l'un des premiers réalistes, est l'auteur d'un célèbre portrait de Pasteur. Helena Schjerfbeck (1862-1946) fut l'une des premières artistes à s'ouvrir aux influences extérieures modernes. Elle compte parmi les peintres les plus célèbres de Finlande.

A partir des années 30, on avait commencé de prendre connaissance de la peinture abstraite, mais il faut reconnaître que l'abstraction et le surréalisme n'ont trouvé que peu d'écho en Finlande. La peintre Ellen Thesleff a approché, par intuition et par goût de la synthèse, l'expressionnisme abstrait.

Bien qu'il présente les tares d'un conservatisme patriotique, le romantisme national que certains qualifient de "culture d'écorce de bouleau", a aujourd'hui encore, les faveurs de l'opinion publique. Les meilleures collections de peinture finlandaise sont visibles à l'Ateneum d'Helsinki.

La sculpture contemporaine est dominée par Wainö Aaltonen (1894-1966), auteur de la statue d'Aleksis Kiwi à Helsinki. Exprimant dans le granit, le marbre ou la pierre, les idéaux nationaux, son œuvre marque le véritable point de départ de la sculpture contemporaine finlandaise. Aaltonen, Gallen-Kallela et Sibelius expriment, chacun par le truchement de son art, une fidélité passionnée aux racines de leur pays et une foi profonde en ses valeurs.

L'architecture

A l'origine, la plupart des villes de Finlande étaient bâties en bois, et ce jusqu'à 1940 environ. Les rues principales étaient pavées de galets et éclairées au gaz. Pour ces villes, les incendies constituaient le risque majeur. Onze d'entre elles brûlèrent dans la première moitié de XIXe siècle. Plus tard, on rasa des quartiers entiers pour faire place aux immeubles de brique et de béton. Cependant, quelques rares villes conservent encore une partie de leurs anciennes rues tranquilles, bâties en bois, comme c'est le cas de Rauma, Kristiina, Tampere et Kuopio.

L'influence orientale de l'architecture date de 1812, quand la Finlande passa sous la domination des tsars de Russie et qu'Helsinki devint la nouvelle capitale. Le centre-ville d'Helsinki fut créé par Karl Ludwig Engel, un architecte prussien. Il combina le style néo-classique avec celui de Saint-Pétersbourg en dessinant la cathédrale, l'université et quelques autres bâtiments autour de la place du Sénat. Grâce à Engel, la petite capitale provinciale en planches put offrir aux yeux des étrangers l'ensemble magnifique de la place du Sénat, digne d'une capitale de l'Empire des tsars.

Après la mort d'Engel en 1840, on assista à une recherche de styles dits historiques du néo-Renaissance au néo-gothique. En opposition aux tentatives de russification, le romantisme national émergea à partir de la deuxième moitié du XIXe siècle. En 1900, à l'Exposition universelle de Paris, l'un des pavillons qui retint l'attention favorable des critiques, fut celui de la Finlande – alors qu'elle n'existait politiquement qu'en tant que grand-duché de Russie. Les architectes en étaient Eliel Saarinen (1873-1950), Lars Sonck (1870-1956) et Armas Lindgren (1874-1929), et son décorateur, le peintre Akseli Gallen-Kallela.

Arrivée à son apogée au tournant du siècle, la période Art nouveau s'inspirait des riches symboles d'ornementation kalevaliens, principalement sur bois et sur granit. Les exemples les plus représentatifs de ce style sont le Musée national, le pavillon Hvitträsk près d'Helsinki (Eliel Saarinen) et la cathédrale de Tampere (Lars Sonck). Bien qu'influencé par l'Art nouveau, Lars Sonck se distingua du trio Gesellius-Lindgren-Saarinen par un style gothique et sophistiqué.

Parallèlement, le groupe expressionniste Novembre, créé en 1917, s'érigea contre la sclérose de l'art nationaliste et étouffant. S. Tohka, l'un de ses fondateurs, exécuta des sculptures en ciment en signe de protestation, tandis qu'un autre mouvement d'inspiration similaire choisissait de s'intéresser au visage urbain de la Finlande comme en témoigne l'étonnante gare d'Helsinki, dessinée par Lindgren, Sonck et Saarinen.

Le fonctionnalisme des années 30

L'architecture et le design ont grandement contribué à faire connaître la Finlande à l'étranger. La façon dont le milieu écologique est appréhendé dans l'architecture moderne mérite une attention particulière. Les architectes Alvar Aalto, Eliel et Eero Saarinen ont laissé en Finlande (et dans d'autres pays), des créations qui suscitent encore l'intérêt des étudiants. Le palais Finlandia d'Alvar Aalto est l'un des monuments touristiques les plus prisés d'Helsinki.

Au lendemain de l'indépendance, la nécessité de reconstruction se fit cruellement sentir. En 1927, après la grande manifestation de Stuttgart qui eut tant d'importance pour le Bauhaus, l'architecture prit en Finlande un nouveau départ, et avec Alvar Aalto, une dimension nouvelle. S'appuyant sur le fonctionnalisme, le pays sut se donner une identité visuelle moderne et originale, mondialement reconnue, surtout après la seconde guerre mondiale.

L'avant-gardisme d'Aalto dans les années 30 tenait surtout à un regard nouveau sur l'architecture dont il s'agissait d'intégrer les formes à l'environnement. Influencé par Le Corbusier, Aalto s'employa à adapter l'architecture aux besoins de l'homme moderne. Sous son impulsion, la ville se confondit avec la nature, affleura parmi les forêts et les lacs, et prit l'allure d'une cité-jardin. Les villes finlandaises étant de petite taille, il en résulte qu'une grande partie de la population vit pratiquement à la campagne, tout en profitant d'infrastructures urbaines.

On voit, lorsqu'on voyage à travers la Finlande, combien toutes ces cités-jardins, centres commerciaux, villes nouvelles (très souvent aux abords du Cercle polaire), coopératives, magasins et complexes industriels s'emploient à répondre aux exigences d'un urbanisme non agressif. On doit également à Aalto les plans de reconstruction de maintes cités détruites par les Allemands en 1944.

Aujourd'hui, des passionnés d'architecture viennent en pèlerinage pour voir les remarquables réalisations contemporaines d'Aalto à Helsinki et sa banlieue Espoo, à Turku, Tampere, Jyväskylä, Seinäjoli, Oulu et Rovaniemi. Un certain nombre d'entre elles, situées dans les centres-ville, sont cependant dominées par de vilains centres commerciaux et autres bâtiments en béton. Les ouvrages d'Aalto furent néanmoins les premiers à imposer un matériau moderne à l'état brut. Par ses lignes épurées, cette architecture avant-gardiste tenta de tenir en échec les caprices d'une société qui retombait trop facilement dans un romantisme nostalgique.

Le design finlandais

Créateur au génie polyvalent, Aalto donna également une orientation nouvelle aux arts décoratifs. On lui doit le mobilier en contre-plaqué plié aux lignes pures et ondulées (à l'image du paysage lacustre finlandais) qu'il créa pour sa firme Artek. Ainsi, son célèbre fauteuil Paimio et son vase à fleurs bleu de cobalt, furent à l'origine d'une longue chaîne de créations finlandaises (des ciseaux Fiskars au téléphone Nokia), alliant simplicité, fonctionnalité, qualité et esthétique.

Ces caractéristiques des objets du design finlandais répondent aux besoins d'un pays subarctique, très industrialisé et au niveau de vie élevé ; un pays situé entre l'Est et l'Ouest dont la culture, essentiellement scandinave, présente néanmoins maints aspects originaux en raison d'influences orientales. La situation géographique du pays, ses interminables hivers sombres et froids, la difficulté de la langue finnoise ont maintenu vivaces la vieille sagesse paysanne et son savoir-faire. Ce que certains nommèrent "la culture de l'écorce de bouleau", allait chercher ses motifs ornementaux dans la faune et la flore.

Partant de ces anciennes traditions, esthétiques et artisanales, les designers contemporains ont créé un style propre où les matériaux naturels tels que le bois, le verre, la céramique et le textile sont privilégiés.

LES ENFANTS DU PAYS

PRESIDENTS DE LA REPUBLIQUE

Mannerheim (Carl Gustaf Emil, baron), maréchal et homme d'Etat finlandais, né à Vilnäs (1867-1951), dans le district suédophone de Turku (Åbo). Il fréquente l'école de cavalerie du tsar, à Saint-Pétersbourg. Après un bref séjour dans un régiment de dragons en Pologne, il revient à Saint-Pétersbourg où il est fait chevalier-garde de l'impératrice, se marie et mène la vie brillante de la cour.

Nommé colonel à son retour de la guerre russo-japonaise de 1904-1905, Mannerheim se voit chargé, en qualité d'officier non-russe et étant donné son intérêt pour l'ethnographie, d'effectuer des relevés topographiques dans le Turkestan russe. Cette expédition de 14 000 km jusqu'à Pékin, dans des conditions difficiles, dura deux années.

Au début de 1918, le révolution d'Octobre fait tache d'huile en Finlande qui proclame alors son indépendance. Mannerheim, alors âgé de 50 ans, se libère de son serment d'allégeance au tsar. Nommé commandant en chef des forces armées levées par le président Svinhfvud, Mannerheim mobilise ses troupes contre la faction finlandaise rouge et les garnisons russes dans le pays. C'est à ce titre qu'il se trouvera à la tête de l'armée gouvernementale pendant la terrible et douloureuse guerre civile qui durera 4 mois.

Lorsque éclate la seconde guerre mondiale, Mannerheim est de nouveau nommé à la tête de l'armée finlandaise. En 1939, il est partisan d'un compromis avec l'Union soviétique, mais les pourparlers finno-russes aboutissant à une impasse, ce fut la guerre d'Hiver, puis la guerre de Continuation. Mannerheim et la Finlande, abandonnés à eux-mêmes par les puissances occidentales, se retrouvent finalement cobelligérants avec l'Allemagne. Il faut alors toute la puissante personnalité de Mannerheim pour éviter des compromissions trop graves avec les nazis et pour parvenir à se dégager d'une entente de plus en plus pesante. En 1944, la Finlande peut enfin signer un armistice avec l'Union soviétique. L'autorité et la dignité de Mannerheim dans des heures très difficiles ont été à la mesure du courage du peuple finlandais. Ainsi, la communauté israélite de Finlande lui rend-elle un hommage solennel à la fin de la guerre.

Kekkonen (Urho Kaleva), homme d'Etat né à Pielavesi dans le nord de la Finlande en 1900. Fils d'un bûcheron, il entreprend des études de droit que sa famille arrive péniblement à lui payer. Onze fois ministre ou Premier ministre, puis président de la République jusqu'en 1981. En raison de sa politique étrangère de neutralité et de bonnes relations avec l'URSS, il est devenu une institution de la vie politique du pays.

En 1961, lors de la question de Berlin, Kekkonen assure Krouchtchev que la Finlande est consciente *"du risque que pourrait courir son existence en ignorant les questions vitales de l'Union soviétique"* et *"qu'en aucun cas la sécurité de celle-ci ne sera menacée par ou à travers la Finlande"*. Alors, après la période de la "finlandisation", on ose parler de la neutralité finlandaise.

AHTISARI, Martii, président de la République finlandaise, né en 1937. Instituteur. Sous-secrétaire des Nations unies depuis 1982, sous-secrétaire d'État pour le Développement au ministère des Affaires étrangères. Ambassadeur à Dar-es-Salaam de 1973 à 1977, secrétaire général adjoint des Nations unies de 1977 à 1982, représentant spécial du secrétaire général des Nations unies en Namibie lors de l'accession à l'indépendance de 1989.

HOMMES POLITIQUES

JAKOBSON Max. Ancien diplomate, écrivain, docteur honoraire de la Faculté de sciences politiques et sociales d'Helsinki, né en 1923. Directeur des Affaires politiques au ministère des Affaires étrangères dans les années 1960, ambassadeur permanent de la Finlande aux Nations unies de 1965 à 1972, ambassadeur de la Finlande à Stockholm de 1972 à 1974, directeur du Conseil des organisations économiques de Finlande de 1975 à 1984. Auteur d'ouvrages (traduits) sur la Finlande contemporaine.

DONNER Jörn. Écrivain, cinéaste, parlementaire, né en 1933. Commence sa carrière comme critique littéraire et cinématographique de plusieurs publications finlandaises et suédoises. Dans les années 1970 et 1980 dirige le musée de l'Institut suédois de cinéma avant de devenir responsable des relations internationales de cet organisme. Metteur en scène d'une quarantaine de films, essayiste de renom, il est aussi l'auteur controversé et prolifique de romans et de nouvelles dépeignant les milieux aisés de la minorité suédophone de Finlande.

LES SPORTS

VATANEN (Ari). Né en 1952 à Tuupovaara, à trois pas du pays des Russes, en Carélie. Coureur automobile aux dons multiples, et vainqueur de courses qui ne récompensent que les audacieux aux nerfs solides... Le prodigieux Vatanen a gagné le championnat du monde des conducteurs de rallyes en 1981. A remporté plusieurs victoires dont le Rallye Acropole en 1980 et 1981, le Rallye des 1 000 Lacs en 1981, le Rallye de Monte-Carlo et enfin, le Rallye de Suède en 1985, et le Paris-Dakar en 1987 et en 1989.

LA LITTERATURE

AGRICOLA Mikael, écrivain finnois et évêque de Turku, né à Parnaja (v. 1500-1557). Il introduisit la Réforme en Finlande et édita le premier livre écrit en finnois, un *Abécédaire.* Il est appelé affectueusement le "père du finnois écrit".

AHO Juhani (1861-1921) né à Lapinlahti. Ce romancier d'inspiration naturaliste (*La femme du pasteur*), mais ouvert à l'influence occidentale, apprit, à Paris, auprès de Daudet, de Maupassant et de Bourget, à se soucier de stylistique.

CANTH Minna (1844-1897) a été appelée la George Sand finnoise, en raison de l'aisance de son style et de sa prolixité. Veuve avec des enfants, elle avait vécu, tous les drames traités dans ses pièces. Première vraie féministe de son pays, elle dénonce l'injustice dont sont victimes les femmes et les pauvres dans une société conservatrice. Disciple de Taine, de Strindberg, de Brandès, Minna Canth se convertit au tolstoïsme après 1890. Malgré une certaine naïveté et quelques lourdeurs, elle représente la générosité optimiste finnoise la plus sympathique.

JANSSON Tove. Artiste, illustrateur et écrivain, née en 1914. A étudié les Beaux-Arts en Finlande et à l'étranger, remporté plusieurs prix nationaux et internationaux. Son premier livre *Moumine et la comète* paraît en 1946. Moumine, personnage de bandes dessinées, gagne la sympathie de millions d'enfants et ses nombreuses aventures sont traduites dans 28 langues.
"Tu vois", dit Papa Moumine, *"mon idée est de découvrir les règles secrètes qui commandent à la mer. Il le faut si je dois apprendre à aimer. Je ne pourrai être heureux sur cette île aussi longtemps que je n'aurai pas appris à aimer la mer." "C'est exactement la même chose avec les hommes",* dit Moumine, le troll, avec ardeur en se levant, *"les aimer, je veux dire". Papa Moumine en mer.*

KIVI Aleksis Stenval, dit Aleksis, écrivain finlandais, né à Nurmijärvi (1834-1872). Créateur du théâtre finnois (*Kullervo*) et fondateur des lettres modernes finnoises avec son roman paysan *les Sept Frères,* 1870 et, plus tard, *Les Savetiers de la Lande,* il est le grand classique de la littérature finlandaise.

LINNA Väinö. Né en 1920, écrivain, membre de l'Académie de Finlande, docteur honoraire ès sciences sociales et politiques de l'Université de Tampere, membre honoraire de la Société des Écrivains et du Pen Club de Finlande. Publie en 1947 son premier ouvrage, *Le but.* En 1954, son roman *Soldats inconnus* rencontre un succès exceptionnel, plus de 600 000 exemplaires sont vendus. Ce roman qui relate les vicissitudes d'une compagnie de mitrailleurs pendant la seconde guerre mondiale, a été traduit en plusieurs langues. Sa trilogie, *Ici sous l'étoile polaire* fut publiée entre 1959 et 1962. Il obtint le prix de littérature du Conseil nordique en 1963.

LÖNNROT Elias, écrivain finlandais, né à Karjalohja (1802-1884). Il recueillit les chants populaires de Carélie et les publia sous le titre de *Kalevala* (1836-1847).

PAASILINNA Arto, né à Kittilä, en Laponie finlandaise, le 20 avril 1942, en plein exode. Dès l'âge de treize ans, il exerce divers métiers, dont ceux de bûcheron et d'ouvrier agricole. Il s'intéresse aussi aux arts graphiques et écrit des poèmes. En 1962-1963, il suit les cours d'enseignement général de l'École supérieure d'éducation populaire de Laponie, puis entre comme stagiaire au quotidien régional *Lapin Kansa*. Poursuivant ses activités dans la presse régionale, il collabore de 1963 à 1988 à divers magazines d'information et à des revues littéraires. Son œuvre est diffusée dans de nombreux pays où ses livres ont été traduits. Auteur de vingt romans, Arto Paasilinna est aussi scénariste pour le cinéma, la radio et la télévision.

RUNEBERG Johan Ludvig, écrivain finlandais d'expression suédoise, né à Jakobstad (1804-1877), auteur de poèmes lyriques et patriotiques (*Récits de l'enseigne Stål*).

SNELLMAN Johan Wilhelm, philosophe, fennomane et homme d'Etat. Il fonda avec sa *Théorie de l'État* (1842), une philosophie dont la pierre de touche était l'esprit national.

SILLANPÄÄ Frans Eemil, né à Hämeenkyrö au nord d'Helsinki (1888-1964), dans un milieu de paysans pauvres. Il est auteur de nouvelles et de romans qui peignent la vie paysanne. Il reçut le prix Nobel en 1939. Ses talents précoces incitèrent ses parents à le mettre au lycée de Tampere, puis à le faire inscrire à l'université d'Helsinki où il suivit des cours de sciences naturelles et de biologie. Pourtant la recherche le rebute. Il ne peut admettre de se couper de la nature et rentre à la ferme paternelle. Entre-temps, il s'est découvert également une vocation littéraire, éveillée à la lecture de Hamsun, de Strindberg entre autres, et par la fréquentation de Sibélius.
Fils de pauvres, il est resté le romancier des pauvres, que leur misère isole plus encore que l'immensité des forêts et des champs de neige. *Soleil et vie* (1916), *Sainte misère* (1919), *Silja* (1931), Beauté et misère de la vie humaine (1945) dépeignent une humanité pour qui "cela" n'a pas encore commencé, qui n'a pas encore atteint un niveau de conscience suffisant pour affirmer son identité ni pour faire entrer ses luttes élémentaires pour la justice, ou simplement pour la survie, dans le cadre des conflits sociaux ou politiques du monde moderne.

TOPELIUS Zacharias, écrivain finlandais d'expression suédoise, né à Kuddnäs (1818-1898), poète et adversaire du naturalisme (*Fleurs de bruyère*).

WALTARI Mika (1908-). Après plusieurs romans psychologiques, il publia son célèbre *Sinouhé l'Égyptien*. Moins qu'une fuite dans le passé coloré, c'est une transposition, dans l'aventure du Robinson égyptien, de l'étrange nostalgie des commencements absolus qui hante les rêves généreux de la Finlande.

LA MUSIQUE

SIBELIUS Jean, compositeur né à Hämeenlinna (1865-1957). Après des études de droit, il se tourna définitivement vers la musique qu'il étudia à Helsinki, à Berlin et à Vienne. Il s'imposa tout d'abord en tant que compositeur de symphonies, de poèmes symphoniques et de suites orchestrales, autant de pièces inspirées du Kalevala.
Se reconnaissant dans le mouvement romantique national, il transpose en musique le climat dramatique et sauvage de la nature finlandaise. Perçu comme le chantre de la culture nationale, il fut néanmoins marqué par Beethoven, Tchaïkovski, et entretint un rapport passionnel avec la musique wagnérienne. Auteur du célèbre *Finlandia* (1899), il reste le symbole de l'éveil national dans l'esprit des Finlandais.

SALONEN Esa-Pekka, chef d'orchestre et compositeur de musique de chambre, né en 1958. Commence ses études musicales comme joueur de cor d'harmonie, étudie en Finlande et en Italie la composition et l'art de diriger, se distingue à Londres, en 1983, par sa direction de la troisième symphonie de Mahler. Chef attitré de l'orchestre symphonique de la radio suédoise depuis 1985, il visite régulièrement Oslo et Los Angeles. Nommé chef de l'orchestre philharmonique de Los Angeles en 1992.

LE CINEMA

KAURISMÄKI, Mika et Aki (1955 et 1957). Metteurs en scène et producteurs cinématographiques, les frères Kaurismäki, représentants de la nouvelle génération, ont produit et dirigé des longs métrages ensemble ou séparément.
En 1981, ils fondent une maison de production nommée Villealfa, inversion d'Alphaville (film de J.-L. Godard) en hommage à la nouvelle vague française.

L'œuvre d'Aki est pétrie d'humour noir et glacial. On y voit des paumés et des marginaux éthyliques, pathétiques dans leur désir de fuir la nuit polaire. Souvent tournés en noir et blanc, débarrassés de tout dialogue superflu, ses longs métrages ne dépassent pas 80 minutes.

Dénonçant l'influence des cultures suédoise et américaine, les Kaurismäki ont toujours eu pour ambition de provoquer le public puritain de la capitale. Mika explora des genres divers, du "road movie" américain au film d'aventures, en passant par la comédie burlesque. Puis Aki s'installa au Portugal et tourna *Leningrad Cowboys go to America* (1989). Le dernier film d'Aki Kaurismäki, *Tiens ton foulard, Tatiana* (1994) à la trame effilochée d'un Wenders sous Temesta, raconte l'épopée de deux rockers finlandais exténués, à bord de leur Volga break noire, défraîchie du moteur, mais bientôt lestée d'un duo de passagères godiches...

LA PEINTURE

GALLEN-KALLELA Akseli (1865-1931). Son art reflète les multiples facettes des courants idéologiques de son temps. Peintre réaliste de plein air à la manière de Bastien-Lepage, au début de sa carrière, il a vécu parmi la bohème internationale de Paris (à l'Académie Julian et à l'atelier de Cormon), s'est enflammé pour les idées libérales mais nationalistes des années 1880, passa progressivement au Romantisme national pour finalement assumer, après 1894, le rôle du peintre le plus totalement symboliste de son pays.
Gallen-Kallela se passionna pour la mythologie finnoise et l'épopée du Kalevala lorsqu'il était encore à Paris. Au printemps 1890, il s'en fut parcourir la Carélie, province orientale et frontalière de la Finlande. Ce voyage fut à l'origine de ce qu'on a appelé le "carélianisme" de Gallen-Kallela.

SCHJERFBECK Helena (1862-1946) fut une des rares artistes qui eut la possibilité de voyager à l'étranger. Elle séjourna en Bretagne, en Angleterre et, bien sûr, en Italie qui demeure la seconde patrie des artistes nordiques.
Elle mena une carrière de peintre bien que durant toute sa vie, elle fût malade. Intéressée tout d'abord par la fresque historique, elle peignit plus tard des paysages, puis évolua vers une expression de plus en plus synthétique et simplifiée pour aboutir à un style presque immatériel. Deux de ses toiles, La couturière et L'écolière en sont les meilleurs exemples. Avec le temps, son œuvre translucide, fluide, lumineuse, prit une densité rarement atteinte dans la peinture nordique. Elle est, en Scandinavie, l'une des artistes les plus connues de la période moderne.

L'ARCHITECTURE

ENGEL Carl Ludvig, né en Allemagne en 1778, où il travailla avant de se rendre en Estonie, devint l'architecte de la ville de Tallin. La première visite qu'il fit à Saint-Pétersbourg lui laissa une impression puissante et durable. Lorsqu'il fut appelé, en 1816, par Ehrenström pour repenser Helsinki, Engel allait non pas refaire un petit Saint-Pétersbourg, mais donner à Helsinki sa personnalité architecturale. La place du Sénat, avec son style néo-classique, apparaît dans ce domaine un peu comme l'image symbole de la capitale finlandaise.
Engel marqua de son empreinte la plupart des villes de Finlande : Turku où sa dernière œuvre est l'église orthodoxe, Oulu qu'il reconstruisit après l'incendie de 1822, Kuopio...

SAARINEN Eliel (1873-1950). Il avait une passion pour les constructions de grande envergure. Il n'en dédaignait pas pour autant les travaux plus modestes. Ainsi lui doit-on les hôtels de ville de Lahti et de Joensuu. En 1923, Eliel Saarinen s'installa aux Etats-Unis où, avec son fils Eero, il exerça une grande influence sur l'architecture américaine.

AALTO Alvar (1898-1976), architecte et designer né à Kourtane (1898-1976). Le plus illustre des architectes nordiques modernes, il a infléchi le style international dans un sens organique. Après la grande manifestation de Stuttgart (1927) qui eut tant d'importance pour le Bauhaus, l'architecture prit, en Finlande, un nouveau départ, et avec Aalto une dimension nouvelle. D'autres surent adapter les constructions modernes aux besoins et aux activités des hommes, mais avec Aalto on atteint au "spirituel dans l'architecture".

Ses premiers réalisations, déjà, font preuve d'une extrême liberté formelle. Aalto est demeuré, jusqu'à sa mort en mai 1976, inégalé et l'on ose dire, délibérément inégalé. Il est, en effet, surprenant de constater que ni en Finlande ni ailleurs, aucun architecte n'ait cherché à l'imiter.

LES MEDIAS

La presse écrite

Un grand nombre de journaux quotidiens paraissent en Finlande. Le quotidien le plus populaire d'Helsinki, *Helsingin Sanomat*, tire à environ un demi-million d'exemplaires. Les autres grands sont *Hufvudstadbladet* qui est de langue suédoise, et *Iltasanomat* et *Iltalehti*, deux titres qui paraissent l'après-midi.

La presse européenne, y compris les grands quotidiens français, est en vente dans les kiosques portant l'enseigne *"R-Kioski"* des principales villes. En été, pendant la saison touristique, plusieurs grands quotidiens finlandais publient des nouvelles et les prévisions météorologiques en anglais.

On trouve également de nombreux journaux étrangers à la gare centrale d'Helsinki, à l'aéroport, chez *Stockmann* (le grand magasin d'Helsinki) et surtout à la Librairie académique (sur la double Esplanade), la plus importante et la plus fournie de Finlande, et l'une des premières d'Europe.

La télévision

Les émissions de télévision et de radio sont assurées par la Société de diffusion finlandaise. Il y a deux chaînes d'Etat en Finlande : TV1 et TV2 (dont l'une a des émissions en langue suédoise). Kolmoslanava et PTV sont les deux chaînes commerciales. La plupart des grands hôtels reçoivent des programmes internationaux transmis par satellite. A la télévision (et au cinéma), les films étrangers passent toujours en version originale sous-titrée.

La radio

La radio finlandaise a quatre stations qui émettent quotidiennement des informations en anglais. Noter que la Finlande reçoit France Inter sur 164 kHz ondes longues, ou sur 675 MHz ondes courtes.

BIBLIOGRAPHIE

Voici une sélection subjective d'ouvrages finlandais traduits en français. Un roman intéressant ou une introduction à la culture locale peuvent s'avérer très utiles pour mieux appréhender la vie et les mœurs de ce peuple chaleureux et attachant, quasi inconnu hors des pays nordiques, et qui a vécu dans l'ombre de son géant voisin russe depuis sa récente indépendance en 1917.

Acerbi Joseph. *Voyage au cap Nord,* 1802.

Bargum Johan. *Le détective privé,* éd. Souffles, Paris, 1989.

Carpelan Bo. *Le jour cède,* éd. Arfuyen, Paris, 1989 ; *Axel,* éd. Gallimard, 1989.

Collectif, *Serpent à plumes,* n°2 et 12 (nouvelles inédites de divers auteurs).

Coué Jean. *Kopoli, le renne guide,* Robert Laffont, 1967.

Haavikko Paävo. *Le palais d'hiver,* postface de Bo Carpelan, éd. Arfuyen, 1989.

Jansson Tove. *Les mémoires de Papa Moumine,* coll. Bibliothèque internationale, éd. Fernand Nathan ; *Moumine le Troll,* coll. Bibliothèque internationale, éd. Fernand Nathan ; *L'honnête tricheuse,* éd. Actes Sud, Arles, 1989.

Le Kalevala, Gallimard, 1991.

Kallas Aino. *La fiancée du loup,* Ed.Viviane Hamy (nouvelle traduction 1990). Aino Kallas est née en 1878 dans le grand-duché de Finlande qui faisait alors partie de l'Empire russe.

Kivi Alexis. *Sept frères,* éd Stock, 1989. Les savetiers de la lande, POF.

Laitinen Kai. *Littérature de Finlande en bref,* éd. Otva, Helsinki, 1989. (Chapitre sur le culte de l'ours.)

Liksom Rosa. *Noirs paradis,* éd. La Découverte 1990. *Le creux de l'oubli,* éd. La Découverte, 1991.

Linna Väinö. *Soldats inconnus* et *Ici, sous l'étoile polaire,* éd. Laffont, Paris, 1956 et 1962.

Lönnrot Elias. *Le Kalevala,* coll. L'Aube des Peuples, éd. Gallimard.

Maupertuis, Pierre-Louis Moreau de. *Voyage 1736-1737.* (Lors d'une expédition scientifique en Laponie en 1736, il mesura la longueur d'un arc de méridien de 1°.)

Meri Veij. *Une histoire de corde,* éd. Plein Chant, Paris, 1989 ; L'été du déserteur, éd Actes Sud, Arles, 1986.

Paasilinna Arto. *Le lièvre de Vatanen,* coll Folio, éd. Gallimard ; *Le meunier hurlant,* éd Denoël (1991) ; *Le fils du dieu de l'orage,* éd. Denoël, 1993.

Peltonen Juhani. *Mélodie aquatique,* éd. La Tuilerie tropicale, Paris, 1989.

Pekkanen Toïvo. *Aux rives de ma Finlande* (Ed. Stock). Roman de l'industrialisation et de ses drames sociaux.

Regnard. *Voyage en Laponie* (écrivain et auteur de théâtre français du XVIIe siècle).

Runeberg J.L.. *Idylles et épigrammes,* éd. Arcanes 17, Nantes, 1984.

Sillanpää F.E. *Sainte misère,* coll. des prix Nobel de littérature, éd. J.P. Oswald, Paris, 1973.

Södergren Edith. *Le pays qui n'est pas et Poèmes,* coll. Orphée, éd. La Différence, 1992 ; *Poèmes complets,* traduits et présentés par Régis Boyer, éd. J.P. Oswald, 1973.

Stahlberg Esther. *Dimanche,* (éd. Plon)

Topelius Zacharias. *Un jour d'été à Kangsaala* et *Fleurs de bruyère* Tuuri A. *Un jour en Ostrobotnie,* Actes Sud.

Waltari Mika. *Sinouhé, l'Egyptien,* coll. Folio, éd. Gallimard. *L'Etrusque,* éd. du Seuil.

■ Sur les Sâmes

Le finnois des Sâmes bilingues. M.M. Jocelyne Fernandez, SELAF, Paris 1982.

■ Pour consulter

La Bibliothèque nordique, 6, rue Valette, 75005 Paris.

La bibliothèque de l'Institut finlandais.

■ Pour acheter

Librairie rue des Francs-Bourgeois, 75000 Paris.

LEXIQUE

Aamiainen = petit déjeuner
Anteeksi = excusez-moi
Asema = gare
Avoinna = ouvert

Ei = non

Grilli = kiosque à saucisses (fastfood)

Harju = crête moranique (ou esker), réminenescence des périodes glacières
Hei = salut

Järvi = lac
Joik = chant lancinant sami
Joki = rivière
Jolupukki = Père Noël

Kaamos = pénombre durant la longue nuit d'hiver
Kala = poisson
Kantele = instrument de musique traditionnel, sorte de cithare
Kahvila = café
Katu = rue
Kaupunki = ville
Kiitos = merci
Koski = rapides d'une rivière
Kota = tipi sami
Kukko = petit pain fourré
Kylä = village (en opposition à la ville)
Kyllä = oui

Lahti = baie
Lappi = Laponie
Lakka = baie polaire au goût très particulier (on aime ou on desteste), qui pousse dans les landes marécageuses du Grand Nord.
Lippu = ticket
Lohi = saumon
Lounas = déjeuner

Maikailutoimisto = bureaux de tourisme
Maito = lait
Mäki = colline
Muikku = poisson d'eau douce (lacs)
Mustikka = myrtiles

Näkemiin = au revoir
Niemi = cap

Olut = bière

Päivällinen = dîner
Pankki = banque
Pikapankki - billetterie où retirer du cash en marks finlandais avec votre carte de crédit internationale
Polku = sentier
Poro = renne
Praasniekka = (ou *Prazniek*) rituelle orthodoxe qui comprend une procession jusqu'aux rives d'un lac pour y célèbrer la messe
Pulkka = petit traîneau tiré par un renne
Puukko = coutelas sami

Ranta = rive
Ravintola = restaurant
Retkeilymaja = auberge de jeunesse
Revontulet = aurores boréales, "les feux du renard"
Ruotsi = la Suède
Ruska = l'automne lapon

Saari = île
Sääski = moustiques en Laponie
Savusauna = traditionnel sauna de fumée
Silakka = hareng de la Baltique
Sisään = entrée
Suljettu = fermé
Suomi = Finlande
Suomalainen = un Finlandais

Talo = maison (ou bâtiment)
Tie = route
Tori = place ou marché
Tsasouna = petite chapelle orthodoxe

Ulos = sortie

Vanäjä = la Russie
Vesi = eau

HELSINKI

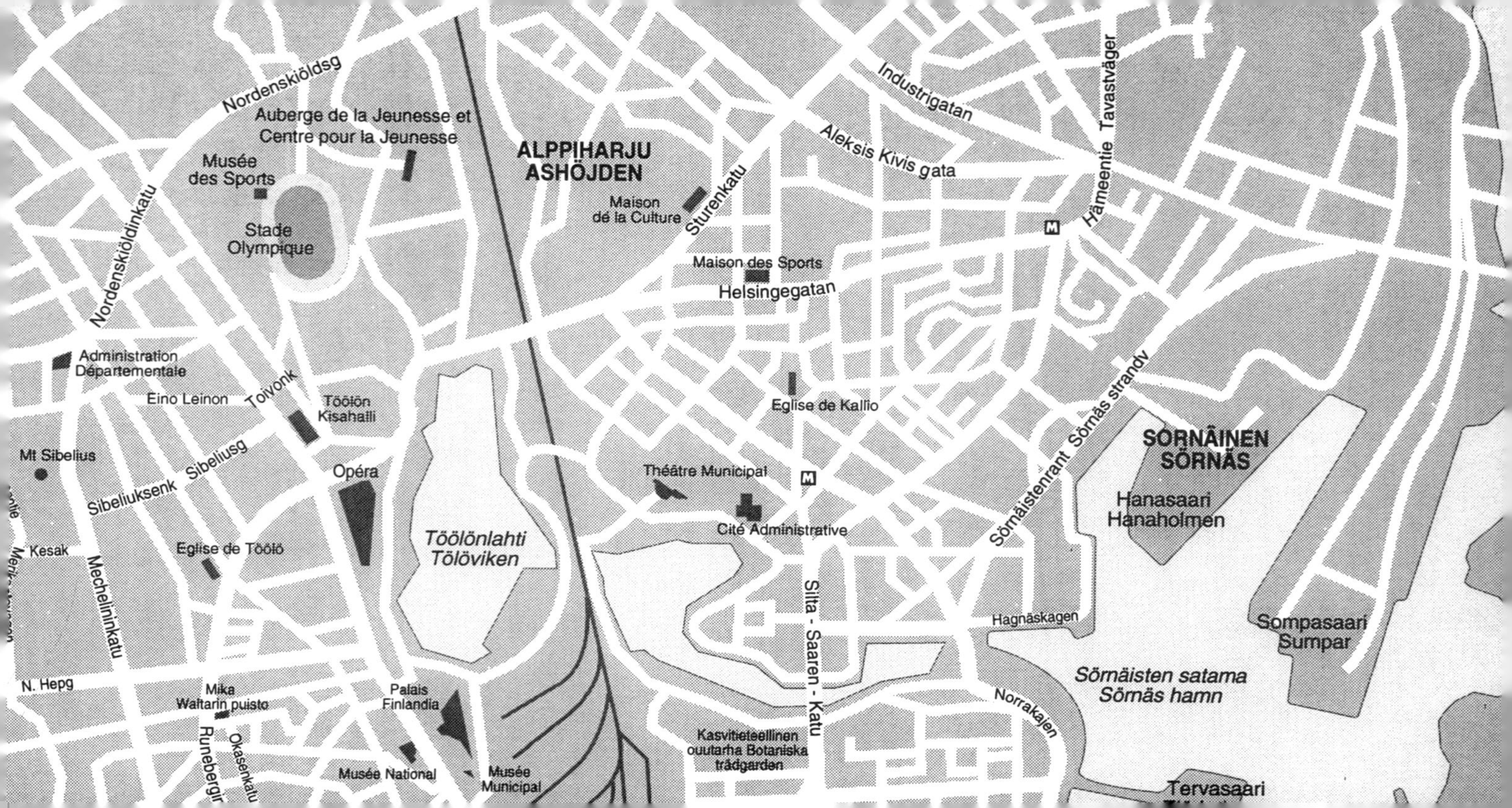
Nordenskiöldsg
Auberge de la Jeunesse et
Centre pour la Jeunesse
Musée
des Sports
Stade
Olympique
Nordenskiöldinkatu
ALPPIHARJU
ASHÖJDEN
Maison
de la Culture
Sturenkatu
Industrigatan
Aleksis Kivis gata
Hämeentie Tavastväger
Maison des Sports
Helsingegatan
Administration
Départementale
Eino Leinon
Toivonk
Töölön
Kisahalli
Eglise de Kallio
Mt Sibelius
Sibeliuksenk Sibeliusg
Opéra
Théâtre Municipal
Cité Administrative
Sörnäistenrant Sörnäs strandv
SORNÄINEN
SÖRNÄS
Hanasaari
Hanaholmen
Kesak
Eglise de Töölö
Töölönlahti
Tölöviken
Mechelininkatu
Silta - Saaren - Katu
Hagnäskagen
Sompasaari
Sumpar
Sörnäisten satama
Sörnäs hamn
N. Hepg
Mika
Waltarin puisto
Palais
Finlandia
Norrakajen
Runebergin
Okasenkatu
Musée National
Musée
Municipal
Kasvitieteellinen
ouutarha Botaniska
trädgarden
Tervasaari

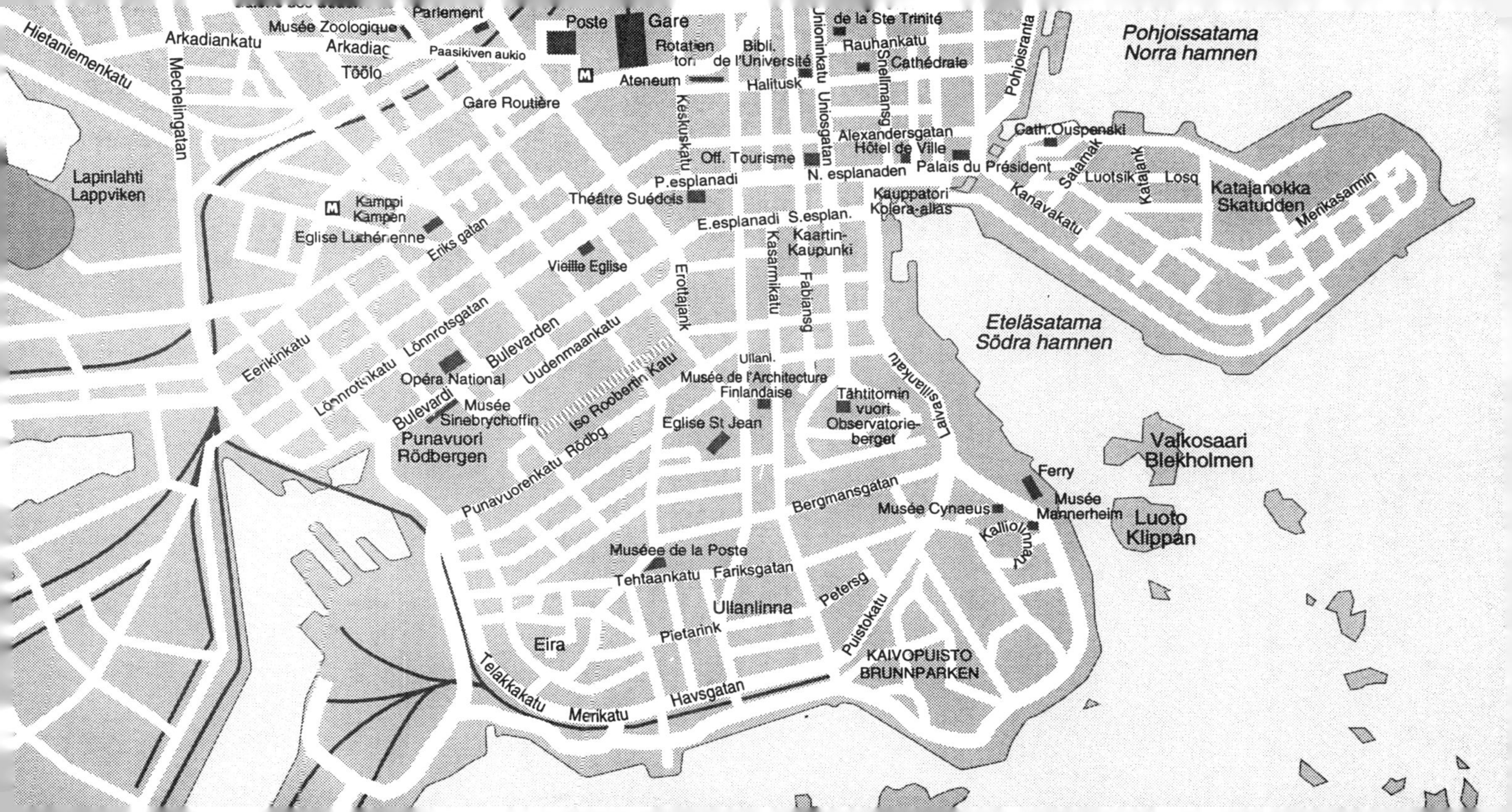

Pohjoissatama
Norra hamnen
Parlement
Musée Zoologique
Arkadiankatu
Arkadiac
Paasikiven aukio
Töölo
Hietaniemenkatu
Mechelingatan
Poste
Gare
Rotatien tori
Ateneum
Gare Routière
Bibli. de l'Université
Halitusk
Unioninkatu
Uniosgatan
de la Ste Trinité
Rauhankatu
Snellmansg
Cathédrale
Pohjoisranta
Keskuskatu
Alexandersgatan
Hôtel de Ville
Palais du Président
Cath. Ouspenski
Satamak
Luotsik
Katajank
Losq
Katajanokka
Skatudden
Merikasamin
Kanavakatu
Off. Tourisme
N. esplanaden
P.esplanadi
Théâtre Suédois
Kauppatori
Kolera-allas
Lapinlahti
Lappviken
Kamppi
Kampen
Eglise Luthérienne
Eriks gatan
E.esplanadi
S.esplan.
Kaartin-Kaupunki
Vieille Eglise
Erottajank
Kasarmikatu
Fabiansg
Eteläsatama
Södra hamnen
Lönnrotsgatan
Bulevarden
Uudenmaankatu
Eerikinkatu
Lönnrotinkatu
Opéra National
Ullanl.
Musée de l'Architecture Finlandaise
Tähtitornin vuori
Observatorie-berget
Laivasillankatu
Bulevardi
Musée Sinebrychoffin
Iso Roobertin Katu
Eglise St Jean
Punavuori
Rödbergen
Rödbg
Valkosaari
Blekholmen
Ferry
Musée Mannerheim
Luoto
Klippan
Punavuorenkatu
Bergmansgatan
Musée Cynaeus
Kalliolinna
Musée de la Poste
Tehtaankatu
Fariksgatan
Ullanlinna
Petersg
Puistokatu
Pietarink
Eira
KAIVOPUISTO
BRUNNPARKEN
Telakkakatu
Merikatu
Havsgatan

HELSINKI

"La fille de la Baltique"

Helsingfors en suédois, 509 600 habitants.

"Helsinki est une ville à l'atmosphère étrangement russe, sa place principale évoque un petit Saint-Pétersbourg. A son endroit le plus pittoresque se dresse la masse de brique rouge de la cathédrale orthodoxe, édifiée du temps des tsars...." Arto Paasilinna.

L'été nordique à Helsinki

Les changements de saisons, changent aussi le visage d'Helsinki. Durant le long et sombre hiver finlandais les habitants s'abritent à l'intérieur de leurs maisons douillettes.

Au mois de mai, la ville se métamorphose telle la chenille qui devient papillon.

Dans la lumière de l'été et les nuits blanches, la vie revient sur les places, dans les parcs et sur les plages. La ville s'anime de théâtres de rues, les citadins se regroupent autour de grands pichets de bière sur les terrasses des cafés pour profiter de cette courte aubaine de trois mois de soleil et de chaleur.

L'été révèle la vraie personnalité d'Helsinki. Et les visages, un peu renfrognés des Finlandais, expriment alors une joie de vivre expansive.

La petite capitale au bord de la Baltique est située dans un environnement magnifique, sur une péninsule qui s'avance sur 5 km dans le golfe de Finlande. C'est une ville jeune, propre, d'une architecture impressionnante et aux vastes parcs, environnée de nature et constamment caressée de la brise du large. Ce n'est certainement pas un hasard si les Finlandais l'appellent joliment *"La fille de la Baltique"*.

Ce que j'aime de cette ville...

Son atmosphère indéfinissable, faite de neuf et d'ancien, sa beauté, sa laideur ; ses airs démodés et sa créativité pointue...

L'omniprésence de l'eau et des espaces verts qui font d'Helsinki une "ville à la campagne".

L'exotisme des bulbes dorés de la cathédrale orthodoxe Uspenski qui donne un cachet particulier à la ville.

La superbe des cariatides-hommes, style Art nouveau, de la gare ferroviaire d'Helsinki.

Le néo-classicisme kitsch de la Place du Sénat.

L'impudeur d'une *"Havis Amanda"*, la statue féminine de la fontaine du même nom, égérie des étudiants et déesse de la Baltique.

L'architecture hyper-fonctionnelle du palais Finlandia d'Alvar Aalto.

Le vent qui joue dans les tuyaux d'orgue du monument Sibelius.

La foule joyeuse sur la double Esplanade pendant les festivals d'été.

Les petits matins blêmes au Kauppatori, le marché coloré sur le port en plein centre-ville.

Le goût des habitants de la capitale pour la musique classique et le théâtre.

Le côté désuet des "dancings de tango" et le luxe tapageur des casinos.

Les précautions élémentaires

La Finlande est en principe un pays très sûr pour le voyageur étranger. Cependant, la crise économique avec son cortège de chômeurs et les bouleversements politiques dans les pays de l'Est, n'ont pas manqué de gonfler les statistiques de la délinquance locale. Le touriste cependant n'est que rarement concerné par ces faits.

Mise en garde

L'alcool en Finlande pose problème. A Helsinki le touriste rencontrera pas mal d'ivrognes, mais qui ne sont pas forcément ni des violents ni des clochards.

Même les quartiers populaires ne présentent aucun danger sérieux - à moins d'avoir la peau très noire et de vouloir donner le bras aux femmes du pays (les Helsingoises, à l'inverse des Helsingois, aiment bien les étrangers).

Les recommandations

Elles sont plutôt de l'ordre du savoir-vivre. Il n'est pas d'usage de souhaiter bon appétit avant de se mettre à table, mais il est considéré comme impoli de ne pas adresser de remerciement (*kiitos*) à ses hôtes à la fin du repas.

Au sauna, qui est un véritable rite en Finlande, il est très mal vu de jurer, de tenir des propos malséants, et même de parler trop fort.

Helsinki réserve des surprises

La Finlande (Suomi) ayant deux langues officielles et Helsinki (Helsingfors) étant une ville bilingue, les noms des rues sont indiqués en finnois et en suédois sur les plaques des rues et sur les cartes. C'est surtout pour lire ces dernières que cela pose problème : il y a rarement assez de place pour imprimer les deux noms en entier, d'où les abréviations difficiles à décrypter (encore faudrait-il savoir si l'on cherche un nom de rue en finnois ou en suédois !).

Ce guide indique les noms de rues en finnois pour ne pas allonger inutilement le texte, et le nom en suédois entre parenthèses seulement quand cela semble indispensable.

Le fait d'indiquer les rues en deux langues augmente souvent la confusion de l'automobiliste qui débarque à Helsinki. Mais tout ira mieux une fois que l'on aura repéré l'artère principale, la Mannerheimintie (Mannerheimvägen), la rue commerçante Aleksanterinkatu (Alexander gatan), la Pohjoisesplanadi et la Eteläesplanadi (respectivement la Norra Esplanaden et la Södra Esplanaden ce qui veut simplement dire l'Esplanade nord et l'Esplanade sud) et la place de la gare, la Rautatientori (Jarnvägstorget).

Voici quelques mots qui entrent souvent dans la composition de noms des lieux :

- Tie = route
- Katu = rue
- Tori = place ou marché
- Asema = gare
- Satama = port
- Talo = maison
- Pohjoi = nord
- Etelä = sud
- Puisto = parc
- Saari = île
- Järvi = lac
- Lahti = baie
- Ranta = rive

BREF HISTORIQUE DE LA VILLE

Située à l'embouchure de la rivière **Vantaa**, la petite métropole ne compte actuellement qu'un demi-million d'habitants intramuros.

La ville ne fut fondée qu'en 1550, par décret du roi de Suède, Gustave Vasa, pour veiller aux intérêts de la Suède, mère-patrie d'alors, et surtout pour concurrencer commercialement l'hégémonie hanséatique de Reval (Tallin, l'actuelle capitale de l'Estonie, qui lui fait face sur la côte sud du golfe de Finlande). Pas du tout par (ni pour) les Finlandais. A l'époque, le roi ne pouvait certainement pas imaginer que la ville deviendrait une des plus jolies capitales de l'Europe (détrônant Turku en 1812).

Aujourd'hui, s'il se trouve qu'Helsinki est une plus grande cité que l'ancienne Tallin, ce n'est pas vraiment à ses habitants qu'elle le doit mais plutôt aux Russes qui, de la seconde guerre mondiale à nos jours, ont gardé l'Estonie et tous les autres pays Baltes sous leur coupe.

Les bourgeois finlandais ne mirent aucun empressement à s'installer à Helsinki. Le roi intima alors l'ordre aux habitants de Porvoo et de Rauma de quitter leur foyer et de venir peupler cet endroit encore presque inhabité. Mais Helsinki resta encore pendant longtemps un simple centre de pêche et d'activités rurales, une sorte de ville-entrepôt d'où l'on exportait du goudron en, échange de sel. En outre, elle avait été fondée par erreur au mauvais endroit. Son port était trop peu profond et il fallut par la suite la déplacer vers la mer.

Un destin mouvementé

Au début du XVIIIe siècle, une série de catastrophes s'abattit sur la ville : à la grande famine de 1697 succéda en 1710, la peste, qui ne laissa qu'une poignée de survivants (600 personnes). Plus tard, l'invasion des troupes russes mit la ville à feu et à sang. Elles y restèrent de 1713 à 1721 et le souvenir qu'elles y laissèrent fut tel que ces huit années sont demeurées, dans l'histoire, comme la période de la "Grande Haine".

Les limites de la ville n'allaient alors guère plus loin que le lieu sur lequel est située l'actuelle *Asema* ou *Rautatientori* (place de la Gare) ; au-delà commençait déjà la profonde forêt peuplée à l'époque d'animaux sauvages, ours et loups.

Après une nouvelle invasion russe, les Suédois reprirent, une fois de plus, Helsinki et, en 1746, la décision suédoise de bâtir la forteresse de Sveaborg (Suomenlinna) s'avéra fort heureuse, car elle entraîna un accroissement notable de la population. Les commerçants fortunés se mirent à construire des maisons de pierre et malgré l'aspect champêtre des rues de terre et des toits de tourbe, un vent d'urbanisme souffla enfin sur la future capitale.

La forteresse de Sveaborg qualifiée de "Gibraltar du Nord", passa longtemps pour être imprenable. Elle connut pourtant un triste sort en 1809 quand son commandant la remit sans combat aux troupes russes, inférieures pourtant en nombre et en armement.

Promue capitale seulement depuis 1812

Une page était désormais tournée dans l'histoire de la Finlande qui faisait jusqu'alors partie du royaume suédois. Cependant, c'est seulement en 1812 qu'Helsinki, sur ordre du tsar Alexandre Ier, devint la capitale du grand duché au détriment de Turku. Située à proximité de Saint-Pétersbourg (et défendue par sa forteresse), Helsinki acquit une position digne d'une capitale de l'Empire russe.

C'est de cette époque que date la construction de la monumentale place du Sénat, sous l'impulsion du premier des grands architectes qui ont fait Helsinki : Carl Ludvig Engel. C'est à lui également que revint le soin de dresser les plans de l'Université et de sa célèbre bibliothèque, construites comme le reste dans le style néo-classique qu'Engel avait déjà développé à Saint-Pétersbourg.

Pendant la guerre de Crimée (1854-1856), la flotte franco-anglaise bombarda les fortifications de la ville, heureusement sans grand dommage.

Une indépendance tardive

Profitant de la tourmente causée par la révolution russe, la Finlande déclara son indépendance. Au tournant du siècle, le sentiment nationaliste était devenu très fort et l'idée de l'indépendance hantait depuis longtemps tous les esprits.

Pendant le court répit que connut la capitale entre les deux guerres mondiales, la vitalité de la jeune nation se manifesta par un élan effréné de construction : bâtiments officiels, stades monumentaux, entreprises industrielles, chantiers navals virent le jour à un rythme accéléré.

La seconde guerre mondiale, en revanche, fut une parenthèse tragique pour Helsinki, comme pour le reste de la Finlande, et stoppa la croissance. Bien que la capitale put échapper à l'occupation et ne souffrit que relativement peu des bombardements, elle dut fournir d'immenses efforts au remboursement de l'écrasante dette de guerre. Cependant, sa position en bord de mer contribua considérablement au redressement économique du pays ; ainsi Helsinki parvint à se hisser au rang de grand port et devint un immense chantier naval.

Après la période d'austérité des années 50, Helsinki innova et s'agrandit. Débordant de la péninsule, surgissaient autour d'elle des villes-satellites, lesquelles, planifiées par de grands architectes, ne ressemblaient en rien aux cités-dortoirs en vogue partout ailleurs. Aujourd'hui, le grand Helsinki comprend Espoo, Vantaa et Kauniainen. En tout, 850 000 habitants ce qui correspond à 20% de la population totale de la Finlande.

L'esprit d'Helsinki

Dès 1975, Helsinki était prête à accueillir la Conférence sur la sécurité et la coopération en Europe. Les célèbres Accords furent signés dans le palais Finlandia d'Alvar Aalto, inauguré en 1971. Helsinki devint la "capitale de la Paix". Pour ce petit pays farouchement attaché à son indépendance récemment acquise, ce fut là un hommage suprême. Depuis lors, le savoir-faire de la "Genève du Nord" dans l'organisation de ce type de congrès s'est acquis une solide réputation. Cette énergie qui œuvre en faveur de la paix porte le nom de "l'esprit d'Helsinki".

L'esprit des Helsingois

Malgré la proximité géographique de la Russie, l'identité culturelle d'Helsinki l'apparente bien plus à la Scandinavie qu'à son puissant voisin.

Helsinki l'été 1994 :

"Helsinki, cette année s'éveille à l'été, éprouvée par une douloureuse expérience, comme après un combat de boxe qui aurait duré des années. La crise qu'a traversée la Finlande rappelle les plus noires années du XIXe siècle, à la différence qu'aujourd'hui la population n'est pas morte de famine mais a été humiliée par la cupidité de "joueurs de casino", et qu'on ne découvre pas de monceaux de squelettes jonchant la neige mais un demi-million de malheureux sans emploi ni travail. (...)

Mais si la crise desserre enfin son étreinte, de nouveaux et graves sujets de réflexion s'imposent aux Finlandais. Comme souvent, leurs motifs de préoccupation viennent de l'Est. Aujourd'hui, on peut sentir planer ici la nouvelle menace d'une Russie en ébullition : la Finlande est un petit pays pouilleux dont elle peut ne faire qu'une bouchée.. (...)

Nous sommes habitués en Finlande à tendre l'oreille aux bruits de la Grande Russie, à prier en silence la nuit pour que s'apaise son appétit d'expansion, et, à l'instant de vérité, à y opposer une résistance sanglante. Aujourd'hui, la criminalité et la prostitution russes gagnent du terrain, et des fanatiques dessinent des cartes où la frontière occidentale de la Russie suit le cours du Tornionjoli, entre la Suède et la Finlande." Arto Paasilinna.

SURVOL DU SITE

Située sur une péninsule qui s'avance de 5 kilomètres dans le golfe de Finlande, Helsinki est cernée par la mer Baltique sur trois côtés. La mer avance ses langues jusqu'au cœur des quartiers résidentiels, dessinant un peu partout des ports naturels et de petites baies. Les vagues ne cessent de venir mourir sur les grèves des innombrables criques et l'eau omniprésente baigne la ville dans le murmure de son clapotis. En été, les flots de la Baltique scintillent de mille éclats sous un soleil qui ne se couche que pour quelques heures pendant la claire nuit nordique.

La ville se partage entre sa moitié Est et sa moitié Ouest, reliées par **Pitkäsilta** (le pont Long, - en fait, l'un des plus courts de la capitale). Comme dans la plupart les capitales européennes, les gens les plus aisés se sont installés à l'Ouest, abandonnant la rive Est aux ouvriers. Helsinki a un charme infini avec ses immenses parcs, son port sud (**Eteläsatama**) avec la place du marché très coloré (**Kauppatori**), et les nombreuses îles au large qui composent l'archipel...

En arrivant par la mer en car-ferry, le visiteur voit émerger des embruns cette ville (également appelée "ville blanche du Nord") aux teintes blanches et pastel qui adoucissent la rigidité des édifices néo-classiques d'**Eteläsatama** (port sud). A l'arrière-plan, les coupoles vert-de-gris de la cathédrale blanche s'élèvent au-dessus des bâtiments austères, dont le palais du président de la République. A droite, des multiples bulbes dorés surmontent la masse rouge de la cathédrale orthodoxe Uspenski.

Une architecture étonnante

Elle offre un heureux mélange de néo-classicisme du début du XIXe, de romantisme national 1900, de fonctionnalisme des années 30 et de "design moderne" finlandais.

Bien que l'histoire de la ville remonte au XVe siècle, le tracé actuel d'Helsinki ne date que d'environ 1820 avec l'élégante place du Sénat (**Senaatori**), œuvre de Carl Ludvig Engel. C'est également Engel qui reconstruisit, dans un style néo-classique, le centre de la ville détruit par le grand incendie de 1808. La magnifique place du Sénat bordée d'édifices administratifs, de l'université et de la cathédrale luthérienne, constitue incontestablement un des plus beaux exemples de l'architecture néo-classique européenne. Elle présente d'ailleurs de nombreuses similitudes avec celle de Saint-Pétersbourg (bâtiments bleu céleste et turquoise).

Non loin de la place du Sénat, dans le quartier de **Katajanokka**, s'élève en surplomb sur une butte de granit, la cathédrale orthodoxe d'**Uspenski**. Toute de rouge sombre mais avec des coupoles et des bulbes dorés, elle prête un cachet particulier à la ville blanche du Nord.

Proche de la cathédrale, le siège principal de la société Enso-Gutzeit Oy est dû au génial architecte Alvar Aalto qui a dessiné également la **maison de la Culture** de la ville, et bien d'autres ouvrages, fort nombreux en Finlande même et à l'étranger.

Un peu plus au nord, le **palais contemporain Finlandia** (d'Alvar Aalto justement) étire ses lignes épurées de marbre blanc sur les rives de la **baie de Töölö**. A côté, le **Musée national** de la période du romantisme national et semblable à un château de conte de fées, paraîtra d'un style franchement baroque.

Entre ces deux pôles formés par le port Sud (Eteläsatama) et la baie de Töölö, la ville est composée de quartiers de moindre caractère, encore que certains soient marqués par le Jugendstil (l'Art nouveau nordique).

A cheval entre l'Ouest et l'Est

Le touriste échoué dans la capitale ne peut qu'être dérouté par l'étrange atmosphère des lieux. Une atmosphère qui, au premier abord, ne semble pas très européenne, et en effet la ville diffère à maints égards des autres capitales nordiques. Ni pittoresque, ni majestueuse, Helsinki est aujourd'hui une jeune métropole aux allures un peu austères. Pourtant, excepté le dimanche où les habitants la désertent pour leur cabane au bord des lacs, la circulation y est très animée et les rues, colorées et bruyantes. Il semble que le caractère indéfinissable de la ville plonge ses racines dans les nombreux heurs et malheurs de son passé. Certes, de nombreuses traces y témoignent de l'ex-Union avec la Suède (tels le **Théâtre suédois** et la **forteresse de Suomenlinna**), mais plus encore demeure sensible l'empreinte du temps où Helsinki fut la capitale du grand-duché de l'Empire des tsars.

Jadis, Helsinki était communément appelée la *stadi* (la ville), le reste du pays étant la *lande* (la campagne). Les *stadinkundi* - les Helsingois étaient des métropolitains - (du moins aux yeux des Finlandais) usaient d'un langage qui, contrairement à celui des gens des campagnes, restait émaillé d'expressions suédoises et russes. La ville s'agrandissant, sa culture a beaucoup évolué et le parler local a presque complètement disparu.

Pour commencer à comprendre la nature complexe de cette ville où l'Est et l'Ouest cohabitent, il faut se promener le long de ses rues bordées de bouleaux et de sorbiers dans la lumière laiteuse des claires nuits d'été...

VISITE DES DIFFERENTS QUARTIERS

Bien qu'Helsinki ne soit pas une ville très ancienne, elle arbore un air de dignité aristocratique qu'autorise le magnifique ensemble architectural, quasi impérial, de la place du Sénat (**Senaatintori**).

Et bien qu'Helsinki ne soit pas une ville très ancienne, son histoire se confond avec l'époque des tsars. Les débuts de la capitale datent du temps de l'architecte Engel dont les édifices néo-classiques de la place du Sénat prêtent encore à controverse.

Le centre des choses, la place monumentale

La Finlande, province suédoise depuis près de six cents ans, passa sous domination russe à la suite de la guerre de 1808-1809. Pendant ce conflit, la quasi totalité d'Helsinki, bâtie en bois, fut détruite par des incendies. Sur l'ordre du tsar, le centre de la future capitale du grand duché de l'Empire russe fut pensé comme une œuvre d'art à une époque où la Finlande n'était qu'un pays pauvre, peuplé de paysans avec seulement quelques rares villes éparpillées le long de la côte.

La place du Sénat est l'œuvre de deux hommes : Johan Albrecht Ehrenström qui planifiait et ordonnait, et Carl Ludvig Engel qui concevait et exécutait.

Ehrenström à qui fut confiée la tâche de créer un plan de ville digne d'une capitale européenne, fit appel, en 1816, au Berlinois Engel, qui avait déjà exercé ses talents à Tallin et à Saint-Pétersbourg. En l'espace d'un quart de siècle, Engel dessina les plans d'une trentaine de bâtiments publics et d'un grand nombre de demeures particulières à Helsinki et dans d'autres villes de Finlande. Il était tenu de soumettre ses projets au tsar Alexandre Ier et à son successeur, Nicolas Ier qui, en toute chose, gardaient le droit de véto. Ce qui nous explique pourquoi Helsinki arbore un petit air de Saint-Pétersbourg... Et ce qui valut à la capitale finlandaise de servir maintes fois de lieu de tournage des thrillers américains dont l'action était censée se dérouler à Saint-Pétersbourg ou à Moscou.

Le nord de la place du Sénat est dominé par la toute blanche cathédrale luthérienne (**Tuomiokirkko**), une des plus grandes cathédrales à coupole du monde. Avec son escalier monumental, elle est d'une allure réellement imposante. Mais c'est lorsqu'on aperçoit en arrivant de la mer sa gracieuse façade, surmontée du grand dôme vert, et portée par de nombreuses colonnes corinthiennes, qu'elle apparaît la plus belle.

A droite de la place, le **palais du Gouverneur**, l'un des ouvrages majeurs d'Engel, abrite le Sénat et le ministère des Affaires étrangères. Le bureau du Premier ministre est situé au premier étage, à l'angle de l'Aleksanterinkatu. La colonnade coiffant l'entrée principale cache l'un des plus beaux intérieurs de style Empire. Hélas, l'endroit est interdit au public.

A gauche, la place est bordée du bâtiment principal de l'ancienne université de Finlande (elle fut transférée à Helsinki par décret du tsar après le grand incendie de Turku en 1827). La façade présente la même structure que le palais du gouverneur en face. Une bonne partie de l'université fut malheureusement détruite par les bombardements de 1944, et notamment la grande salle des concerts et les œuvres d'art qu'elle contenait (depuis 1971, la grande salle des concerts d'Helsinki a élu domicile au palais Finlandia d'Alvar Aalto).

Derrière la cathédrale, dans l'Unioninkatu, la petite **église orthodoxe de la Sainte-Trinité** due, elle aussi, à Engel, abrite plusieurs belles icônes anciennes dont la Vierge de Smolensk.

Également dans l'Unioninkatu, la magnifique bibliothèque de l'université (**Yliopiston Kirjasto**), au plafond décoré de fresques, constitue l'un des plus beaux ouvrages d'Engel. Son faste intérieur est à la mesure de sa splendide façade jaune ornée d'une majestueuse colonnade corinthienne.

La place du Sénat est bordée au sud d'anciennes résidences de la bourgeoisie marchande d'Helsinki. Parmi ces demeures du début du XIXe siècle, on remarque la jolie petite maison gris-bleu bâtie pour le puissant homme d'affaires Sederholm. Les rez-de-chaussée sont aujourd'hui occupés par des petites boutiques à l'ancienne, par des cafés charmants ou des restaurants russes. La **Maison Kiseleff** qui fait l'angle de l'Unionkatu, regroupe nombre de ces boutiques chic qui forment le très touristique **Baazar Kiseleff**.

La statue du tsar Alexandre II orne encore aujourd'hui le centre de cette vaste et harmonieuse place en contrebas de la cathédrale.

La presqu'île de Katajanokka et sa cathédrale orthodoxe

Non loin de la place du Sénat, le vieux quartier de **Katajanokka** est l'un des plus beaux et des plus harmonieux du point de vue architectural. C'était à l'origine une presqu'île, repaire au siècle dernier de la pègre, de prostituées et de toutes sortes de gens en marge de la société. Deux ponts enjambent à présent le canal creusé vers la moitié du XIXe siècle.

Réhabilité, Katjanokka est devenu, de nos jours, un quartier chic et cher. De nombreuses maisons Art nouveau aux fioritures végétales, caractéristiques de ce style, peuvent être vues dans la **rue Luotsikatu**. Nombre d'entre elles ont été dessinées par le célèbre trio d'architectes Gesellius, Lindgren et Saarinen. La **rue Katajanokkankatu** est dominée par un magnifique bâtiment auquel ses tourelles donnent un air de château médiéval. Construit en 1903, il figure parmi les chefs-d'œuvre du trio cité plus haut.

D'anciennes casernes, admirablement restaurées, sont aujourd'hui le nouveau siège du ministère des Affaires étrangères. Un peu plus loin, dans le port, la flotte des brise-glace finlandais est amarrée durant l'été. Lors de la guerre de Crimée la flotte nationale s'étant trouvée bloquée par les glaces dans les eaux territoriales de la Finlande, la nécessité s'imposa d'entretenir une flotte de brise-glace pour garder les ports ouverts à la navigation durant l'hiver.

Le port sud (**Eteläsatama**) accueille les grands car-ferries de la *Viking Line* et de la *Finnjet.* Avant d'entrer dans le port, les énormes bateaux blancs, hauts comme des cathédrales, louvoient majestueusement entre les écueils de la rade.

Toujours sur Katajanokka, la magnifique **cathédrale orthodoxe Uspenski** aux bulbes surmontés d'une croix en or de 22 carats s'élève en surplomb sur une butte de granit. En contrebas et bordant le canal, le sombre palais de marbre construit par Alvar Aalto semble quelque peu évincé par le voisinage du majestueux édifice.

La cathédrale Uspenski offre l'exemple architectural le plus caractéristique de l'influence russe en Finlande. Son décor intérieur, somptueux et émaillé de dorures, s'articule autour de la grande iconostase d'une splendeur où se lit la ferveur religieuse de la vieille Russie. Les voûtes aux couleurs crépusculaires, richement décorées, sont soutenues par quatre énormes colonnes de granit.

Le Kauppatori, une place historique...

Pour les touristes débarquant du ferry, la **place du marché Kauppatori** offre un premier contact souriant et chaleureux avec le peuple d'Helsinki dans des odeurs de beignets et d'embruns. D'ici on peut embrasser d'un seul coup d'œil les symboles de deux puissances qui ont marqué l'histoire de la Finlande : les trois couronnes royales sur la façade de l'ambassade de Suède, l'aigle bicéphale russe sur l'obélisque de la Tsarine (**Keisarinnenkivi**), et dominant la place du marché à l'est, les coupoles dorées de la cathédrale d'Uspenski.

La place qui date de 1818, présente un alignement harmonieux d'édifices néo-classiques qui lui confèrent un aspect un peu solennel quand elle n'est pas animée par le marché et par la foule nombreuse qu'il attire. Le bâtiment de l'hôtel de ville (**Kaupungitalo**), prévu à l'origine pour être l'hôtel le plus luxueux de la ville, arbore une façade bleue à colonnade. Derrière ses grilles en fer forgé, le palais présidentiel datant de 1814 était, à l'origine, l'hôtel particulier de la riche famille Heidenstrauch. En 1843, il fut transformé par Engel en château impérial. La relève de la garde à Päävartio, derrière le palais, mêle ses pompes militaires désuètes à l'atmosphère du marché. La parade, accompagnée d'un orchestre militaire, a lieu tous les mardis et vendredis à 13h.

... et un marché savoureux

Situé sur les rives de la Baltique, le **Kauppatori** est, en été, probablement l'un des plus jolis marchés du monde. Les pêcheurs de l'archipel d'Helsinki ancrent leur bateau quasiment devant le palais présidentiel, dans le **Kolera allas** (bassin du choléra) qui, il y a à peine un siècle, fut le lieu de la dernière quarantaine. Les barques, de véritables petites poissonneries flottantes, vendent la marée parmi les cris des goélands et le grincement des haubans.

Les vieilles halles centenaires (*kauppahalli*) en briques jaunes et rouges ont la faveur des touristes suédois qui, débarquant des ferries, viennent ici acheter des spécialités culinaires finlandaises. Le lieu est pittoresque, d'autant que l'on peut y savourer des *piirakka* (sorte de tourte aux baies) et du renne boucané entre autres. Ayez le courage et la curiosité d'essayer les *possumunkkeja* (beignets fourrés infâmes).

De petits fermiers viennent de la campagne vendre au marché des carottes et des pommes de terre entassées dans leur camionnette. Les bottes de navets et de céleris-raves sont agrémentées de brassées d'aneth odorant. Les étals des marchands des quatre saisons s'habillent de couleurs changeantes suivant les arrivages de légumes, de baies juteuses et de champignons sauvages.

Autour de l'obélisque de la Tsarine, d'innombrables étalages consacrés à l'artisanat, proposent des souvenirs touristiques tels que des coutelas sâmes, et des peaux de rennes et de renards polaires.

Les employés des bureaux font un saut au marché pour acheter leur déjeuner, et les samedis matin ensoleillés, des familles entières improvisent des pique-niques avec les produits frais qu'elles se procurent sur place. Les habitants du quartier viennent flâner sur les quais et se mêler à la foule bigarrée.

Toute cette intense activité s'accompagne en été du va-et-vient des navettes touristiques et des petits bateaux qui vont à **Suomenlinna**, l'île-forteresse en face dans la rade, à Porvoo ou encore ailleurs dans l'archipel. Des villes aux noms exotiques comme Saint-Pétersbourg et Tallin ne sont qu'à quelques heures de navigation. Le plus ancien yacht-club de Finlande, basé sur **Valkosaari** (l'île Blanche) au milieu de la rade, propose un restaurant d'été, le **Klippan** (l'Écueil) et ses dîners dansants.

Sur la petite place qui sépare le Kauppatori de la double Esplanade, et où, dès les beaux jours, s'installe un marché aux fleurs, la *Havis Amanda,* fille de la Baltique, émerge de la célèbre fontaine au milieu de lions de mer crachant de l'eau.

La double Esplanade, promenade au cœur de la cité

Entre le **Kauppatori** et la **Mannerheimintie** s'étire l'**Esplanadi**, suffisamment large pour que chacun de ses côtés, séparé par un terre-plein central, mérite son propre nom : **Pohjoisesesplanadi** (Esplanade nord) et **Eteläesplanadi** (Esplanade sud).

Au centre, les jardins-promenade datent de 1831, mais les ormes et les peupliers refusant de pousser, il fallut attendre 1842 pour y voir les premières allées de tilleuls. Les jardins abritent les statues des poètes Runeberg, Eino Leino et Topelius ainsi que quelques charmants kiosques anciens disséminés çà et là sur les pelouses.

La figure féminine qui orne le socle de J.L. Runeberg symbolise la muse de la poésie finlandaise. Elle présente aux promeneurs les premiers vers de l'hymne national composé par le poète national - en suédois, car à l'époque le finnois n'était pas encore une langue écrite !

Cette promenade est d'autant plus attrayante qu'elle est bordée d'immeubles formant un des ensembles architecturaux les plus homogènes de la capitale. Derrière l'alignement de citronniers en pots, défilent les devantures très chic des boutiques de design finlandais très chères : Arabia, Artek (fondé par A. Aalto), les magasins de textiles Finlayson, les vêtements Marimekko...

A l'angle de l'Esplanade nord et de l'Unionkatu, le bâtiment Art nouveau de la période romantique, héberge l'Office du tourisme de la ville et, œuvre de Lars Sonck, le *"Jugend-sali"*, un hall qui expose des photos des maisons Art nouveau d'Helsinki.

Tout au début de l'allée de tilleuls, le *Kappeli*, un charmant restaurant-salon de thé délicieusement suranné, fut construit en 1867 sur les plans d'Axel Hampus Dalström. Le Kappeli était jadis fréquenté par des personnalités littéraires et artistiques comme Jean Sibelius qui y venait régulièrement prendre le thé sous le feuillage des tilleuls qui filtre le soleil d'été. Orné de fenêtres hautes comme des verrières d'église et d'un toit en forme de coupole, ce pavillon qui date en partie de 1867 est encore tout empreint de l'atmosphère de la Belle Époque .

L'édifice le plus ancien de l'Esplanadi est le palais du Gouvernement construit en 1824 par Engel pour l'inspecteur des Armées. Pendant la domination russe, l'immeuble servit de résidence au gouverneur militaire. Depuis l'indépendance, il est utilisé pour des réceptions gouvernementales. Le *restaurant Savoy*, inauguré en 1937 et dessiné par Alvar Aalto, occupe le 8e (et dernier étage) de l'immeuble au n° 14 de l'Esplanade sud. Sa terrasse est connue pour offrir la meilleure vue sur Helsinki. Le Savoy est l'un des rares restaurants de la capitale à avoir conservé son aspect d'origine.

Presque tout au bout de la double Esplanade, à l'angle avec la Keskuskatu, la Librairie académique (**Akateeminen Kirjakauppa**) est la plus vaste et la mieux approvisionnée de Finlande. On y trouve la plupart des grands journaux et périodiques étrangers, des cartes et des guides touristiques. L'immeuble a été construit en 1969 d'après les plans d'Alvar Aalto. Ce sanctuaire de la culture abrite, au premier étage, un café stylisé, également dessiné par Aalto, un lieu idéal pour marquer une pause en faisant du shopping dans les grands magasins Stockmann voisins (parmi les plus grands des pays nordiques).

La double Esplanade se termine à la hauteur de Mannerheimintie, au carrefour dit Erottaja. La perspective est fermée par le Théâtre suédois, une belle bâtisse en hémicycle, érigée en 1866. Côté parc, le *restaurant Happy Days* prisé des Helsingois, déploie son agréable terrasse qui donne sur l'Esplanade. La nuit, sa partie vitrée se transforme en discothèque.

Point de rassemblement très populaire, la double Esplanade accueille de nombreuses fêtes, telles la *Nuit des arts* en août, la foire de Noël ou encore, la *"nuit de Vappu"* du 30 avril au 1er mai où une foule en liesse célèbre tout à la fois le début du printemps, la fête des étudiants et la fête du Travail, à grand renfort de fleurs, de ballons et de serpentins.

Pendant les journées les plus chaudes de l'été, c'est un vrai miracle d'y trouver un banc libre. Les bains de soleil sur les pelouses sont tolérés - tant que les gendarmes ont le dos tourné.

Les claires nuits d'été sont remplies de musique et de gaieté. Des concerts et des spectacles - des rondes folkloriques aux groupes de hard rock - sont donnés tous les jours sur une estrade couverte devant la terrasse du *restaurant Kappeli.*

La double Esplanade est l'endroit idéal pour s'initier à la vie nocturne de la capitale : au petit matin des week-ends, des centaines d'adolescents, passablement éméchés, y déambulent en s'injuriant mutuellement. Le premier week-end du mois, de nombreux propriétaires de "roadsters" américains y défilent en exhibant leurs carrosseries rutilantes dans une ambiance californienne des années 60.

Parallèle à l'Esplanade, **Aleksanterinkatu**, qui va de la place du Sénat à la Mannerheimintie, est une rue très commerçante : restaurants, banques, boutiques et grands magasins.

La monumentale gare centrale, fleuron de l'Art nouveau

Les rues Mikonkatu et Keskuskatu, perpendiculaires à l'Esplanade nord, mènent à la gare centrale d'Helsinki (**Rautieasema**), dont le style architectural marque une date dans l'histoire de la Finlande.

Cet ensemble en granit conçu par l'architecte Eliel Saarinen entre 1910 et 1914, est le plus connu et le plus controversé de ses ouvrages. Il armorce la transition du style romantique national vers des lignes plus rationnelles, alliant curieusement l'Art nouveau et le fonctionnalisme. Les façades ont été décorées par des artistes réputés tel Emil Wikström. L'entrée principale est encadrée par deux figures de pierre massives et solennelles portant des réverbères.

En face de la gare, le **City-Kortelli** est un grand centre commercial tout en hauteur, dont les différents niveaux (restaurants et boutiques) sont accessibles par des escaliers roulants. Ici les travaux ont consisté à relier des immeubles anciens à des immeubles neufs en ménageant un passage couvert entre la gare et les grands magasins Stockmann. Au sous-sol, on trouve un supermarché pratique qui reste ouvert tard.

La place de la Gare (**Rautatientori**), est délimitée au nord par le Théâtre national (**Kansallisteatteri**). Réalisé en granit dans le style romantique national au tout début du siècle, il a les allures d'un petit château. Son programme est consacré exclusivement aux pièces de langue finnoise. Malheureusement, ces dernières années le répertoire n'a pas été à la hauteur de l'attente du public et le théâtre d'avant-garde s'est porté vers d'autres salles.

Devant le théâtre, la statue d'Aleksis Kivi, auteur du premier roman en langue finnoise et dramaturge, a été sculptée par Wainö Aaltonen en 1939.

Le terrain de **Kluuvi** autour de la gare centrale est artificiel. Les rochers déblayés pour faire place au centre monumental de la place du Sénat furent déposé ici, fermant la baie de Töölö qui devint par la suite un lac d'eau douce. Ses rives sont aimées des joggeurs de la capitale, des oiseaux qui viennent y nicher et des ornithologues qui les observent.

Derrière le Théâtre national, s'étend le Jardin botanique (**Kasvitieteellinenpuutarha**), prolongé par le beau **parc de Kaisaniemi** datant des années 1880. A l'angle nord-ouest, le *café-restaurant Kajsa* était un rendez-vous littéraire au milieu du siècle dernier. C'est encore un endroit agréable, fréquenté actuellement par des étudiants.

Du côté sud de la place Rautatientori, en face du Théâtre national, le **musée l'Ateneum** (des Beaux-Arts) fut construit en 1887 pour abriter les collections d'art de la nation naissante. L'édifice qui a subi récemment de grands travaux de restauration, n'a été rouvert qu'en 1991. Y sont exposés des grands peintres finlandais tels que Akseli Gallen-Kallela, Helene Schjerfbeck, Marcus Collin, Juho Risanen et Pekka Halonen.

Entre l'Ateneum et Mannerheimintie, pratiquement en face de la gare de Saarinen, se dresse l'ancienne et gracieuse façade de l'*hôtel Seurahuone*. A l'intérieur, le *Café Socis*, tendu de velours rouge sous son haut plafond doré, reste, tout comme autrefois, un lieu de rencontres très prisé. Il perpétue la tradition de l'ancien club de la bonne société, où l'aristocratie donnait ses dîners dansants.

Coup d'œil culturel le long de la Mannerheimintie

La **Mannerheimintie**, la plus longue rue du pays et la principale artère de la capitale, commence au carrefour d'**Erottaja** pour se perdre loin dans les quartiers nord de **Ruskeasuo**. De son début jusqu'à la hauteur de la **Poste centrale** (et de la gare de Saarinen), elle est bordée d'immeubles de grandes sociétés, de banques, de sièges de journaux, de nombreux restaurants et d'hôtels. A partir de la statue du maréchal Mannerheim, elle longe le Parlement, le Musée national, le palais Finlandia et le nouvel Opéra d'Helsinki, et devient tout à fait insignifiante après ces deux kilomètres de joyaux culturels.

Situés au début de la Mannerheimintie, les grands magasins Stockmann dominent tout le quartier du carrefour d'Erottaja.

Après avoir croisé l'Aleksanterinkatu, la Mannerheimintie passe devant l'ancien foyer des étudiants (le **Vanha**). Le fronton de l'immeuble, orné de reliefs représentant des héros kalevaléens est l'œuvre de Walter Runeberg. Le foyer comporte un bar, une salle d'exposition et une librairie. De précieuses fresques y sont conservées, notamment celle de *Kullervo partant en guerre*, signée par Gallen-Kallela.

Sur la petite place triangulaire formée par la Mannerheimintie, les magasins Stockmann et le Vanha, la statue des *Trois Forgerons* (*Kolmen sepän patsas*), œuvre de Felix Nylund, offre un excellent point de rendez-vous. Entre la jeunesse qui investit en été la terrasse du petit café et la fine fleur des musiciens de rues dont c'est l'endroit favori, l'attente n'y est jamais ennuyeuse.

A l'angle de la **Simonkatu**, un grand immeuble de verre (**Lasipalatsi**) abrite le centre commercial Forum avec boutiques, banques, agences de voyages, cinémas, restaurants et un des plus grands cinémas de la ville, le *Bio Rex,* dans un décor minimaliste. L'immeuble lui-même, construit en 1935 sur l'emplacement d'une caserne incendiée durant la guerre civile, offre un bel exemple du style fonctionnaliste.

A côté, la gare routière principale est logée dans un bâtiment jaune, ancienne caserne de l'armée russe au siècle dernier.

Le Parlement (**Eduskuntatalo**) est un édifice imposant conçu par J.S. Siren à la fin des années 20 dans l'esprit d'un classicisme monumental mais qui annonçait déjà le fonctionnalisme naissant. C'est un des derniers bâtiments finlandais entièrement construits à la main. Les statues des présidents Svinhufvud, Stålberg et Kallio montent la garde au pied d'un immense escalier dont les larges degrés mènent à la gigantesque colonnade.

Solitaire, au milieu d'une place, le parlement domine la Mannerheimintie et la statue équestre du maréchal Mannerheim, l'œuvre d'Aimo Tukainen (1960). Comparé au futuriste palais Finlandia d'Aalto réalisé à peu près à la même époque, il peut paraître d'un classicisme un peu sclérosé. Cependant, sa décoration intérieure est un bel exemple de l'art finlandais des années 20. Le parlement est ouvert au public (excepté aux heures des sessions).

Alvar Aalto avait proposé divers projets pour un nouveau centre culturel d'Helsinki planifié autour de la baie de Töölö, mais sa mort en a compromis la réalisation. Les plans actuels prévoient un musée d'Art moderne et un "world trade center". Pour l'instant, les anciens entrepôts ferroviaires sont toujours occupés par des mouvements de culture alternative et écologiques. Ainsi le mouvement *MUU ry* (littéralement "Quelque chose d'autre") a investi les lieux avec des expositions d'art contemporain. Ces tentatives de la "contre-culture" sont rarement inintéressantes et, étant donné leur popularité, un café branché s'y est installé également.

Située à cheval sur l'ancien Helsinki et le moderne, la belle villa de Hakasalmi (**Kaupunginmuseo**) conserve des images, des documents et des objets relatifs à l'histoire de la ville depuis sa fondation jusqu'à nos jours. La villa fut offerte à la municipalité par sa dernière propriétaire, Aurora Karamzin, une des plus célèbres beautés et personnalités de son temps. *Ouvert tous les jours de 12h à 16h, jeudi nocturne jusqu'à 20h.*

Tout en profitant de la belle vue sur la baie de Töölö on arrive au palais Finlandia (**Finlandia talo**). Solonnellement inauguré par le président Urho Kekkonen en décembre 1971, cet édifice aux pures façades de marbre blanc marque une date à la fois dans l'histoire de l'architecture et dans celle de la Finlande. Ici furent signés en 1975 les célèbres Accords d'Helsinki sur la sécurité et la coopération.

Du côté opposé de la Mannerheimintie, le Musée national (**Kansallismuseo**) est un bâtiment de style romantique national ressemblant par sa tour ronde à un château fort ou à quelqu'église avec son haut clocher. Il a été construit en 1910 d'après les plans du trio Gesellius, Lindgren et Saarinen. Le plafond du hall d'entrée a été décoré de fresques d'inspiration kalevaléenne par Akseli Gallen-Kallela. Dans l'escalier du musée, un tronçon d'arbre pourrissant aux formes tourmentées est un "seti" ou objet investi de propriétés magiques chez les Lapons. Les collections les plus intéressantes concernent l'art médiéval, l'ethnographie nordique et les civilisations arctiques.

Le beau parc Hesperia s'étend le long des rives de la Töölö.

La Mannerheimintie s'écarte de la baie à la hauteur du nouvel **Opéra d'Helsinki** qui ouvrit ses portes fin 1993. Après avoir officié pendant près d'un siècle sur le Bulevardi, dans le tout petit, mais très élégant théâtre de l'époque russe, l'Opéra d'Helsinki s'est enfin doté d'une vraie scène digne de ce nom. Le coût de l'opération fut astronomique. Cependant à peu près tout le monde aujourd'hui s'accorde à trouver le résultat excellent.

Le **parc Eläintarha**, au nord de la baie, comprend le stade olympique. On peut y voir la statue du célèbre coureur finlandais, Paavo Nurmi, sculptée par Wäinö Aaltonen en 1952, l'année même où le pays recevait sur son sol les Jeux olympiques. Revêtant une importance toute particulière, ces Jeux furent l'occasion pour la jeune Finlande d'affirmer sa position de nation libre et son appartenance à l'Occident. La tour de 72 m du stade olympique offre l'une des meilleures vues d'Helsinki (en ascenseur, - ou à pied si le cœur vous en dit). Les étudiants finlandais essaient d'apercevoir l'Estonie qui se trouve à une centaine de kilomètres sur l'autre rive du golfe de Finlande. Malheureusement, en raison de la courbure de l'écorce terrestre, il faudrait à la tour quelques mètres de plus.

Les terrains au nord du stade olympique sont plus ou moins des parcs naturels, très prisés des joggeurs en été et des skieurs de fond en hiver.

La **Sibeliusenkatu** bifurque vers la mer, et mène jusqu'au parc du même nom (**Sibeliusen puisto**). Il n'est pas surprenant qu'on y trouve un monument à la gloire de Sibelius. Cette œuvre d'Eila Hiltunen jouit d'une grande popularité parmi les touristes.

Hietaniemi, le cimetière des Héros

L'**Arkadiankatu**, presque en face de la poste et de la gare centrale, est une rue perpendiculaire à la Mannerheimintie. Elle passe devant l'académie Sibelius et croise la **Frederikinkatu** qui mène à la célèbre **église Temppeliaukion kirkko**, l'édifice probablement le plus étonnant d'Helsinki. Elle a été creusée à même le roc et on peut aisément grimper sur son toit. L'entrée qui descend sous terre laisse présager une sombre cave mais, chose surprenante, l'intérieur reçoit la lumière du jour qui filtre sous le rebord de la coupole de cuivre.

Les alentours de l'église sont sillonnés de rues qui descendent, qui montent et qui tournent pratiquement sur elles-mêmes pour s'enfoncer au cœur d'un des quartiers les plus plaisants qui soient.

Le *restaurant Elite*, au bout de la petite Oksasenkatu, est actuellement l'un des plus branchés de la capitale. Son nom se réfère autant à son décor de style fonctionnaliste qu'à la foule choisie d'artistes qui le fréquentent.

Au bout de l'Arkadiankatu, sur le promontoire qui sépare les deux baies de Taivallahti et de Lapinlahti se trouve le cimetière des Héros de la dernière guerre (**Hietaniemen Sankari Hautausmaa**). A l'extrême pointe du promontoire, le tombeau solitaire de marbre noir du maréchal Mannerheim se pare d'une austère grandeur. Les monuments aux morts font partie du paysage urbain de la Finlande. Depuis l'indépendance, la dépouille des soldats tombés pour la patrie est toujours ramenée au pays. A Noël, quand selon la tradition, on allume une bougie sur chaque tombe, de fragiles petites flammes vacillent dans la lumière bleue de la nuit polaire.

Mais le promontoire de Hietaniemi c'est également une plage qui attire en été des milliers de baigneurs. Sur son demi-kilomètre de sable blanc des familles avec enfants se mêlent joyeusement aux bodybuilders huilés, aux excentriques et aux vieillards dans une foule compacte transpirant sous un ardent soleil. La plage Hietaniemi est également renommée pour ses fêtards qui viennent nager au clair de lune.

Plus au nord, le long du stade de l'aviron (**Soutustadion**) - héritage vieux de 40 ans des Jeux olympiques d'Helsinki - s'étendent de nombreux parcs. Enfin, au bout de la Mechelininkatu, on retombe sur le parc Sibeliusen.

Bien plus loin, en longeant la côte vers le nord

La résidence de fonction du Premier ministre, une ancienne demeure en bois à tourelles et balcons, est située à la pointe de la petite **presqu'île Kesäranta** (littéralement la plage d'Été). La maison, bâtie en 1873, fut achetée en 1904 par le gouverneur général russe qui en fit sa résidence d'été. Dans les années 20, la "Kesäranta" devint la résidence permanente du président de la République jusqu'à ce qu'en 1950, Urho Kekkonen déménage à Tamminiemi. Restaurée en 1983, "Kesäranta" récupéra sa tourelle ornementale, et redevint une fois de plus résidence officielle.

Plus excentrée encore, **Tamminiemi** (la péninsule des Chênes) abrite de nombreuses demeures anciennes en bois bâties pour de riches familles de marchands. La nouvelle résidence du président de la République, construite en 1982 d'après les plans de Reima Pietilä, occasionna une grande controverse. Avec déjà un palais présidentiel et une résidence d'été à Naantali sur la côte Ouest, cette nouvelle dépense (astronomique) ne semblait pas justifiée. Martti Ahtisaari, élu président de la République en 1994, est le premier occupant de la nouvelle résidence à Mäntyniemi.

La route de Seurasaari et les allées avoisinantes sont bordées de nombreuses belles villas du début du siècle. Au-delà du monument appelé *la Fille de la Baltique* de Laila Pullinen (1971), la maison "Tamminiemi" de l'ancien président, Urho Kekkonen, est aujourd'hui un musée ouvert au public.

Au bout de la Tamminiementie commence le pont pédestre en bois sculpté qui mène au **Musée folklorique** de plein air dans l'**île de Seurasaari** (voir "Les îles d'Helsinki").

A partir d'Erottaja, le long du Bulevardi

Le **Bulevardi** (perpendiculaire à la Mannerheimintie), est la principale artère du somptueux quartier de Punavuori. Il mène vers Hietalahti et les chantiers navals. Son aspect, avec les anciens immeubles aux superbes façades, n'a pour ainsi dire pas changé depuis le début du siècle.

L'*hôtel Torni* dans l'**Yrjönkatu** (parallèle à la Mannerheimintie) abrite au 12e étage le rendez-vous classique des touristes : un petit bar intime, ouvrant sur un double balcon avec une vue panoramique grandiose sur la ville.

Pour le plus grand plaisir des amateurs, il reste encore à Helsinki quelques rares saunas publics. Les plus réputés de ces anciens saunas, les **bains tsaristes de Yrjönkatu**, ont été fermés un certain temps, mais leur réouverture est prévue pour bientôt.

Toujours dans l'Yrjönkatu, la Vieille Eglise (**Vanha Kirkko**), construite en 1826 d'après les plans d'Engel, présente toutes les caractéristiques du style de son architecte : piliers doriques, hautes fenêtres, coupole centrale. Réputée pour la qualité de ses orgues que l'on peut entendre lors des concerts spirituels, elle semble aussi être la préférée pour les cérémonies de mariage. Le petit square romantique d'à côté est un ancien cimetière. Une plaque apposée sur son portail rappelle qu'en 1710, les deux tiers de la population d'Helsinki sont morts de la peste.

A proximité, dans le parc, la statue d'Elias Lönnrot a été sculptée, en 1902, par Emil Wikström.

Le *café Ekberg,* un salon de thé-institution de la ville, n'est pas sans rappeler le café des Deux Magots à Paris.

L'édifice rougeâtre, richement ornementé, fut construit pour les régiments russes dans les années 1870. Théâtre musical à l'origine, il devint l'Opéra national à partir de l'indépendance. Son intérieur est fastueux, décoré de mille dorures.

A l'angle de Hietalahdenranta et du Bulevardi on trouve la plus vieille brasserie du pays, la *Sinebrychoff,* fondée en 1819 et toujours en activité. Les anciens bâtiments en briques rouges datent des années 1870.

Au bout du Bulevardi, la présence de la Baltique devient plus perceptible. Des odeurs marines et le vol plané des mouettes signalent la **place Hietalahti** et son marché aux puces appelé "la place Rouge", proches déjà des chantiers navals Wärtsilä. Ici on construit des brise-glace et de luxueux bateaux de croisière.

Parallèle au Bulevardi côté sud, la rue piétonne **Iso Roobertinkatu** aguiche le chaland par ses nombreux commerces. Outre ses galeries d'art et ses boutiques d'antiquités, le quartier offre aux noctambules saloons de musique country américaine et boîtes de strip-tease russe.

Les quartiers au sud du carrefour d'Erottaja

La **rue Erottajankatu** mène au musée des Arts appliqués (**Taideteollisuus Museo**), LE musée-phare en ce qui concerne l'histoire du design industriel. Créé dès 1873, il rassemble tous les noms qui ont compté dans l'histoire du design finlandais.

Tout près, sur la Kasarmikatu, le musée de l'Architecture finlandaise (**Suonen Rakennustaiteen museo**) réunit une importante collection de photographies, articles, livres, maquettes et films concernant les réalisations des architectes d'hier et d'aujourd'hui.

Plus au sud, dans le petit parc Saint-Jean (**Johanneksenpuisto** ou **Punanotkonpuisto**), l'église **Johanneksen kirkko** datant de la fin du siècle dernier, élance vers le ciel ses lignes majestueuses que prolongent des flèches en aiguille. Pour l'étranger de passage, ses deux clochers aigus sont un point de repère commode. L'église possède une excellente acoustique et ses chœurs sont réputés. S'y déroulent également des concerts de haut niveau. A proximité, on peut voir une statue à la mémoire de Topelius, œuvre de Ville Vallgren.

Plus au sud encore, en direction de la mer, on atteint **Eira**, le quartier résidentiel le plus huppé d'Helsinki. A côté de quelques vastes demeures du passé, plusieurs ambassades continuent à donner le ton à cette partie sud de la ville. L'Eira est bordé d'un parc dont certains sentiers s'échappent vers la mer tandis que d'autres remontent vers le parc de la Source. En voiture on suit la pointe sud de la péninsule d'Helsinki par la Merikatu, la rue de la Mer.

La pointe sud et le parc de la Source

Au sud du Kauppatori, la petite butte de l'Observatoire (**Tähtitornivuori**) et, un peu plus loin le grand parc de la Source (**Kaivopusto**), gardent encore quelque chose de la calme distinction et des élégances du milieu du siècle dernier.

Helsinki était alors une ville d'eau animée et cosmopolite. Le tsar Alexandre II qui souhaitait faire de la capitale du grand-duché une ville élégante, digne de l'Empire russe, ordonna aux hauts fonctionnaires et aux officiers de s'installer dans cette partie d'Helsinki. Sous le règne répressif de Nicolas Ier, les bourgeois de Saint-Pétersbourg furent invités à ne prendre les eaux qu'à Helsinki puisqu'il y avait là une source thermale. Il était par ailleurs interdit de voyager en Europe centrale, le tsar craignant que les idées nationalistes ne se répandissent dans l'empire. Un vapeur assurait la liaison régulière de Saint-Pétersbourg à Helsinki. Ainsi, en un temps où la Finlande n'existait pour ainsi dire pas politiquement, sa capitale revêtait une élégance architecturale qui faisait l'admiration de tous les voyageurs. Cependant, en 1850, une épidémie de choléra mit fin aux fastes du grand-duché.

L'**Observatoire** ferme la perspective de la rue Unionkatu. D'ici, la vue est superbe sur la cathédrale Uspenski, la cathédrale luthérienne d'Engel, la mer, les îles, les bateaux, Soumenlinna, et sur la ville quî s'étend loin au nord et à l'ouest. Sur le rivage en bas, le Pavillon olympique bâti en 1952 pour les Jeux olympiques d'Helsinki présente sa façade de brique jaune.

L'énorme ambassade soviétique en roche granitique a été construite en 1951 aux frais de la Finlande à titre de dommages de guerre.

La rue Ullankatu se termine au rond-point, à l'endroit où se dresse l'**église Saint-Henrik** (catholique romaine), dédiée au patron de la Finlande, et bâtie en 186O pour les officiers polonais servant dans l'armée impériale.

Partant du rond-point, plusieurs belles allées bordées de bouleaux et de sorbiers traversent le parc de la Source (**Kaivopuisto**), l'un des plus beaux d'Helsinki. Une allée d'arbres datant de la période des tsars mène au charmant pavillon en bois, unique rescapé de l'établissement thermal, jadis fréquenté par des princes russes et la haute société. Ce pavillon qui, lors des saisons thermales, avait été le théâtre des fêtes impériales, est reconverti aujourd'hui en restaurant chic avec dîners dansants, le *Kaivohuone night-club.* A côté du restaurant, un "Arbre de l'Indépendance", planté en 1918, commémore l'accès du pays à l'autonomie.

Sur la butte, au pied de la statue du naturaliste et explorateur polaire, Nordenskiöld, les étudiants se retrouvent tous les 1er Mai au petit matin pour boire du champagne en l'honneur du retour du printemps. Mais les événements les plus marquants de la belle saison sont les grands concerts gratuits de plein air sponsorisés par la municipalité. Les dimanches de beau temps, ces concerts preuvent réunir jusqu'à 50 000 spectateurs qui profitent de la clémence de l'été nordique dans une ambiance bon enfant.

Par beau temps, sur les pontons des rives sud du parc de la Source, on vient en famille, aujourd'hui encore, laver ses tapis dans l'eau peu polluée de la Baltique.

Couvrant une grande partie de la pointe sud d'Helsinki, le parc de la Source est entouré de grands bâtiments résidentiels parmi lesquels les ambassades de France, de Grande-Bretagne et des Etats-Unis.

A l'intérieur du parc, les charmantes anciennes demeures en bois furent bâties par les commerçants russes à la fin du XVIIIe siècle. Aujourd'hui, deux d'entre elles abritent un musée : la galerie d'art Cygnaeus (Kalliolinnantie 8) et le musée Mannerheim (Kalliolinnantie 14).

La **galerie d'art Cygnaeus** (Cygnaeuksen Galleria), occupe la ravissante villa d'été à tourelles que Frederik Cygnaeus fit construire, en 1870. Le professeur Cygnaeus, fils de l'évêque luthérien de Saint-Pétersbourg mais né à Hameleninna, fonda le Théâtre suédois d'Helsinki et fit parti des ardents partisans de la fennisation et de l'indépendance aux côtés de Lönnrot et Snellman.

En face de la galerie Cygnaeus, le musée Mannerheim (**Mannerheim museo**) est installé dans une grande et austère villa blanche de 1873, transformée en musée après la mort du maréchal.

Les quartiers excentrés Nord et Est

C'est une partie de la capitale où le touriste se rend rarement, mais qu'il traverse obligatoirement pour emprunter les routes conduisant jusqu'en Laponie, ou plus simplement pour gagner Porvoo ou l'aéroport de Vantaa.

Dans la banlieue Nord-Est, le **musée Arabia** (Hämeentie 135), expose des porcelaines décoratives et utilitaires de la marque Arabia, vieille de cent ans. *Ouvert de 10h à 17h, nocturne le lundi jusqu'à 20h, samedi de 9h à 14h, le dimanche de 10h à 16h.*

LES ILES D'HELSINKI

Helsinki s'égrène en un chapelet d'îles si bien reliées à la terre ferme par des ponts et des lignes de métro qu'on en oublie presque leur caractère insulaire. Néanmoins, sillonnant les eaux qui baignent Helsinki, un trafic régulier de bateaux est mis à la disposition des voyageurs désirant se rendre dans les îles.

Suomenlinna "l'île historique"

Incontournable ! La forteresse Soumenlinna, bâtie sur plusieurs îles dans la rade d'Helsinki, comporte des tunnels qui ressemblent à des caves et des meurtrières à canons d'une rare beauté ! Apportez appareils photos et flashs et offrez-vous une promenade sur les ramparts battus par le vent du large ! On trouve, dans les parages, deux galeries d'art, une église reconvertie en phare, un sous-marin transformé en musée, des cafés et un restaurant.

Située à mi-chemin entre l'Ouest et l'Est, Helsinki a depuis toujours été prise en étau entre deux superpuissances. La "Forteresse de Finlande" (*Suomenlinna* en finnois), fut édifiée en 1748 par l'amiral suédois Augustin Ehrenswärd sur un groupe d'îles et d'îlots dans la rade d'Helsinki afin de défendre la ville contre l'expansionnisme russe. D'abord nommée Sveaborg (forteresse de Suède, la Finlande faisant à l'époque partie du royaume de Suède), cette solide forteresse qui passa longtemps pour inviolable, fut considérée comme le Gibraltar du Nord, et chargée de protéger ce lointain recoin d'Europe contre la menace orientale. L'ironie de l'Histoire a voulu qu'en 1809 elle se fût rendue sans combat aux Russes, entraînant avec elle le destin de toute la Finlande. Sous le règne des tsars, la forteresse prit le nom de Viapori. Vers 1850, pendant la guerre de Crimée, elle eut l'occasion de défendre efficacement la Russie contre les forces navales de la France et de l'Angleterre.

En 1918, après la guerre d'indépendance de la Finlande, elle prit le nom de Suomenlinna. Les bulbes du clocher de son église, symboles de la religion orthodoxe de l'Est, furent abattus et remplacés par un fanal.

Aujourd'hui, le site est occupé par une communauté d'artistes. On y vient visiter galeries et musées, assister aux représentations du théâtre d'été, ou simplement pour se promener, se baigner, s'étendre sur l'herbe des fortifications.

Suomenlinna se compose de deux îles principales : **Susisaari** et **Iso Mustasari**. Près du pont qui les relie se trouve le bureau d'informations touristiques. A partir de l'embarcadère, un sentier monte vers les ruines du **château Ehrensvärd**. La cour, accessible par une porte à herse, est la partie la mieux préservée de la forteresse. Le tombeau du comte Ehrensvärd fut dessiné par le roi suédois, Gustave III. Le Ehrenswärd museo est installé dans le bâtiment voisin. *Ouvert tous les jours de 10h à 17h.* Le théâtre d'été s'est logé dans un bastion à proximité. L'Armfelt museo expose le mobilier et des souvenirs de la famille Armfelt. *Ouvert tous les jours de 11h à 17h30.* Le Centre d'art nordique, créé en 1978, a été aménagé dans une vieille caserne.

Un passage souterrain mène à la porte du Roi (**Kuninkaanporti**), près de laquelle le *restaurant Walhalla* est installé sous une voûte de la forteresse. Spécialités de perdrix des neiges et de viande de renne. ✆ (9) 0 668 552.

L'ancienne **église militaire russe** dont le clocher a été transformé en phare, et le **musée des Poupées** sont situés sur Iso Mustasaari.

Au retour, le ferry passe près des **îles Valkosaari** dont l'une accueille le pavillon du *Yacht Club* et le restaurant d'été le *Klippan* (l'Écueil) avec des orchestres, de la musique live, et quelquefois, des raouts tapageurs.

Seurasaari "l'île du folklore"

Le **musée de plein air** sur l'île de Seurasaari à 5 km du centre-ville. (Bus n°24 à partir du carrefour Erottaja jusqu'à Meilahti, et vedettes en été à partir du Kauppatori).

Ce musée ethnologique restitue de nombreuses fermes provenant de différentes régions de Finlande, remontées ici avec leurs greniers et fenils. Les intérieurs paysans ont conservé leur aspect d'autrefois.

Chaque été, Seurasaari organise de nombreuses manifestations folkloriques telles que la très populaire fête de la Saint-Jean avec son grand feu traditionnel. L'île a aussi sa plage de baignade (nudiste) et un restaurant ouvert pendant l'été. *Ouvert tous les jours de 11h30 à 17h30.*

Korkesaari "l'île au zoo"

Loin d'offrir le charme et l'intérêt historique de Suomenlinna, l'île de Korkesaari, à quelques encablures du port Sörnäinen, possède, en revanche, un zoo. On y trouve la faune originaire des régions froides et de haute montagne, dont le tigre de Sibérie, le panda commun, le bœuf musqué, le léopard des neiges.

Le **zoo d'Helsinki**, *ouvert tous les jours de 10h à 20h.* Vedettes au départ du Kauppatori et de Hakaniemi. Prix A/R adultes FIM 33 (entrée du zoo comprise). Accès par voie de terre possible en passant par Mustikkamaa.

Pihljasaari "l'île aux plages"

Les îles Pihljasaari ou les "îles aux Sorbiers" proches d'Helsinki, sont néanmoins situées assez loin pour offrir un site parfait, ourlé de belles plages de sable fin alternant avec des pointes rocheuses.

Elles ont la préférence des estivants et des familles qui y viennent passer la journée et pique-niquer.

Ces deux îles sont reliées entre elles par une passerelle. Sur l'île occidentale le visiteur trouvera des plages, des petites cabines de bain, des kiosques et un café ouvert pendant l'été.

Sur l'île orientale, des cuisines de camping sont mises à la disposition du public.

Traversée 15 mn en bateau durant l'été seulement (mai à septembre), départ du port Merisatama, à l'extrémité sud de la rue Laivurinkatu.

■■ L'ARRIVEE A HELSINKI

■ Par avion

L'aéroport d'Helsinki-Vantaa se trouve à 20 km au nord de la capitale. Une navette Finnair dessert la gare ferroviaire au centre de la ville, départ tous les quarts d'heure entre 5h et 24h. Le trajet dure approximativement 25 minutes.

Informations sur les vols : ✆ 9700-8100.
Un "libre service" de réservation hôtelière fonctionne à l'aérogare. Il n'y a pas de billetterie Visa (ni d'autres cartes de crédit), seulement un automate pour changer les billets de banque en marks finlandais. Attention, ce dernier est situé à l'intérieur de l'aérogare, avant la douane. Prévoyez donc de la monnaie locale si vous voulez prendre le bus (FIM 22) qui va à la gare ferroviaire d'Helsinki où se trouve un bureau de la Finnair. Certains taxis, cependant, prennent les cartes de crédit. Le trajet pour le centre-ville revient à environ FIM 130.

Les "taxis jaunes" (✆ 22 002 500), sorte de minibus regroupant plusieurs clients, coûtent environ FIM 50 pour le même trajet.

■ Adresses de compagnies aériennes

Finnair - Aleksaanterinkatu 17. ✆ (9) 0 818 800.
SAS - Keskuskatu 7A. ✆ (9) 0 175 611.
Aeroflot - Mannerheimintie 5. ✆ (9) 0 659 655.

Par train

La **gare centrale ferroviaire** (**Rautatieasema**) dans le centre-ville, est superbe avec sa magnifique façade, fleuron de l'Art nouveau finlandais, et... son casino. Différant en cela des autres peuples scandinaves, les Finlandais sont très joueurs, à l'instar des Asiatiques et des Australiens.

Des trains partent quotidiennement pour Saint-Pétersbourg et Moscou, ainsi que pour toutes les destinations intérieures.

Informations : ✆ (9) 0 101 0115. Situé près de la gare, un bureau de logement s'occupe de la réservation de chambres d'hôtels : Hotellikeskus - Rautatieasema - 00100 Helsinki. ✆ (9) 0 7071

Par bateau

Le **port des ferries** se trouve à **Eteläsatama** (port sud), dans le centre-ville. Le ferry en provenance de Stockholm arrive quotidiennement à 9h du matin et repart à 18h. Les autres destinations desservies régulièrement sont Travermünde en Allemagne, Gdansk en Pologne et Tallin en Estonie. En été, le service des ferries est plus étendu.

Informations concernant les liaisons avec Stockholm et les croisières dans la Baltique : ✆ (9) 0 180 41 (Silja Line) ou (9) 0 123 52 (Viking Line). Liaisons avec la Pologne : ✆ (9) 0 626 480, et avec la Russie : ✆ (9) 0 658 733.

Ferries pour Tallin : ✆ (9) 0 228 211 (Tallink). Ferries pour Travermünde : ✆ (9) 0 180 41 (Finnjet).

La circulation

Vue par les fenêtres d'une voiture, Helsinki a l'aspect embouteillé de toute grande ville. Mais la capitale finlandaise n'étant pas une grande métropole, ses embouteillages résultent seulement de sa situation géographique : une étroite presqu'île qui s'avance dans le golfe de Finlande.

Bien qu'il y ait pas mal de monde dans les rues centrales d'Helsinki aux heures de pointe, on n'y assiste jamais à un étranglement complet. Attention cependant aux rues à sens unique.

Enfin, le dimanche, la petite métropole, épuisée par son agitation de la semaine, se laisse envahir par une torpeur incoercible.

Les transports en commun

Les transports en commun, les *Helsingin Kaupangln Liikennelaitons* (*HKL*), comprennent bus, tram, métro et ferry jusqu'à l'île de Suomenlinna.

Les bus et les tramways assurent la plus grande partie des transports publics. Les départs sont fréquents, mais les itinéraires ne sont détaillés qu'aux stations de départ et de terminus. Plans et horaires sont disponibles aux guichets HKL. L'un de ces guichets se trouve dans la station de métro de la gare centrale (Rautentientori).

Des carnets de dix tickets sont en vente dans les kiosques à journaux (*R-Kioski*). Des tickets à l'unité sont vendus par les conducteurs des bus ou des trams. Il ne faut pas oublier de les composter.

Pour un trajet dans le centre, le titre de transport à l'unité coûte FIM 9, un carnet de 10 tickets FIM 75. Le transfert sur une autre ligne (bus ou tram) est valable pendant une heure (après le compostage du billet), sur les bus, trams, métros, trains locaux et le ferry pour l'île de Suomenlinna. **Informations** : ✆ 101 0111.

Il n'est pas difficile de frauder dans les transports en commun, mais les contrôles sont fréquents et une amende coûte environ FIM 200.

Bus. La plupart des bus (qui sont bleus) partent soit du dépôt central entre Mannerheimintie et la station de métro Kamppi, soit de la place de la gare ferroviaire (Rautationtori).

Tramway. Vert-jaune ou rouges, les trams font partie du paysage de la capitale. Le tram 3T (3B dans la direction opposée) ou le "tram des touristes" passe devant plusieurs monuments intéressants.

Métro. Son unique ligne traverse Helsinki d'est en ouest. Aucun risque de s'y égarer ! Les rames circulent de 6h à 23h30. Les tickets sont également en vente dans des distributeurs automatiques.

La "carte Helsinki". Valable de 1 à 3 jours, elle donne libre accès aux transports en commun et à la plupart des musées et monuments (48 en tout). Son prix est de FIM 105 à 165 selon le nombre de jours.

Taxis. Toujours une prise en charge (flagfall) d'environ FIM 10, ce qui rend les petits trajets chers. Si vous voulez faire des économies, pensez à commander pour l'aéroport un taxi jaune. C'est une sorte de minibus qui ramasse des clients dans les hôtels de la ville, ce qui lui permet d'offrir des tarifs raisonnables (environ 50 FIM)

■ Locations de voitures à Helsinki

On trouve leurs adresses dans les pages jaunes du bottin sous la rubrique *"Autovuokraamoja"*. Les plus grosses compagnies sont les suivantes :

Avis - Pohjoinen Rautatiekatu 17. ✆ (9) 0 441 155, et à l'aéroport.

Budget - A l'hôtel Inter-Continental, Mannerheimintie 46. ✆ (9) 0 497 477.

Hertz - Mannerheimintie 44. ✆ (9) 0 446 910, et à l'aéroport..

Europcar/Interrent - Hotel Hesperia. ✆ (9) 0 493 973, et à l'aéroport.

Lacara - Hämeetie 12. ✆ (9) 0 719 062.

Scandia Rent - Pietrinkatu 12. ✆ (9) 0 633 194.

Toyota Rent - Visbynkatu 3. ✆ (9) 0 8518 3203.

Vehorent - Höyläämötie 4. ✆ (9) 0 6954 3222.

■ Location de vélos

Cat Sport - Töölönlahti (près du palais Finlandia). ✆ 949 40 4012.

■■ PRATIQUE

L'Office du tourisme d'Helsinki - Pohjoisesplanadi 19 (sur la double Esplanade près du port et de la place du Sénat). ✆ (9) 0 169 3757 ou 174 088. Ouvert en semaine de 8h30 à 18h, le samedi de 8h à 13h. On vous distribuera, gratuitement, un plan de la ville, une liste des manifestations, restaurants, boîtes de nuits, etc.

L'Office du tourisme de la Finlande - Eteläesplanadi 4 (pratiquement en face). ✆ (9) 0 403 01300. Ouvert en semaine de 9h à 16h. Brochures touristiques de toutes les régions de la Finlande.

Guides. ✆ (9) 0 601 966.

Poste. Les bureaux de poste sont ouverts de 9h à 17h en semaine. Le bureau principal se trouve au n°11 de la Mannerheimintie (près de la gare). La poste restante y est ouverte de 9h à 21h en semaine et de 11h à 21h le dimanche. Il y a également un bureau de change pour l'argent liquide et des travellers.

Banques. Le bureau de change de l'aéroport d'Helsinki-Vantaa est ouvert tous les jours de 6h30 à 20h30. En dehors de ces horaires, il vaut mieux avoir assez de FIM sur soi pour prendre la navette pour le centre (ou appeler un taxi qui accepte des cartes de crédit).
La *Postipankki,* près du terminus de la navette, qui est située en face de la gare ferroviaire dispose d'une billetterie ouverte 24h/24h où l'on peut retirer des marks avec une carte bleue française. Les horaires d'ouverture sont de 9h15 à 16h15 en semaine.

Hôpitaux. Service d'urgence à toute heure à l'hôpital de Meilahti - Haartmaninkatu 4 - Helsinki. ✆ 47 11.

Numéros utiles. Informations santé 10023, consultations (également à domicile), soins dentaires 736 166, premier secours 112.

Pharmacies, ouvertes 24h sur 24h, Yliopiston Aptekki - Mannerhimintie 96. ✆ (9) 0 415 778.
La *Pharmacie d'Helsinki* - Mannerheimintie 5, ✆ (9) 0 179 092) - est ouverte tous les jours de 7h à 24h. Renseignements sur les autres pharmacies de garde au (9) 0 415 778.

Objets perdus. Le bureau des objets perdus au centre de la police, ✆ 189 3180.
- à la gare ferroviaire, ✆ 707 3216,
- à la gare routière, ✆ 642 744.

Magasins. Excepté quelques supermarchés et boutiques du hall souterrain attenant à la gare d'Helsinki, les magasins sont fermés le dimanche et les jours de fête.
Un magasin Alko est installé au rez-de-chaussée du grand magasin Stockmann.

Médias. La presse internationale est en vente dans les kiosques portant l'enseigne "R-Kioski", à la gare centrale, à l'aéroport et dans certaines librairies comme la *librairie de l'Académie* - Pohjois Esplanadi 39 et Soumalainen Kirjakauppa - Aleksanterinkatu 23.

Parkings. Quelques places sont réservées pour les touristes près de la place du Sénat et à la gare centrale.
Il y a deux grands parkings publics dans le centre-ville : Forum-parkkihalli, Mannerheimintie 2O et City Paikoitus Oy, Kaivokatu 8.
Et aussi des parkings couverts : Autotalon Autohalli - Runeberginkatu 3 • City-Paikoitus - Hotel Ramada Presidentti parkering - E. Rautaaatiekatu 4 • Forum parkering - Simoninkatu 2 • Hotel Inter-Continental parkering - Mannerheimintie 46-48 • Skillnadens Parkeringshall - Georgkatu • Sorjon Yhtymä Oy - Petersgatan 6 • Stockmans parkering - Keskuskatu 2

Laveries automatiques. *Rööperin pesulapalvelut,* Punaveeorenkatu 3. ✆ (9) 0 622 1146. Ouvert en semaine de 8h à 20h, samedi de 9h à 14h, dimanche de 12h à 16h.
Easywash, Runeberginkatu 47. ✆ (9) 0 406 982. Lundi-jeudi de 10h à 28h, vendredi-dimanche 10h à 18h.

■ Les adresses francophones

Consulat général de France - Itäinen Puistotie 13 - 00140 Helsinki. ✆ (9) 0 171 521 - Fax 174 440.

Deux églises catholiques romaines : l'église Saint-Henri - Puistokatu 1 et l'église Sainte-Marie - Mäntytie 2.

Lycée français, Raumantie 4 - 003500 Helsinki. ✆ (9) 0 56 1551. Cercles, clubs...

■ Les adresses pour les jeunes

"Kompassi" est un point d'informations et de rencontres pour les jeunes. Lasipalatsi - Simonkatu 1 - 00100 Helsinki. ✆ (9) 0 612 1863.

Pour des voyages d'étudiants, s'adresser à **Kilroy Travel** - Mannerheimintie 5 C - 00100 Helsinki. ✆ (9) 0 624 101 - Fax 651 528.

Plusieurs **clubs internationaux d'étudiants** : Foreign Student Adviser's Office - Université d'Helsinki - Fabianinkatu 33 - 00170 Helsinki. ✆ (9) 0 191 2604.

■■ SE LOGER

Hotel Booking Centre, gare centrale. ✆ (9) 0 171 133 - Fax 175 524. *Ouvert de 9h à 19h, le dimanche de 10h à 18h.*

■ Auberges de jeunesse

Kallio Youth Hostel - Porthaninkatu 2. ✆ (9) 0 7099 2590. *Lo lit FIM 50 (draps compris).* En plein centre, le mieux situé et le plus propre. Mais seulement 30 lits. Métro jusqu'à Hakaniemi ou trams n° 1, 23B ou 3T. Pas de cafétéria, mais cuisine équipée, machine à laver et consigne.

Stadionin Retkeilymaja - Pohjoinen Stadionintie 3B. ✆ (9) 0 496 071. *200 lits répartis dans plusieurs dortoirs, à partir de FM 40 le lit.* Située à l'intérieur du stade olympique, c'est probablement l'auberge la plus visitée, mais aussi la plus ingrate de toutes les auberges de jeunesse finlandaises. Pour s'y rendre, traverser les parcs, ou prendre les trams 3T, 3B, 7A ou 7B. Attention, souvent complet en été.

Erottajanpuisto hostel - Uudenmaankaatu 9-11. ✆ (9) 0 642 169 - Fax 680 2757. Hébergement bon marché au cœur d'Helsinki.

Eurohostel - Linnankatu 9 (sur l'île de Katajanokka). ✆ (9) 0 664 452 - Fax 655 044. *Chambre double : FIM 190. Cuisine et salle de bains à chaque étage, sauna au dernier. Il y a aussi une machine à laver et un restaurant ouvert tard : petit déjeuner FIM 25, déjeuner FIM 35, dîner FIM 35-50.* Trams 4 ou 2. Dans un bâtiment rénové, 135 chambres pour une, deux ou trois personnes.

■ Hôtels d'été

L'Academica - Hietaniemenkatu 14. ✆ (9) 0 402 0206 - Fax 441 201. *Chambre double FIM 210 avec toilettes et lavabo privés, plaque chauffante et réfrigérateur.* A 10 minutes à pied de la gare. Une résidence d'étudiants de 217 lits qui fonctionne comme un hôtel en été, ouvert du 1er juin au 1er septembre.

Satakunnantalo - Lapinrinne 1A. ✆ (9) 0 695 851 - Fax 694. 2226. *Chambre double FIM 220, douche et toilettes communes.* Encore une résidence d'étudiants à 66 lits qui fonctionne en tant qu'hôtel du 1er juin au 31 août. A un quart d'heure de la gare à pied ou bus 55.

■ Bed & Breakfast

Bed ✆ Breakfast - Gallen-Kallenlantie 7. ✆ (9) 0 519 519. *100 chambres. A partir de FIM 100 par personne.*

Good Morning Hotels Helsinki - Metsäläntie 2. ✆ (9) 0 799 055 - Fax 791 541. *76 chambres. Prix d'une chambre double FIM 200 à 360.*

■ Appartements

Finnapartments Fenno - Franzeninkatu 26 (banlieue Kallio). ✆ (9) 0 773 1661 - Fax 701 6889. *100 lits. Chambre double de FIM 270.*

■ Guest Houses Auberges (classées selon prix)

Matkustajakoti Clairet - Itäinen Teatterikuja 3. ✆ (9) 0 656 695. *Chambre double FIM 250.*

Matkustajokoti Erottajanpuisto - Uudenmaankatu 9. ✆ (9) 0 642 169. *Chambre double FIM 250.*

Matkustajakoti Mekka - Vuorikatu 8B. ✆ (9) 0 630 265.

Kongressikoti - Snellmaninkatu 15. ✆ (9) 0 135 6839. *Seulement 10 chambres, chambre double FIM 280.*

Matkustajokoti Lönnrot - Lönnrotinkatu 16. ✆ (9) 0 693 2590. *Chambre double FIM 290.*

Pensionat Regina - Puistokatu 9. ✆ (9) 0 656 937. *Chambre double FIM 300.*

■ Hôtels (classés selon prix)

Le standing des hôtels n'est pas toujours à la hauteur de leurs étoiles. La mentalité nordique et l'habitude d'un climat rude sont probablement à l'origine des surprises telles que l'absence de baignoire dans une salle de bains d'un hôtel de 5 étoiles, ou encore cette façon de faire le lit qui ressemble à un padding entre deux draps !

Finn - Kalevankatu 3. ✆ (9) 0 640 904. *Chambre double FIM 300.*

Anna - Annankatu 1. ✆ (9) 0 648 011 - Fax 602 664. *Chambre double de FIM 390 à 520.* Dans une rue calme du centre, un hôtel de 60 chambres sympathique et moderne.

Ursula - Paasivuorenkatu 1. ✆ (9) 0 750 311 - Fax 701 4527. *Chambre double FIM 500.* Dans le centre, métro Hakaniemi. Façade un peu décrépie, mais 32 chambres spacieuses et confortables.

Marttahotelli - Uudenmaankatu 24. ✆ (9) 0 646 211 - Fax 680 1266. *Chambre double à partir de FIM 560.* Petit hôtel plaisant de 45 chambres.

Helka - Pohjoinen Rautatiekatu 23A. ✆ (9) 0 44 0581 - Fax 441 087. *Chambre double de FIM 610 à 700.* Un hôtel bien situé à dix minutes de la gare centrale. 161 chambres claires, belles et spacieuses.

■ Confort et charme

Seurahoune Socis - Kaivokatu 12. ✆ (9) 0 170 441 - Fax 664 170. *Chambre double de FIM 460 à 1300.* Hôtel de 118 chambres situé juste en face de la gare centrale. Beaucoup de classe.

Klaus Kurki - Bulevardi 2. ✆ (9) 0 618 911 - Fax 608 538. *Chambre double FIM 840 (les week-ends d'été FIM 495).* Un hôtel de la chaîne *Sokos,* situé à proximité du centre commercial Forum et des grands magasins Stockmann. 135 chambres confortables. Ambiance feutrée. Grill-bar chaleureux.

Helsinki - Hallituskatu 12. ✆ (9) 0 131 401 - Fax 176 401. *Chambre double FIM 690.* Hôtel de la chaîne *Sokos,* 129 chambres, catégorie tourisme, bon confort, admirablement situé au cœur de la ville, à égale distance de la gare, du port et de la place du Sénat.

■ Une idée du luxe

Ses nombreux hôtels de grand luxe confèrent à Helsinki un prestige international favorisant des rencontres au sommet aussi fréquentes sous ces latitudes septentrionales que dans les palaces blottis sous les palmiers.

Hesperia - Mannerheimintie 50. ✆ (90) 43 101 - Fax 431 0995. *Chambre double FIM 1020.* Un hôtel de la chaîne *Sokos,* à la belle architecture "design finlandais" et au légendaire confort nordique. Situé à l'orée du parc du même nom qui s'étend jusqu'aux rives du Töölö, et à deux pas du Finlandais Hall, l'Hesperia, ouvert en 1972, a été complètement rénové en 1986. Il présente un choix de 384 chambres luxueusement meublées et plusieurs restaurants dont le *Russian Room* de cuisine pétersbourgeoise et au décor résolument impérial. On y trouve également un restaurant informel, le *Fransmanni,* un night-club, sans doute le plus célèbre d'Helsinki, et des saunas à la disposition des clients de l'hôtel, le matin de 8h à 10h.

Ramada Presidentti - Eteläinen Rautatiekatu 4. ✆ (9) 0 6911 - Fax 694 7886. *Chambre double FIM 920.* Un hôtel de 495 chambres. La roulette américaine y tourne depuis trois ans au *Casino Ray* (ouvert de midi à 4h du matin) et, depuis la chute de l'ex-URSS des barmaids aux seins nus officient dans la boîte de nuit *Hype-Club.*

Le Strand Inter-Continental - John Stenberginranta 4. ✆ (90) 39 351 - Fax 393 5255. *Chambre double FIM 1290, mais 50 % de réduction les week-ends d'été.* Près du square Hakaniemi, l'un des hôtels les plus récents d'Helsinki (et le plus cher). 200 Chambres.

Inter-Continental - Mannerheimintie 46-48. ✆ (9) 0 40 551 - Fax 405 5255. *Chambre double de FIM 900 à 1200 (50 % de réduction pendant les week-ends d'été).* Hôtel de 555 chambres, à quelques pas du fameux palais Finlandia. Deux restaurants, deux bars et, commodité supplémentaire, il est situé dans le même bâtiment que l'Air Terminal.

Grand Marina - Katajanokanlaituri 7. ✆ (9) 0 16 661 - Fax 664 764. *Chambre double de FIM 650 à 750.* Dans des entrepôts portuaires rénovés en 1992, un hôtel de luxe de 462 chambres.

Torni - Yrjönkatu 26. ✆ (9) 0 131 131 - Fax 131 1361. *155 chambres. Chambre double FIM 790.* Encore un rejeton de la chaîne Sokos. Torni veut dire "tour" et cet hôtel fut pendant longtemps le plus haut bâtiment du centre-ville.

Vaakuna - Asema-aukio 2. ✆ (9) 0 131 101 - Fax 1311 8234. *Chambre double FIM 880.* Encore et toujours la chaîne *Sokos.* Un hôtel de 288 chambres, situé en face de la gare centrale.

Palace Hotel - Eteläranta 10. ✆ (9) 0 134 561 - Fax 654 786. *Chambre double à partir de FIM 920.* Hôtel de 50 chambres. De son American Bar, vue imprenable sur le port sud (Kauppatori).

Marski - Mannerheimintie 10. ✆ (90) 68 061 - Fax 642 377. *Chambre double de FIM 650 à 950.* Appartient à la chaîne *Arctia.* 232 chambres, en plein centre de la capitale. Un Fizz Bar, un restaurant gastronomique Kellari, une boîte de nuit et plusieurs salles de banquet et de bal pouvant accueillir jusqu'à 1 200 personnes.

RESTAURANTS

La ville compte quelques centaines de restaurants. En outre, grâce aux liens historiques avec le vieux Saint-Pétersbourg, Helsinki possède aujourd'hui quelques-uns des meilleurs restaurants russes du monde

Jusque dans les années 1960 les hommes sortaient dîner entre eux, et les sévères portiers des restaurants n'y laissaient entrer aucune femme seule. En été, toujours entre hommes, les Finlandais se rendaient au casino et dans les établissements balnéaires.

Solutions alternatives pour se nourrir

Achetez du poisson fumé au marché Kauppatori et pique-niquez sur le port ou sur les marches de la place du Sénat.

Sur l'Esplanade, snacks finlandais et ambiance garantie : le rez-de-chaussée du shopping center "Forum" regroupe de petits restaurants et des salad-bars.

Après la fermeture des restaurants et à l'heure des sorties des cinémas, des queues se forment devant les nombreux *grillis* et *snägäri* vendant des hamburgers et des *makkara*. Dans cette catégorie, le **Jaskan Grilli**, sur la Töölönkatu, derrière le Musée national, est l'un des meilleurs. Le **Tepan Grilli**, sur la place Hakaniemi, reste ouvert jusqu'à 3h du matin. Les kiosques près de la gare centrale sont les plus chers.

On trouve également aujourd'hui des restaurants grecs pas chers, quelques taco-bars et des fast-food sous l'enseigne locale *Carrol.*

Déjeuners à prix fixe

A l'heure du déjeuner, nombre de restaurants proposent des menus à environ FIM 30 comprenant une salade, du pain et une boisson (souvent du lait). Le moins cher d'entre eux est le **Lähetysruokala** dans la rue Alppikatu (Kallio). Dans le même coin, le **Alppimaa** dans la Castreninkatu 3 et le **Suola ja pippuri** (Sel et Poivre), ouvert entre 14h et 15h pour le déjeuner seulement et bon marché également. Le **Kolme Kruunua** dans la Liisankatu 5, est un survivant des années 30, célèbre pour ses *lihapullat* (boulettes de viande) à moins de FIM 40. Son menu déjeuner est à FIM 45.

Buffet nordique, le célèbre "smörgåsbord"

Kaspian - Albertinkatu 7. *Buffet-déjeuner en semaine pour FIM 35.* La carte comprend steaks, poissons et poulets aux pommes et noix.

Restaurants "bien et pas chers"

***Kuu - Töölönkatu 27, ✆ (9) 0-443 3O8.** Situé non loin du restaurant en vogue Elite, le déjà ancien bar Kuu, plus petit et plus bruyant, est le favori des jeunes artistes. On y sert des repas légers, pas trop chers. Des groupes de jazz locaux s'y produisent le deuxième lundi de chaque mois.

***Page - Keskuskatu 3. ✆ (9) 0 175 655.** Un établissement dans le vent pour voir et être vu au premier étage de l'immeuble Rautalo de l'architecte Alvar Aalto, tout près de la librairie Akademika (d'Aalto également). De 11h à 15h, le buffet-déjeuner à FIM 40, avec vue sur le centre affairé, a beaucoup de succès auprès des jeunes cadres chic de la capitale. Dîner à la carte à partir de 16h. Le soir s'y produisent des orchestres costauds finlandais tels le "22-Pistepirkko" et "Poverty Stinks". Ouvert jusqu'à 2 ou 3h toutes les nuits, entrée payante les week-ends.

***Kosmos - Kalevankatu 3. ✆ (9) 0 647 255.** Les branchés du show-biz finlandais ont un faible pour le Kosmos qui a résisté à la tentation de se moderniser à tout prix et garde une atmosphère de restaurant finlandais distingué. Il permet un bon aperçu de l'ambiance nocturne de la capitale, parfois très bruyante et embrumée des vapeurs de l'alcool. Avec un peu de chance, on peut y rencontrer les frères Kaurismäki, célèbres cinéastes finlandais, donnant du piquant aux piliers de bar composés principalement d'auteurs et de journalistes. A l'heure du déjeuner le *Kosmos* se remplit de jeunes cadres et d'hommes d'affaires.

Ostrobotnia - Dagmarinkatu 2. ✆ (9) 0 408 602. Cuisine finlandaise traditionnelle et internationale. Prix raisonnables.

***Kellarikrouvi - Pohjoinen Makasiinkatu 6. ✆ (9) 0 179 021.** Service de 11h à 23h30. Bar au rez-de-chaussée jusqu'à 1h. Une des sorties favorites des habitants de la ville. Dans une cave médiévale décorée à la médiévale, plats typiques et serveuses en tenue traditionnelle.

■ Restaurants russes

La meilleure cuisine russe est souvent servie hors de ses frontières d'origine et Helsinki est bien placée pour la représenter plus qu'honorablement.

"Nous connaissons bien sûr aussi le Russe mélancolique à l'ivresse exubérante qui chante des romances sentimentales, accompagne sa vodka de cornichons Molossol et vous embrasse sur la bouche" - Arto Paasilinna.

***Alexander Nevski - Pohjois Esplanadi 17. ✆ (9) 0 639 610.** Hyperchic et cher avec musiciens et violons tsiganes tous les soirs. Grande cuisine russe au cœur de la ville.

Saslik - Neitsytpolku 12. ✆ (9) 0 170 544. Un restaurant russe de bonne réputation. Derrière la lourde porte en bronze, le décor de plusieurs salons privés, restitue l'atmosphère russe traditionnelle, comme le sont également la cuisine du temps des tsars et les sons nostalgiques de la balalaïka. *Bortsch* FIM 36, *blini* aux œufs de poissons FIM 75, *saslik* mariné à la subrowka FIM 96, et enfin un rôti d'ours FIM 435. La vodka se boit ici cul sec, *"pashalusta"* !

Nikolai - Aleksanterinkatu 22. ✆ (9) 0 656 722. Près de la place du Sénat. Cuisine russe et finlandaise dans d'anciennes caves ayant jadis servi de prison.

Bellevue - Rahapajankatu 3 (Katajanokka). ✆ (9) 0 179 560. A deux pas de la cathédrale orthodoxe Uspenski, Bellevue est un élégant restaurant russe, paradoxalement fondé en 1917 à l'heure de l'indépendance de la Finlande.

Russian Room - Hôtel Hesperia, Mannerheimintie 50. ✆ (9) 0 43 101. Chic et cher.

Kasakka - Meritullinkatu 13. ✆ (9) 0 135 6288. Le "Cosaque" sert une cuisine russe traditionnelle du temps des tsars.

Troikka - Caloniuksenkatu 3. ✆ (9) 0 445 229. Cuisine russe traditionnelle.

Galleria Hariton - Kasarminkatu 44. ✆ (9) 0 622 1717. Ouvert en 1993, il est actuellement l'un des restaurants russes les plus intéressants. En semaine, un pianiste vient bercer la nostalgie des clients d'un riche répertoire d'airs romantiques russes. Moins tapageur que les autres, son ambiance un peu étrange résulte aussi d'un décor où pratiquement aucune chaise n'est pareille. Quant au reste du mobilier, composé de quelques antiquités bien choisies, il est également loin d'offrir une homogénéité bêtement orthodoxe. Excellente cuisine et bon rapport qualité-prix.

■ Cuisine finlandaise

Pamir - Hôtel Strand Inter-Continental, John Steinberginranta 4. ✆ (9) 0 39 351. Élu meilleur restaurant de cuisine finlandaise de l'année 1993, c'est un établissement gastronomique aux prix astronomiques.

Piekka - Mannerheimintie 68 (Sibeliusenkatu 2). ✆ (9) 0 493 591. Le seul restaurant spécialisé dans la cuisine finlandaise qui soit vraiment abordable. Décor forestier recréé avec des bouleaux coupés, un ours brun empaillé à l'entrée et d'autres animaux arctiques un peu partout. Menu déjeuner de FIM 30 à 40. Rôti d'ours séché et fumé avec salade de champignons aux herbes FIM 83, poitrine de gelinotte, gelée de cassis FIM 129. Boisson "sève de bouleau au miel".

Konstan Möljä - Hietalahdenkatu 14 (au bout du Bulevardi), est l'un des rares restaurants à proposer un buffet de cuisine finlandaise du terroir. La déco évoque les intérieurs traditionnels de pêcheurs caréliens de l'île d'Uuras (annexée par l'ex-Union soviétique en 1944). Entre 11h et 16h, la formule "buffet-déjeuner à volonté" coûte FIM 42 en semaine, un peu plus cher le week-end.

Zetor - Kaivokatu 10. ✆ (9) 0 666 966. Un décor surréaliste fait de vieux tracteurs de la marque tchèque Zetor, de bidons de lait retournés en guise de tabourets de bar, de lumières tamisées par des râpes à légumes, de montages façon natures mortes champêtres et de poules empaillées sur un perchoir pendu au plafond.... Menu : pain azyme à la viande de renne FIM 32, filets de perche à la Martti Ahtisari FIM 45, le steak des conducteurs-de-tracteurs heureux FIM 78. Et toutes les bières finlandaises, plus la "Leningrad Cowboys".

■ Poissons et fruits de mer

Havis Amanda - Unionkatu 23. ✆ (9) 0 666 882. Un restaurant (cher) de poissons et de cuisine finlandaise au cœur de la capitale.

***Merimakasiini - Hietalahenranta 4.** Charmant restaurant sur le port (près du marché aux puces Hietalahti). Ambiance nautique, spécialités de poissons et de fruits de mer. Terrasse donnant sur le port.

Lordhotel - Lönnrotinkatu 29. ✆ (9) 0 680 1680. Succulents plats de poisson frais (chers) dans un magnifique hôtel de style Art nouveau (chambre double FIM 800).

■ Restaurants jeunes et branchés

Cantina West - Kasarminkatu 23. ✆ (9) 0 622 1500. Cuisine tex-mex, licence d'alcool et musique live sur les trois étages. Décor étonnant signé par Sakke Järvenpää, un personnage de la même trempe et notoriété que les Leningrad Cowboys. Ouvert jusqu'à 3 ou 4h toutes les nuits, entrée payante le week-end. (*Hip hangouts*).

***Crocodiles - Vilhonkatu 5. ✆ (9) 0 624 133.** Situé dans le centre, un bar-restaurant australien, avec de la cuisine "aussie" et du vin Shiraz Lehman.

Garlic Restaurant - Frederikinkatu 22. ✆ (9) 0 651 939. L'ail sous toutes ses formes. Décor laqué noir et intime.

***Country Club - Keskuskatu 6. ✆ (9) 0 630 205.** Steaks pas trop chers.

■ Adresses de charme

****Elite - Etelä Hesperiankatu 22 ✆ (9) 0 495 542).** Un lieu très branché, parmi les plus en vogue actuellement. Intérieur très classe décoré Art nouveau, terrasse très prisée en été et une bonne cuisine finlandaise. Intellos, acteurs, peintres et autres artistes fréquentent ce restaurant depuis des décennies et à voir sur les murs l'impressionnante collection de toiles, on peut supposer que nombre d'entre eux ont réglé leur addition de cette façon. Déjà vus ici : la star de cinéma finlandaise, Matti Pellonpää et le vice-président des Etats-Unis, Dan Quayle.

****Fennia, Mikonkatu 17. ✆ (9) 0 666 355.** (Près de la gare centrale et de l'ancien théâtre). Après une rénovation réussie, cet ancien restaurant au décor imposant, de style Art nouveau, connaît actuellement un grand succès. Ses dîners dansants ont la réputation d'un *"top night spot"*, avec de la musique qui déménage (à l'image de la foule). Beaucoup de glamour et, souvent, de très bons orchestres. Ouvert tous les jours, le soir seulement, de 20h à 4h du matin.

****Kaivo(huone) - Kaivopuisto, ✆ (9) 0-177 881.** (Dans le parc de la Source, Kaivohuone puisto). Le bar style *"rockstravaganza"* de ce restaurant de grand standing réunit traditionnellement, tard dans la nuit, des fêtards invétérés. Il accueille des groupes de soul et de funk le dimanche soir et de musique variée le mercredi. Les connaisseurs n'y vont qu'aux petites heures du matin, mais cet ancien pavillon thermal du temps des tsars vaut la peine d'être vu à toute heure. Pour faire plus branché, louez des "rollerblades" pour la promenade dominicale dans le parc.

Le restaurant Palace Gourmet de l'hôtel Palace, Eteläranta 10. ✆ (9) 0 134 561. Un très bon restaurant avec une salle en étage. L'*American Bar* de l'hôtel est renommé pour sa vue splendide sur le Kauppatori et sur les bulbes dorés de la cathédrale Uspenski de l'autre côté du port Sud.

La Salle des Chevaliers, Hôtel Torni, Yrjönkatu 26 - ✆ (9) 0 131 131. Un restaurant de style espagnol et un buffet tel qu'il était servi au temps des chevaliers (espagnols). Moins de FIM 80. Le bar *Atelier*, au sommet de l'hôtel, offre une vue spectaculaire de la capitale.

"Du bar, au quatorzième étage de l'hôtel Torni, Helsinki s'offrait à l'œil, ville sans mystères, grande fille toute simple qui se souvient de sa campagne dont elle a gardé un air de santé; des façades de temples grecs donnant sur la mer, le soleil sur la coupole de l'église orthodoxe d'Uspenskaïa... " - Kopoli, le renne guide, Jean Coué.

***Teaterrestaurangen - Yrjönkatu 31. ✆ (9) 0 694 2727.** Le charme un peu désuet de l'époque de l'intelligentsia suédophone dans le bâtiment ancien du Théâtre suédois.

***Storyville - Museokatu 8. ✆ (9) 0 408 007.** Le meilleur restaurant de jazz style Nouvelle-Orléans dans une ancienne cave à charbon pas loin du Parlement. Du bon jazz traditionnel (dixieland, swing, be-bop) et un public de tout âge assurent l'aimable ambiance et le succès de cet établissement. Il est conseillé de réserver pour le dîner.

Asemaravintola. Ce restaurant de la gare d'Helsinki (au deuxième étage), est l'un des rendez-vous prisés des acteurs qui, après leur performance, viennent prendre un verre dans ce décor très design du célèbre architecte Eliel Saarinen. Les tables près de la fenêtre offrent d'excellents points d'observation sur l'agitation de la capitale. Le *Café Eliel,* au rez-de-chaussée, est un endroit quasi magique... il y a même un petit casino !

■■ LES CAFES ET LES BARS DE JOUR...

***Le Café Ekberg - Bulevardi 9. ✆ (9) O 605 269.** Le très vénérable *Café Ekberg,* le plus ancien du pays, est, selon les Helsingois, le seul café authentique de leur ville (*great café*). Chez *Ekberg,* le meilleur petit déjeuner d'Helsinki (servi tous les jours, sauf le dimanche) comporte petits pains, toasts et croissants faits maison, tranches de viande froide, œufs, marmelade, porridge, etc. Un rituel festif qui promet forcément une excellente journée... La petite terrasse de chez *Ekberg* accueille après midi la bonne bourgeoisie d'Helsinki qui aime à s'y montrer, avec un livre de préférence (*Sinouhé l'Égyptien* de Mika Waltri par exemple) tout en dégustant les bonnes pâtisseries de la maison (on paie au comptoir d'abord, on vous les apporte à votre table ensuite). Entre les galeries d'art et les antiquaires du coin, c'est un endroit idéal pour une pause qui vous pose...

***Le Fazer sur la Kluuvikatu 3. ✆ (9) O 666 597,** est un autre des grands cafés "historiques". Sa tradition remonte au siècle dernier où, en 1891, fut fondée la chocolaterie finlandaise Fazer. Le *Café Fazer* reste très aimé des citoyens seniors comme des jeunes branchés. On y sert d'excellentes et renommées pâtisseries, fabriquées sous la même licence Fazer. Les beignets à la confiture sont certainement les meilleurs de la ville, tout comme les gâteaux aux pommes de terre au rhum, les barquettes caréliennes, les pâtés de viande de renne, au saumon et aux champignons. C'est également un excellent (bien qu'un peu cher) endroit pour déjeuner. Choisissez une table sous la coupole et remarquez la curieuse acoustique.

***Le Strindberg. ✆ (9) 0 652 263,** sur la double Esplanade, nommé d'après le grand dramaturge suédois, est un lieu de rendez-vous mi-branché mi-littéraire, façon Saint-Germain-des-Prés. Pour grignoter quelque plat chaud informel, pour déguster un verre de porto, pour voir et pour être vu.

Le Café Aalto, au premier étage de la librairie Académie sur la double Esplanade, est ouvert seulement pendant les heures de bureau pour les déjeuners sur le pouce. C'est au Aalto qu'on trouve les meilleurs korvapuusti (gâteaux à la cannelle) d'Helsinki.

***Le café d'été Ursula,** sur la pointe sud de la péninsule d'Helsinki, est situé en front de mer, en bas du parc de la Source (Kaivopuisto). C'est un des lieux favoris des Helsingois et un but de promenade agréable pour respirer en fin d'après-midi l'air marin sur sa terrasse. Récemment restauré, il a du coup obtenu une licence d'alcool. Les habitués le déplorent, ce qui n'empêche pas la terrasse d'Ursula d'être bondée en été et sa belle vue sur la mer d'attirer une clientèle de tous horizons.

****Le Tamminiementie Café,** un peu excentré, près de l'île de Seurasaari, est peut-être le plus agréable de tous, en été.
Une visite au Musée folklorique de Seurasaari ou celle de la maison d'Urho Kekkonen ne serait pas complète sans un moment de paix divine dans cet ancien manoir baroque du XVIIe siècle qui nous offre son ambiance surannée, ses antiquités, ses tables de jardin... et un pianiste qui joue du Chopin. Le café et le thé sont servis à volonté, ce dernier, sucré à la confiture, à la manière traditionnelle russe. Les excellentes pâtisseries et les gâteaux danois sont faits maison. Le Tamminiementie Café est fermé les week-ends.

... COMME DE NUIT

*** Le Kappeli,** l'un des lieux les plus heureux d'Helsinki, est situé du côté de l'Havis Amanda et du Kauppatori de la double Esplanade. Ce jardin d'hiver du siècle dernier, une sorte de rotonde vitrée de style Belle Époque reste, le jour comme la nuit, un rendez-vous très populaire avec un restaurant d'un côté et de l'autre, un café qui se métamorphose en disco.

Véritable institution fondée en 1867, le *Kappelli* tient à la fois du *Café Procope* et de la *Brasserie Lipp*. Pendant plus d'un siècle, il a vu défiler toutes les personnalités artistiques et littéraires de son temps et continue à accueillir artistes, journalistes et étudiants.

LE BERGER DE LA DOUBLE ESPLANADE

En 1837, le *Kappeli* n'était qu'un kiosque où un jeune berger vendait du lait frais aux citadins lors de leur promenade dominicale sur l'Esplanade. "Berger" se disant en latin "pastor", le kiosque prit logiquement le nom de *Kappeli* (chapelle).

Plus tard, un commerçant nommé Johan Daniel Jerngren, obtint l'autorisation de construire, au même endroit, une petite rotonde pour y vendre pâtisseries et boissons. La rotonde resta telle quelle jusqu'en 1885, l'année de construction de la partie la plus ancienne de l'actuel *Kappeli*. Les plans de l'architecte Hampus Dahlström comportaient un magnifique jardin d'hiver avec colonnades et frises, et une statue féminine qui ornait le toit. Le *Kappelli* était alors une pâtisserie suisse, propriété de Louis Kleineh.

En 1880, deux petits pavillons en bois furent rajoutés de chaque côté de la verrière centrale (plans de Constantin Kiseleff). En 1891, ils furent remplacés par des pavillons en fonte et en verre dans le style Belle Époque parisien. La cave fut agrandie, pour héberger un club connu sous le nom de *"Lilla Börsen"* (la Petite Bourse). Parmi les habitués les plus connus du Kappeli de cette époque figuraient des personnalités distinguées telles que l'écrivain Juhani Aho, le poète Eino Leino, le compositeur Jean Sibelius, le chef d'orchestre Robert Kajanus et le peintre Albert Edelfelt.

Sa vogue diminuant, à partir de 1918, le *Kappeli* n'ouvrit plus ses portes qu'en été. Le bâtiment, vide en hiver, subit des dégradations importantes. Enfin, au milieu des années 70, une opération de sauvetage fut lancée par la ville d'Helsinki et le propriétaire actuel, Elanto. Des travaux de restauration délicats ont rendu la vie à l'une des constructions les plus élégantes et attachantes de la capitale.

***Happy Days - Pohjoisesplanadi 2.** Du côté de la Mannerheimintie, au milieu de la double Esplanade, un restaurant et plusieurs bars avec deux terrasses parmi les plus populaires d'Helsinki. Nombre d'Helsingois et de touristes se contentent d'y déguster une bière (au rez-de-chaussée ou à l'étage) sous le feuillage des tilleuls qui tamise le soleil d'été. Ambiance agréable et jeu de roulette sous la vaste verrière qui se transforme en méga-discothèque la nuit. Ouvert jusqu'au petit matin en été.

***Le Café Engel,** plus petit et plus intime, est situé près de la place du Sénat. Il a beau se donner des airs de bar, c'est le salon de thé le plus européen de la ville, avec des petites tables séparées, des serveuses sympa et une excellente vue sur la plus belle place d'Helsinki. S'y rassemblent de jeunes bourgeois branchés, des vieilles dames distinguées et des intellos. Quelques plats chauds (pas trop chers), des salades et des pâtisseries sont servis à midi et le soir. Quelquefois, par de belles nuits d'été, le *café Engel* transforme sa cour intérieure en salle de cinéma (gratuit) à ciel ouvert et sa minuscule arrière-salle, en (mini) discothèque.

***Le Café Socis** dans l'hôtel Seurahoune, devant la gare centrale (au n° 12 de la Kaivokatu) est un grand classique du style café viennois du tournant du siècle. Datant de 1916, son décor aux réminiscences du romantisme national vaut le coup d'œil : tentures de velours grenat, fougères vertes et tables de marbre et cinq immenses lustres de strass en enfilade sous un haut plafond de cathédrale doré. Dans l'après-midi, de vieilles bourgeoises chapeautées viennent prendre le thé avec des pâtisseries ou siroter un porto tout en parlant suédois pour faire plus chic. Ouvert habituellement jusqu'à 5h du matin. Quelques marches plus bas se trouve la (mini) discothèque Rose. Droit d'entrée le soir FIM 15.

***Le Café Maxill - Korkeavuorenkatu 4. © (9) 0 638 873.** Allez-y à pied, la Korkeavuorenkatu est une rue perpendiculaire à l'Esplanade sud. Avec son décor fonctionnaliste des années 30, le *Maxill* est un endroit chic, culturel et continental, où l'on vient, dans la journée, boire un café et feuilleter les piles de magazines design. Brasserie chic le soir, avec nappes blanches et service impeccable, le *Maxill* accueille pour dîner la clientèle la plus stylée de la ville. Considéré comme l'un des meilleurs cafés-restaurants. Ouvert jusqu'à 24h.

***Erjottaja - Erjottajankatu 15-17.** Intérieur sombre, plutôt spacieux et de bon goût. C'est l'un des endroits branchés dont les habitués huppés suivent scrupuleusement les impératifs des tout derniers magazines de mode.

■■ LES QUARTIERS ET LEURS LIEUX NOCTURNES

Les soirs d'hiver, il arrive qu'Helsinki offre au visiteur de passage une certaine ressemblance avec une nécropole illuminée, mais ce n'est là qu'une fausse impression. Certes, la capitale n'a pas de vrai "quartier chaud" (ce à quoi la mafia russe s'emploie à remédier), mais elle ne manque pas de bars, de discothèques et de boîtes de nuit très branchés où se montre la faune nocturne de fêtards increvables, de buveurs de bière, d'inconditionnels de hard rock, de danseurs invétérés de tango, de joueurs assidus de roulette et de blackjack et toute une kyrielle de jeunes et belles Finlandaises. (Les autres villes finlandaises s'animent surtout pendant la durée de leurs festivals.)

La vie nocturne revêt en Finlande un caractère particulier : on y danse aussi bien dans les boîtes de nuit ou les dancings, quand il y en a, que dans les grands hôtels et les restaurants. Pour ces derniers, les dîners-dansants étaient, jusqu'à une époque récente, l'atout principal. Mais ici comme ailleurs, la culture disco a sévi...

L'entrée des boîtes de nuit est généralement gratuite, ce qui n'empêche pas quelques rares établissements d'exiger un droit d'entrée parfois exorbitant (qui peut atteindre 65 marks).

Le *naistentanssit* du mercredi soir. C'est le bal des femmes qui débute après la sortie des bureaux, tous les mercredis, vers 16h. Là, dans une ambiance décontractée, ce sont elles qui mènent la danse en choisissant leurs partenaires.

■ Le dancing le plus exotique

***Le Vanha Maestro (Frederikinkatu 51-53). ✆ (9) 0 644 840.** *Vanha Maestro* est La Mecque de la danse non stop pour une assistance en majorité composée de Finlandais de province en voyage d'affaires. Le premier orchestre commence à jouer dès deux heures de l'après-midi, et se fait remplacer par un autre à vingt heures. Les danseurs infatigables dansent jusqu'au petit matin.

Les soirées *"naistentanssit"* (les mercredis) et *"sekahaku"* sont les attractions les plus caractéristiques de Vanha Maestro. Les premières sont celles où les femmes invitent les hommes à danser ; les secondes sont celles où hommes et femmes s'invitent mutuellement sans distinction, et toutes les deux occasionnent de longues files d'attente à l'entrée du dancing.

■ Plutôt BCBG

Richard's - Rikhardinkatu 4. ✆ (9) 0 665 884. Des antiquités bourgeoises des années 30, une musique en sourdine et des pâtes au saumon à mourir de bonheur. Il faut essayer le *"salmiakki-snapsi"*, du schnaps aromatisé à la liqueur de réglisse finlandaise.

■ Plus tard dans la nuit

A l'heure où les discos et les boîtes de nuits des grands hôtels commencent à chauffer...

L'**hôtel Marski** (Mannerheimintie 10), héberge deux boîtes pour fêtards sophistiqués : le *Fizz* et le *Cin-Cin* avec une clientèle de 25-40 ans. Le *Fizz Night Club,* au premier étage, est l'une des boîtes préférées des hommes d'affaires, aussi bien finlandais qu'étrangers, en vadrouille dans la capitale. Disco avec blackjack, entrée gratuite.

Le **Mikado** (Mannerheimintie 6) près du Marski, est connu pour son très long comptoir où viennent s'accouder des célébrités et communier, tard dans la nuit, les cœurs esseulés.

Le **Casino Ray** au premier étage de l'*hôtel Ramada Presidentti* (Eteläinen Rautatiekatu 4) est un établissement de classe internationale avec roulette et blackjack, ouvert de midi à 4h du matin. Et comme partout dans le monde, dès qu'il y a un casino sérieux, on y trouve des Asiatiques friqués qui passent leurs nuits à jouer très, très gros, mais les Finlandais ne sont pas en reste non plus... C'est aussi un peuple qui aime bien les casinos.

Pour être admis au *casino Ray,* tout en haut d'un escalier monumental, il faut mettre une cravate, montrer patte blanche et pièces d'identité, se laisser enregistrer par une caméra vidéo, et donner un billet de FIM 10. Le personnel très stylé vous remet alors votre carte personnelle, en possession de laquelle on se sent tout à fait VIP. L'hôtel possède également une boîte de nuit avec hôtesses topless, le très prisé actuellement **Hype Club**, situé au sous-sol. Entrée FIM 30.

Deux autres night-clubs chic de grands hôtels proches l'un de l'autre : le **Hesperia Night Club** - Mannerheimintie 50, et le **Inter-Continental** - Mannerheimintie 46.

■ Pour les plus branchés

Le **Zetor** et la **Cantina West**, à la fois restaurants et discothèques, accueillent tous les week-ends dans leur décor surréaliste des groupes de musique variée. Le **Kaarle XII**, Kasarminkatu 40 (en face de la Cantina West), draine la même faune de fêtards, mais ce bar musical avec disco à l'étage, un ex-club d'étudiants, vaut la peine d'être vu. Le *Kaarle XII* loge dans un bâtiment ancien de style Art nouveau qui se donne des airs de château médiéval. Malgré le décor solennel, la fête y bat son plein sur deux étages.

Le bar de l'ancien pavillon thermal **Kaivo**, dans le parc de la Source, est une autre étape importante sur le parcours du fêtard de la nuit. Le **restaurant Kosmos**, fréquenté par des écrivains et des branchés du show-biz finlandais, offre un bon aperçu des nuits de la capitale, bruyantes et noyées dans les vapeurs de l'alcool, comme les aime le cinéaste Ari Kaurismäki. Le **café Page** est ouvert jusqu'à 2 ou 3h toutes les nuits, entrée payante les week-ends quand s'y produisent des groupes finlandais. Dans un *mood* différent, les dîners dansants très glamour du restaurant **Fennia offrent une parcelle d'éternité de 20h à 4h du matin. (Adresses et descriptions à la rubrique "restaurants").

■ Pour danser jeune mais pas idiot

Nylon, Brunnsgatan 12. ✆ (9) 0 662 787. L'une des boîtes les plus récentes et les plus branchées du moment, dont les dirigeants sont associés avec *Helsinki's Live Music Association.* Dans un décor intimiste, soirées différentes sur des thèmes allant du très "beauf" au très sophistiqué, jusqu'à 4 heures du matin. Egalement, de la musique soul et black pour danser réellement *"soul to soul"*.

Hullu Kukko - Simonkatu 8 (près du Forum). ✆ (9) 0 693 2311. Bar à vin avec musique, restaurant, sauna, jacuzzi, billards et simulateur de golf.

Smile - John Stenbergin ranta 4. ✆ (9) 0 393 51. Disco techno.

Travastia - Urho Kekkonenkatu 4-6, ✆ (9) 0-694 8322 (face au terminal des bus). Un club jeune de l'université d'Helsinki qui programme de non moins jeunes groupes musicaux de rock ou de jazz. Entrée FIM 30.

Ma Baker's - Mannerheimintie 12. ✆ (9) 0 605 924. Pub et bistrot au rez-de-chaussée, disco rock des années 60 au premier. Entrée gratuite.

■ Jazz clubs

Hot Tomato Jazz Club - Annankatu 6. ✆ (9) 0 612 1851 et le **Storyville**, un *"top night spot"* dans une cave de jazz style Nouvelle-Orléans, ouverte jusqu'au petit matin (voir restaurants). On peut aussi écouter occasionnellement du jazz au **Kuu** (voir restaurants).

■ Outsiders

Cable Factory - Tallberginkatu 1. Des soirées style *"happenings"*, très avant-gardistes.

Le Bier Akademie dans la Pohjoinen Rautatiekatu 21. ✆ (9) 0 444 100. Pub.
Le **Nashville** (près de la rue piétonne Iso Roobertinkatu), un bar de musique country, décoré comme un vrai saloon du Middle-West américain, propose des soirées de *"lining dance"* les mercredis à 20h.

■ Incursion plus audacieuse dans les nuits alcoolisées d'Helsinki

Les sex-bars font indiscutablement une percée à Helsinki. Strip-tease, hôtesses et barmaids topless, shows et spectacles de toutes sortes poussent comme des champignons (un tantinet vénéneux) un peu partout. La plupart de ces déesses de la nuit sont des filles des pays de l'Est qui, en plus de la tutelle de l'ex-Union soviétique subissent maintenant la tyrannie des devises occidentales. Le strip-tease venu de l'Est est protégé par la mafia russe, dit-on...

De bons endroits sont le **St Urho's Pub** dans la Dagmarinkatu 2 et le **Sea Horse**, Kapteeninkatu 11.

Le **Kings Kakadu** est un cabaret topless un peu *"filthy"* dans la rue piétonne Iso Roobertinkatu (au n°20-22, ✆ (9) 0 680 1160), tandis que **Lu Lu strip-tease** est situé sur le Bulevardi 7 ✆ (9) 0 611 858.

L'endroit le plus "gay" d'Helsinki, est le bar musical **H20** au n° 14 de la rue Erikinkatu.

Au même numéro, dans la cour, le **Helmi** accueille, sur deux étages, une foule de *"beautiful people"*. Dans ce lieu hyperbranché aux profonds fauteuils des années 50, on peut manger et, ce qui est mieux encore, pas trop mal. On s'y montre et on y danse sur de la musique style MTV.

Plus cool mais considérablement moins clean, est la clientèle du **Corona**, une immense salle de billard de l'autre côté de la rue, fréquentée par de très jeunes garçons (et filles). On y vend de bons sandwichs pas chers et de la bière pression. Le *Corona* comporte en outre une librairie et une galerie d'art très enfumées, le tout aménagé d'une manière un peu anarchique dans le hall du cinéma Andorra des frères Kaurismäki.

Le voisin, le **Moskova** a un horrible décor post-soviétique, à tomber raide. Son ignoble sélection de drinks et sa musique que vous n'avez certainement jamais entendue ailleurs, sont tellement kitsch qu'il en devient branché.

■■ LES SALLES DE SPECTACLES CLASSIQUES

Helsinki a une vie musicale assez fabuleuse. Pas moins de trois orchestres symphoniques et un opéra national travaillent dans la capitale.

La musique a toujours été un facteur très important dans la lutte pour l'indépendance et le réveil de la nation finlandaise. Les importans crédits alloués à la culture ont aidé à créer de nombreux théâtres, des troupes de danse moderne, des orchestres symphoniques. L'*académie Sibelius* continue à produire de jeunes espoirs talentueux : musiciens, chanteurs, chefs d'orchestre et compositeurs. Mais étant donné la barrière linguistique, la musique seule aurait quelque chance de succès sur les scènes étrangères. Ces dernières décennies, la Finlande a fait de grands efforts dans le domaine de l'opéra pour se hisser à un niveau de qualité internationale.

Le célèbre **Festival d'Opéra** annuel au mois d'août dans la ville de **Savonlinna**, dans l'est du pays, a longtemps été pour les Finlandais l'unique occasion d'entendre, chez eux, leurs propres interprètes de réputation internationale. Se déroulant sur la superbe scène de l'imposant château médiéval Olavlinna, ce festival est devenu un "must" à l'instar de Bayreuth pour des mélomanes avertis. Jouissant d'une popularité considérable, ce n'est que depuis une vingtaine d'années que l'opéra et la danse ont trouvé leur propre voie, grâce à de jeunes personnalités dynamiques et créatives d'envergure internationale telles que les chefs d'orchestre Esa-Pekka Salonen et Jukka-Pekka Saraste, le compositeur Kaija Saariaho, le soliste Jorma Hynninen et le chorégraphe Jorma Uotinen. Esa-Pekka Salonen a porté en 1993 à la scène de Los Angeles le *Kullervoé* d'Uli Sallinen dans une première mondiale très remarquée.

Actuellement, les compositeurs finlandais contemporains créent un nombre incroyable de nouveaux opéras. Ils ont besoin de scènes pour se produire, d'où la multiplicité de festivals de musique classique à Helsinki même et un peu partout dans le pays.

Heisingkatu 58. ✆ (9) 0 403 021. Réservations (9) 0 4030 2211. Après une bataille culturelle (dont le nerf était pourtant la question financière), longue de plusieurs décennies, le nouvel **Opéra d'Helsinki** a été inauguré à la fin de 1993. Situé sur la rive nord de la baie de Töölö, non loin du stade olympique, le gigantesque bâtiment flambant neuf est le premier de la série de bâtiments publics appelés à surgir sur les rives de Töölönlahti, au cœur de la capitale. Le nouvel Opéra n'est pas sans rappeler le premier, le célèbre palais Finlandia d'Alvar Aalto. La prochaine réalisation de ce projet monumental sera le musée d'Art moderne prévu sur la pointe sud de la baie.

Récompensant une longue attente, l'Opéra finlandais dispose enfin d'un cadre à la hauteur de son talent. En 1918, l'Opéra national avait trouvé un abri provisoire dans les locaux du théâtre, dit d'Alexandre, destiné à l'origine aux officiers de la garnison russe. Ce provisoire dura 75 ans.

Le nouvel édifice, le plus moderne d'Europe, prévu exclusivement pour la représentation des drames lyriques et des ballets, héberge aussi le foyer du corps de ballet national. La grande salle comporte 1365 places, une scène d'une superficie de 500 m2 et une fosse d'orchestre qui peut accueillir 135 musiciens.

Le palais Finlandia (Finlandia talo), l'œuvre-testament du grand architecte Alvar Aalto est aussi l'une des salles de concerts les plus réputées. Avec ses lourdes façades crénelées de marbre de Carrare blanc supportées par un socle de marbre noir, le palais a pu être comparé à un immense piano blanc, échoué sur les rives de la baie de Töölö.

Mais le palais Finlandia entra dans l'histoire pour d'autres raisons. En 1975, il servit de tribune internationale pour la Conférence sur la sécurité et la coopération en Europe où 35 pays signèrent les célèbres Accords d'Helsinki. Plus tard, en 1990, au début de la crise du golfe Persique, il fut le théâtre de la rencontre Bush-Gorbatchev.

Karamzininkatu 4 (entrée de la salle de concerts, côté Manneheimintie). Visites organisées ou sur rendez-vous au 40 241.

Le **Théâtre suédois (Svenska Teatern),** à l'angle de la double Esplanade et de la Mannerheimintie. Tickets, ✆ (9) 0 129 255. Ouvert de 10h à 19h.

■■ SHOPPING

■ Grands magasins :

Stockmann (à l'angle de la double Esplanade et de la Mannerheimintie). Ouvert de 9h à 20h, le samedi de 9h à 17h. Plus qu'un simple grand magasin, Stockmann est une institution chère au cœur de tout(e) Helsingois(e).

Forum - Mannerheimintie 20 (au niveau de la poste centrale et de la gare). La plupart des boutiques sont ouvertes de 9h à 20h, le samedi de 9h à 15h. Un centre commercial comportant une centaine de boutiques : vaisselle et déco, musique, vêtements et restaurants.

Kluuvi - Aleksanterinkatu 9-Kluuvikatu 5. La plupart des boutiques sont ouvertes de 9h à 20h, le samedi de 9h à 15h. Une trentaine de boutiques chic et tout un éventail des fast-foods d'Helsinki.

Kiseleff Bazaar Hall, Aleksanterinkatu 22-28 (place du Sénat). Dans l'atrium d'un immeuble ancien, une sorte de marché d'artisanat de luxe pour touriste pressé.

Centre commercial Est. "Itäkeskus", Itäkatu 5 (métro Itäkeskus). A 10 minutes du centre en métro ou en voiture. Le plus grand centre commercial des pays nordiques avec plus de 170 boutiques et restaurants.

■ Artisanat (design)

Plusieurs marques célèbres comme *Marimekko* et *Pentik* ont leurs propres boutiques, situées sur l'Esplanadi. On trouve également leurs créations dans les grands magasins partout dans le pays.

Marimekko (nouvelle boutique au n° 14 de l'Esplanade sud). La mode, avec une touche d'originalité finlandaise. Une griffe qui après avoir compté au niveau mondial est tombée un peu dans l'oubli, mais qui repart aujourd'hui sous la dynamique direction de Kirsti Paakkanen.

Galerie Design Forum - Fabiankatu 10. Coutellerie Fiskars.

Galerie Artek (Esplanade nord 25B) et boutique Artek - Etelä Esplanadi 18. Mobilier design créé par Aalvar Alto et objets design signés par les plus grands créateurs actuels.

■ Quelques adresses

Schröder - Unionkatu 23. Le plus grand choix de la ville de couteaux traditionnels, des *puukko.* Egalement, des couteaux uniques, à manche de bouleau ou de corne, à lames ciselées. La coutellerie industrielle Fiskars.

Koru-kivi - Eteläranta 20. Une Mecque pour l'amateur des pierres semi-précieuses. Aussi des spectrolithes finlandaises et des icônes russes anciennes.

Fazer Music, deux adresses : Aleksanterinkatu 11 et Kluvikatu 6. Ouvert de 9h à 18h, le samedi de 9h à 15h. Meilleur endroit pour acheter des CD et des K7 de musique finlandaise traditionnelle : du *kantele,* de la musique folklorique carélienne, des chansons populaires et des chorals d'église, des chœurs d'hommes style "Armée Rouge"...

Sauna shop - Aleksanterinkatu 28. Spécialisé dans les articles pour sauna (et salles de bains). Linge de bain au design finlandais, brosses et objets en bois blanc, caillebotis, etc.

Fanny et Alexander - Aleksanterinkatu 28. La meilleure boutique de jouets. Des poupées de papier des années 40, des soldats de plomb, copies de miniatures et des jouets faits par la famille de Babette Schweizer depuis le siècle dernier. Chacune des 6 pièces est un département spécialisé : maisons de poupée et miniatures, vêtements de poupée, ours en peluche, livres et kaléidoscopes, soldats de plomb et toute une pièce pour les décorations de Noël.

■ Le marché aux puces de la place Rouge

Hietalhdentori, *ouvert de 7h à 14h, le dimanche de 10h à 16h.*
A environ 1 km à l'ouest du Kauppatori, sur la rive ouest de la péninsule d'Helsinki, près du grand port des chantiers navals (où ont été construits nombre de paquebots de croisière, dont les *"Loveboats"* des séries télévisées américaines).

Le marché existait déjà au siècle dernier, seul le bâtiment en briques du marché couvert fut rajouté au début de ce siècle. Dans les années 80, on a voulu en faire un parking, mais heureusement les riverains se sont mobilisés et un marché aux puces s'y installa.

Le marché Hietalahti devint très vite le pôle d'attraction des touristes de l'Est qui venaient par cars entiers de l'ex-Union soviétique, et aujourd'hui aussi des États indépendants. D'où le nom de la "place Rouge". Se mêlant aux Finlandais qui y vendent des fripes et de vieux livres, les Russes pimentent l'atmosphère du marché, et pour financer leurs achats à l'Ouest, vendent tout, des bijoux en ambre à l'alcool. Trop démunis pour payer un emplacement régulier, ils font leur commerce sur le trottoir, en dépit des gendarmes qui essayent, vainement, de leur inculquer un minimum de respect des lois et d'empêcher la vente illégale de l'alcool.

LES BIJOUX INSPIRES DU KALEVALA

Le *Kalevala,* épopée nationale finnoise, fut recueilli par Elias Lönnrot il y a 150 ans seulement, mais les poèmes les plus anciens remontent à l'âge du fer, entre 350 et 800 ans avant J.-C.

Quant à l'épopée des bijoux *Kalevala Koru,* elle commença en 1936, lors du centième anniversaire du Kalevala. Elsa, écrivain finlandaise, créa un comité en vue d'élever une statue en l'honneur de la femme dans la saga finnoise. Pour rassembler des fonds, elle commença à reproduire, de façon industrielle, les bijoux anciens du Musée national. Lorsque la guerre d'Hiver éclata, on abandonna le projet de la statue, mais l'Union des femmes du Kalevala survécut.

La tradition des bijoux dont les *Kalevala Koru* sont des reproductions fidèles ou des adaptations remonte à l'époque des Vikings (800-1050), bien qu'on les fabriquât également à l'époque des Croisades (1050-1300) et pendant les siècles qui suivirent. Les matières principalement utilisées sont les mêmes que celles des bijoux originaux : le bronze et l'argent. En organisant des concours de création de bijoux, Kalevala Koru a fait connaître les pierres fines finlandaises, dont la spectrolithe est la plus spectaculaire.

■ Antiquités

Dans le quartier d'Eira. Une partie de la Kapteenkatu entre la Tehtaankatu et la Pietarinkatu. Au n°9 trois boutiques intéressantes sont situées côte à côte. *Kaivopuiston Antiikki.* ✆ (9) 0 663 729. Spécialisé dans les XVIIe et XVIIIe siècles. *Maxies Antiikki & Sistus* est spécialisé dans le mobilier de style Biedermeier. Ouvert en semaine de 12h à 17h, samedi de 11h à 13h. Fermé de mi-juin jusqu'à fin juillet.

Dans le quartier de Kruununhaka. Un petit circuit à pied entre la place du Sénat et la Pohjoisranta (le quai nord) longe une vingtaine de boutiques d'antiquités. En voici quelques-unes :
Vanhaisäntä Igor au n° 24 de la Aleksanterinkatu (près de la place du Sénat). Une mine d'antiquités restaurées, d'objets de la deuxième moitié du XVIIIe, et du design finlandais en verre et cristal. Ouvert en semaine de 10h à 18h, le samedi de 10h à 15h.

Deux boutiques intéressantes dans la Mariankatu. *Tuomos,* un bric-à-brac sympathique avec un peu de tout, des objets utilitaires jusqu'aux lustres et au n°14 *Country Rose,* avec des antiquités françaises et britanniques. Ouvert de 11h à 17h, le samedi de 10h30 à 14h30. Au n°13, *Kruununhaan Antiikki* est spécialisé dans des antiquités d'importation de la seconde moitié du XVIIIe, et *Antiikkikiike Karl Fredrik* propose toutes sortes d'objets utilitaires finlandais des années 1850. Ces deux dernières boutiques sont ouvertes de 10h à 17h.

Ce quartier abonde également en friperies de tout genre.

La rue Havsgatan mène à la mer. Au n°1, la *galerie Donner* (élu le meilleur antiquaire en 1994) s'est spécialisée dans les styles gustavien et Empire et dans l'argenterie. Ouverte de 12h à 17h, fermée pendant le mois de juillet.

La *galerie d'art Anhava* - Pohjoinen Makasiinkatu 7 (une petite rue parallèle à l'Esplanade). Cette galerie avant-gardiste organise souvent des expos très éclectiques comme celle des photos de Raoul Grünstein en 1994. Fermée le lundi.

■■ SITES ET MONUMENTS

Ils sont tous plus ou moins concentrés dans le centre et accessibles à pied.

Flânez sous les tilleuls de la **double Esplanade** qui descend vers la mer. Admirez les vieux kiosques désuets, les statues de grands hommes, et la belle et sensuelle *Havis Amanda* située du côté de la mer. Cette déesse de la mer sculptée par Cille Vallgren en 1905, figure Helsinki sortant de l'onde. Lorsqu'elle fut dévoilée en 1908, nombre d'Helsingois scandalisés, réclamèrent sa destruction. En un curieux compromis, la ville décida de réduire de moitié la somme due à Vallgren. Pour se venger, le sculpteur plaça la *Havis Amanda* de telle façon qu'elle tourne son postérieur vers les quartiers nobles de la mairie et la place du Sénat. Avec les années, la *Havis Amanda* est devenue le symbole d'Helsinki et l'égérie des étudiants.

Promenez-vous sur la **place du marché** (Kauppatori), dominée par les coupoles dorées de la cathédrale orthodoxe Uspenski. En été comme en hiver, ce marché provincial et joyeux investit le port sud (Eteläsatama) en plein centre-ville. Des beaux bateaux blancs partent d'ici pour Stockholm, Tallin et Saint-Pétersbourg.

Les étals des marchands des quatre saisons parfument l'air de leurs brassées d'aneth et de leurs baies sauvages, les pêcheurs vendent leur prises quotidiennes (harengs de la Baltique et crevettes), l'artisanat traditionnel offre des objets en écorce de bouleau tressé, des chapkas russes en fourrure, des bonnets sâmes "des quatre vents" et des peaux de renards polaires. *Le marché est ouvert du lundi au samedi de 6h30 à 14h, et après-midi en été seulement de 15h30 à 20h. Le soir, la place du marché accueille des musiciens et divers spectacles de rue.*

Remontez vers la magnifique **place du Sénat** et promenez-vous dans les marchés des rues commerçantes environnantes (Bazaar Kiseleff et Aleksanterinkatu). Malgré le long passé d'oppression russe, la statue du tsar Alexandre II orne toujours le centre de cette grande et harmonieuse place en contrebas de la cathédrale Tuomiokirkko. Il est vrai que son règne accorda une grande liberté au grand-duché de la Finlande. Les quatre grandes figures entourant l'empereur représentent le Loi, les Sciences, la Paix et le Labeur.

Ne manquez pas d'aller voir la **bibliothèque de l'université** (Yliopiston Kirjasto), l'un des plus beaux bâtiments de l'architecte Engel. Elle contient plus d'un million d'ouvrages et plus de deux mille manuscrits. Le fonds slave - connu pour être le plus riche de l'Europe occidentale - est particulièrement important avec des ouvrages en russe, géorgien, yiddish et de langues baltes. Parmi les raretés précieuses, on y trouve un abécédaire de 1542, qui passe pour être le premier livre imprimé en Finlande. Des expositions de livres anciens et d'autres, autour de personnalités culturelles du pays ont souvent lieu au rez-de-chaussée de la bibliothèque, ouverte au public.

Descendez de l'autre côté de la **butte de Kruununhaka** et allez admirer la gare monumentale d'Helsinki (Rautieasema), une construction en granit de l'architecte Eliel Saarinen (1910-1914). Elle marque un tournant de l'architecture finlandaise où, au style romantique national, seront peu à peu préférées des lignes plus pures. L'édifice de la gare mêle d'une manière étrange l'Art nouveau et le fonctionnalisme. Sa façade, fleuron de l'Art nouveau, manifeste un monumentalisme sévère, atténué cependant par la subtilité des couronnements et l'intégration des éléments figurés.

Deux bustes d'hommes massifs et solennels, porteurs de réverbères, encadrent l'entrée principale. La tour de 48 m au toit vert-de-gris comporte une horloge de 3 m de diamètre. A l'intérieur de l'édifice, la fresque du restaurant Eliel au deuxième étage est signée par Eero Jämfelt. Et pour tromper l'ennui des attentes, le café au rez-de-chaussée dispose d'un petit casino !

La gare donne accès à la plus grande station de métro et à un passage commerçant souterrain.

Des standards différents imposés par les tsars

L'écartement des rails en Finlande est différent des autres pays d'Europe. Souvenir du temps de la domination russe, ce cadeau empoisonné pourrait devenir une bénédiction pour l'économie du pays. Les transports des marchandises vers la Russie transiteraient en grande partie par les chemins de fer finlandais !

Une autre différence avec l'Ouest réside dans le calibre des fusils qui correspond au standard des Kalashnikov : 7,62.

A quelques pas de la gare, sur la Mannerheimintie, la **statue équestre de Mannerheim** frappe le regard par son rigide classicisme. Aimo Tuikainen fut l'auteur de cette unique statue équestre, érigée en Finlande en 1960. Il est étonnant de penser qu'elle date d'à peu près la même époque que le futuriste palais Finlandia d'Aalto et le monument abstrait à la gloire de Sibelius d'Eila Hiltunen.

A l'époque où Tuikainen concevait la statue classique de Mannerheim, Eila Hiltunen préparait sa petite révolution personnelle en soudant les uns aux autres les centaines de tubes qui allaient devenir le monument à Sibelius, situé dans le parc Sibelius, au nord du centre-ville. Nommé *"Passio Musicae"* par l'artiste elle-même, il demeure encore aujourd'hui un des chefs-d'œuvre de la sculpture internationale. Appelé la "Forêt d'acier" par les Helsingois, ce monument abstrait provoqua, en son temps, bien des controverses. Formé de 580 tubes d'acier, de longueur inégale, soudés ensemble à la manière d'une tuyauterie géante de quelque orgue imaginaire chantant dans le vent, il possède un tel pouvoir d'évocation qu'il nous paraît figuratif. Et c'est plutôt la tête de Sibelius placée sur un rocher à côté qui semble insolite... Une œuvre semblable de la même artiste se trouve à New York, au siège des Nations unies.

■ Des églises étonnantes

Dans les églises d'Helsinki, les services en finnois ont généralement lieu le dimanche à 10h.

La cathédrale d'Helsinki (Tuomokirkko), construite d'après les plans de C.L. Engel (1779-1840), fait partie du prestigieux ensemble architectural de la place du Sénat. Aujourd'hui de confession luthérienne, elle fut d'abord consacrée à saint Nicolas, patron des marchands et des navigateurs. Tout comme ceux de l'église Saint-Isaac de Saint-Pétersbourg, ses quatre frontons cardinaux sont ornés des douze apôtres coulés dans du zinc. Son nom actuel, Tuomiokirkko (Grande Église) date de 1959, l'année où Helsinki devint un évêché. *La cathédrale est ouverte de 9h à 17h, le week-end jusqu'à 18h. Des concerts y sont donnés régulièrement. Le dimanche matin, on peut prendre le "café d'église" dans la crypte. (Place du Sénat. © (9) 0 656 365).*

Située derrière la cathédrale luthérienne, la petite **église orthodoxe de la Sainte-Trinité** est, elle aussi, l'œuvre d'Engel. Plus intime et secrète que l'Uspenski, c'est un vrai petit bijou aux belles icônes anciennes. Les messes s'y déroulent dans une ambiance lénifiante et magique - probablement à cause des fumées de l'encens dans cet espace réduit. *Messes orthodoxes chantées les samedis à 18h et dimanches à 10h. (Unionkatu 31. © (9) 0 669 290).*

En redescendant de la butte de Kruununhaka, on traverse le petit pont sur le canal qui sépare l'ancienne presqu'île de Katajanokka de l'Esplanade nord. Construite en 1868, la **cathédrale Uspenski** de rite orthodoxe offre un bel exemple du style byzantin-slave avec son corps de bâtiment massif en briques rouges, ses dômes dorés en forme d'oignon et ses flèches surmontées de croix.

Sous le règne des tsars, au XIXe siècle, les hauts dignitaires et les fonctionnaires russes furent de plus en plus nombreux à habiter Helsinki. Pour prévenir leur assimilation à la culture suédoise, une cathédrale orthodoxe fut érigée d'après les plans de l'architecte A. M. Gornoschtaiev. L'Uspenski fut consacrée à la Dormition de la Vierge Marie en 1868. Ainsi cohabitaient à l'époque deux cultures distinctes : les Finlandais de langue suédoise et les notables russes. Quant à la population de langue finnoise, elle commença également à s'imposer à la fin du XIXe siècle.

Aujourd'hui, l'Uspenski est l'église de confession greco-orthodoxe la plus importante de l'Europe occidentale. La cathédrale est ouverte aux touristes en été, mais la longueur de la liturgie exige qu'on reste debout pendant plusieurs heures. Les visiteurs sont, en outre, priés de ne pas déranger les offices par des flashes intempestifs. Offices orthodoxes le samedi à 18h et le dimanche à 10h. Kanavakatu 1. ✆ (9) 0 634 267.

L'église de Temppeliaukio (confession luthérienne) est sans doute l'un des monuments les plus visités de la capitale. Construite à l'intérieur d'un rocher, ses murs de pierre naturelle sont surmontés d'une coupole plate de cuivre - sans même un clocher ou une flèche. L'acoustique y est excellente et on peut y entendre de nombreux concerts. Elle est éclairée par la lumière du jour et par des bougies (et non des cierges) joliment disposées dans les niches du mur. Arto Paasilinna, l'auteur du "Lièvre de Vatanen", disait que cette église fut creusée dans le sol "sans doute pour rapprocher les fidèles de l'Enfer et les inciter à se préoccuper sérieusement du Paradis."

L'église, consacrée en 1969, est devenue aujourd'hui l'exemple type de ces églises récentes, à vocation polyvalente : lieu de prières, mais aussi lieu de rencontres, de manifestations vivantes. Nombre de chœurs et d'ensembles y proposent des concerts gratuits (ou à un prix très raisonnable) durant l'été et les périodes de festivals musicaux. *Messe en anglais les dimanches à 10h30. Lutherinkatu 3. ✆ (9) 0 494 698.*

■ Les grands musées

Les plus importantes peintures d'inspiration kalevaléenne se trouvent au musée Ateneum et au Musée national.

Le musée Ateneum - Ateneum, Kaivokatu 2-4. *Ouvert de 9h à 17h, nocturne le mercredi et jeudi jusqu'à 21h. Samedi ouverture à 11h. Fermé le dimanche. Entrée FIM 10.* Le musée des Beaux-Arts de Finlande, situé près de la gare centrale, fait face au Théâtre national à l'autre extrémité de la place Rautatientori. Il fut construit en 1887 pour abriter les collections d'art de la nouvelle nation qui commençait à se forger. Après d'importants récents travaux de restauration, le musée fut rouvert en 1991. Y sont exposés des grands peintres finlandais tels qu'Akseli Gallen-Kallela, Helene Schjerfbeck, Marcus Collin, Juho Risanen et Pekka Halonen.

Le nom de Gallen-Kallela fut longtemps considéré comme le plus important de la peinture finlandaise. Parmi ses nombreuses œuvres exposées, celles inspirées par le Kalevala comportent *La Mère de Lemminkäinen* et *Ilmarinen forge le Sampo.* On peut y voir également un très beau portrait qu'il fit d'Edvard Munch. De Hugo Simberg, on remarquera *L'Ange blessé* et *Le paysan et la mort.* Est présent aussi Albert Edelfelt avec une série de tableaux inspirés par Paris et des portraits dont celui de Louis Pasteur. Sa toile intitulée *Le Christ et Madeleine* est l'une des plus connues du romantisme national. Elle a été exécutée dans le parc du manoir de Haikko.

Les collections étrangères de l'Ateneum comprennent des œuvres de Gauguin, Cézanne, Van Gogh, Chagall et Dufy. Egalement quelques toiles de Munch dont l'influence sur l'expressionnisme nordique fut déterminante.

Musée national - Mannerheimintie 34. *Ouvert tous les jours de 11h à 16h, mardi nocturne jusqu'à 21h. Entrée FIM 10, gratuit les mardis.* Plus haut dans la Mannerheimintie en direction du nord, près du palais Finlandia, le **Musée national** (Kansallismuseo) ressemble à une église baroque ou à un château de conte de fées. Œuvre commune des trois célèbres architectes, Eliel Saarinen, Armas Lindgren et Herman Gesellius, il fut construit en 1910 dans le style Art nouveau finlandais.

Le musée est divisé en trois départements : préhistoire, histoire du Moyen Age à nos jours et ethnographie, avec une très importante section finno-ougrienne (Hongrois, peuples de la Volga, Caréliens, Sâmes, Esquimaux). Ne manquez pas d'admirer le trône du tsar Alexandre Ier, tout de pourpre et d'or, décoré de l'aigle bicéphale russe, et le salon au mobilier de style gustavien.

Au sous-sol, une importante collection rassemble les habits quotidiens et de fête, traditionnels, des Sâmes, Caréliens, Vepsiens et Votes (ces deux derniers vivant sur le territoire autour du lac Ladoga repris par les Russes), des Estoniens et Livoniens (constituant la branche balte du groupe finno-ougrien), des Mordviniens (vivant en Russie centrale et orientale), des Tchérémisses (sur le cours moyen de la Volga), des Permians (aux abords de l'océan Arctique), des Ostyaks (nord-ouest de la Sibérie), des Vogouls (Oural septentrional) et des Hongrois.

Retournons sur nos pas, à l'extrémité sud de la Mannerheimintie où, à partir du carrefour Erottaja, la rue Erottajankatu mène au **musée des Arts appliqués** (Taideteollisuus Museo). Ce musée-phare en Finlande du design industriel a été créé dès 1873 par un professeur plasticien, Carl Gustav Estlander. A cette époque où l'on croyait au triomphe de la technique et aux ressources illimitées du progrès, le but du musée était de promouvoir l'esthétique dans la production industrielle et de créer des modèles de référence pour les étudiants des écoles d'arts appliqués.

Présentée par époque, chacune des collections regroupe des meubles, de la vaisselle, des cristaux, des produits industriels.

Tous les artistes qui ont compté dans l'histoire du design finlandais y sont représentés : Gallen-Kallela, Louis Sparre, Finch, Vallgren, Siren, Alvar Aalto et bien d'autres.

Le musée propose également des expositions temporaires. Ouvert de 11h à 17h, le week-end de 11h à 16h, fermé le lundi.

A une centaine de mètres du musée des Arts appliqués, le **musée de l'Architecture finlandaise** (Suonen Rakennustaiteen museo) réunit une importante collection d'archives et de documents. Photographies, articles, livres, maquettes et films font connaître aux visiteurs les réalisations des architectes d'hier (Saarinen, Gesellius, Lindgren) comme celles des contemporains (Aalto, Pietilä). *Ouvert tous les jours de 10h à 16h. Kasarminkatu 24.*

Plus au sud, situé à l'intérieur du parc de la Source (Kaivopuisto) sur la pointe de la presqu'île d'Helsinki, le **musée Mannerheim** rassemble les souvenirs du grand maréchal Mannerheim, héros national. Le généralissime fut élu régent de la Finlande en 1918 après avoir battu les bolcheviks. Il lutta également d'une manière héroïque contre les Russes pendant la seconde guerre mondiale.

Une partie du mobilier et des objets exposés proviennent de sa demeure de Varsovie, d'autres éléments ont été offerts par sa fille Anastasia. On y voit aussi ses souvenirs de voyages en Afrique et en Extrême-Orient, de nombreux portraits d'ancêtres venus de Hollande, des photographies du tsar et de la tsarine, des rois et des reines de Suède. Des reconstitutions du salon de Saint-Pétersbourg et de celui de Varsovie montrent des objets précieux, de l'argenterie russe et anglaise, des pièces rares provenant du Tibet, de Chine. Une grande salle retrace l'expédition au Turkestan russe et à Pékin.

Le musée est ouvert les vendredis et samedis de 11h à 15h, le dimanche de 11h à 16h. Kalliolinantie 4, à l'intérieur du parc de la Source.

A l'autre bout d'Helsinki, tout au nord, le **Musée folklorique** de plein air sur l'île de Seurasaari évoque la vie des Finlandais d'autrefois. Ce musée ethnologique est constitué principalement de fermes et d'habitations de différentes régions de Finlande remontées sur l'île de Seurasaari.

Les intérieurs frappent par le beau dépouillement de leur décoration intérieure, axée autour de lits clos et de tapis muraux (*ryiji*).

Très caractéristique, une grande maison traditionnelle carélienne, en rondins de bois, montre comment plusieurs générations vivaient sous le même toit. Pendant la saison touristique, on peut y entendre du *kantele* joué par un jeune garçon.

Toute en bois, la grande résidence domaniale du XVIIIe siècle, est intéressante pour son mobilier de style gustavien (l'époque de Gustave III, roi de Suède, correspond au Louis XV français).

La petite cabane où Aleksi Kivi écrivit son roman *Les sept frères* étonne par un dépouillement plus que spartiate.

Les dimanches d'été on peut suivre le service religieux dans une petite église en bois du XVIIe siècle où, en guise d'appliques murales, une rangée de bras sculptés, en bois également, portent des cierges.

On verra aussi des longues "barques d'église" pouvant contenir une centaine de personnes et que les paroissiens éloignés utilisaient jadis pour se rendre à l'office, un ancien sauna de fumée, un vieux moulin, des objets rappelant les années de grande misère et de famine telles les chaussures en écorce de bouleau tressée, etc.

Ouvert tous les jours de 11h30 à 17h30. (Accès par bus n° 24 jusqu'à Meilahti, et par vedette en été depuis Kauppatori).

■■ BALADES ET ESCAPADES

Bon plan pour visiter Helsinki au prix d'un ticket de bus. Le tramway touristique (ligne T3) effectue un trajet circulaire à l'intérieur de la ville et dessert les principaux monuments. N'oubliez pas de descendre pour les visiter de plus près.

Sightseeing de la ville en bus.

- Durée 1h30, départ de la gare ferroviaire à 11h. Suomen Turistiauto Oy, ✆ 588 5166.
- Durée 2h, départ du terminal des car-ferries Siljan et Viking à 9h30 : adultes FIM 95, enfants (de 5 à 15 ans) FIM 45. Ageba, ✆ (9) 0 669 193.

Sightseeing de la ville en bateau. Nombreux départs à partir du Kauppatori, le marché sur le port.

Visite de l'île forteresse Suomenlinna. A 2 km au sud-ouest dans la rade d'Helsinki, de nombreuses vedettes partent toute l'année du Kauppatori. Traversée 15 minutes en ferry : aller simple FIM 9. Vedette A/R FIM 20.
Une mini-excursion que personne ne devrait rater. Il y a des promenades pour les dames, des canons à admirer pour les messieurs, des plages pour les adolescents, des endroits secrets pour les amants, des caves à explorer pour les enfants...

Les bonnes visites guidées dans les environs
Excursion guidée d'une demi-journée à **Hvitträsk** et à **Ainola**. Départs les jeudis et samedis à 12h d'Asema-aukio (terminal des bus). Les tickets sont vendus par le guide avant le départ : adultes FIM 195, enfants FIM 90.

Excursion guidée d'une demi-journée à **Porvoo**. Départs les lundis et vendredis à 12h d'Asema-aukio : adultes FIM 195, enfants FIM 90. Visite du vieux quartier de maisons en bois anciennes, y compris celle du poète national Runeberg, shopping dans les petites boutiques d'artisanat et d'antiquités.

■ Des idées pour sortir des sentiers battus

Pariez au courses de trot attelé, très populaires en Finlande. Près de 700 courses de trot ont lieu chaque année. A côté d'Helsinki, l'un des plus grands champs de courses d'Europe, le Vermo organise le "Grand Derby de Finlande" en août et le "Sabot d'Or" en septembre. Renseignements Suomen Hippos - Tulkinkuja 3 - 02600 Espoo. Tél (9) 0 511 001 - Fax 5110 0291.

Faites un repas très snob au Galateia de l'Inter-Continental d'Helsinki. Le poisson fraîchement fumé est un classique de la cuisine finlandaise traditionnelle, habituellement servi entier avec tête et queue. En principe, aucun restaurant respectable ne servirait un plat qui se mange obligatoirement avec les doigts. En fait, des restaurants chic de plus en plus nombreux, servent cette spécialité, traditionnellement dégustée en plein air, au bord d'un lac. Le *Galateia,* restaurant très snob de l'hôtel Inter-Continental, pousse l'audace jusqu'à servir ce délice fumé sur un morceau de papier journal... A FIM 125 la papillote, cela impressionnera même le businessman le plus blasé ! Restaurant Galateia à l'hôtel Inter-Continental - Mannerheimintie 46-48.

Passez une nuit de frime au casino Ray, l'un des plus sophistiqués d'Europe. Vous pourrez y miser tout l'argent de vos vacances si vous êtes prêts à prendre le risque de rentrer le lendemain en France... à la nage.

Offrez-vous une séance de strip-tease privée pour FIM 150. Dans le quartier prolétario-artiste de Kallio se trouve un restaurant, le "Petit Saint-Pétersbourg" où des beautés de l'Est dénudent leur charmes. Pour FIM 150, une séance de strip-tease privée derrière un rideau noir est loin de l'habituel show banal et insipide ! D'autres services sont également possibles - mais chut ! Après tout, nous n'en savons rien. Ravintola Pikku Pietari - Alppikatu 17.

Offrez-vous le grand frisson de nuit pour rien (ou presque). Si, par une nuit d'ennui, il vous arrivait de vous sentir disponible pour tout et pour n'importe quoi, allez en voiture jusqu'à une certaine colline près de la piste d'envol de l'aéroport d'Helsinki-Vantaa. Montez sur le talus et grimpez sur le poteau de signalisation de 5 mètres de haut, - et attendez. Soudain, jaillissant de la nuit noire, un DC-10 monte vers le ciel, déchaînant un véritable enfer quand ses moteurs déchirent la nuit et vous soufflent droit dans le visage. Durant quelques instants, une apocalypse de bruits et des lumières semble se produire à quelques mètres seulement au-dessus de votre tête... (Au fait, n'oubliez pas de vérifier les heures d'envol - pour éviter d'attendre toute la nuit en haut de votre poteau).

Participez à une baignade au clair de lune. Le parcours qui mène à la plage de Hietaniemi passe en général par le solarium ou le pub voisin. Durant les quelques chaudes nuits de l'été, la plage prend un air de boîte de nuit improvisée. Attention au bris de verre sur le sable. (Egalement, bain de minuit à la plage nudiste d'Helsinki, sur l'île de Seurasaari. Bus 23 à Meilahti, puis traverser le pont en bois).

Participez à la messe orthodoxe le dimanche matin à la cathédrale Uspenski, pour racheter vos péchés de la nuit précédente. Ambiance garantie dans des volutes d'encens et avec des crampes aux mollets (environ deux heures debout sous des cantiques orthodoxes). Mais c'est tellement magique que cela en vaut la peine.

Prenez le "café d'église" du dimanche matin, comme les autres grenouilles de bénitier, dans la crypte de la cathédrale luthérienne sur la place du Sénat (près d'Uspenski). Une tradition encore bien vivace dans les pays de religion protestante.

LES SAUNAS DE LA CAPITALE

Les saunas des grands hôtels sont excellents et ouverts à tout le monde (payant). Le sauna de l'hôtel Palace est particulièrement bien.

Pour essayer un sauna local ancien, aller jusqu'à **Harjutori** (quartier Kallio) où l'on trouve un sauna public unique dans son genre avec une atmosphère inoubliable. Les saunas modernes ne sont plus chauffés au feu de bois comme ici. Mais n'espérez tout de même pas que cet endroit soit un modèle de propreté (Harjunkatu 1).

Sauna à l'ancienne situé sur l'île de Lauttasaari, à quelques minutes seulement du centre-ville en voiture ou en bus. Après l'étuve, on peut faire un plongeon dans les eaux de la Baltique - ou dans un trou percé dans la glace en hiver ! Le centre est fermé le dimanche et le lundi, et le jeudi est réservé aux femmes.

Centre du sauna finlandais, ✆ (9) 0 678 677.

Le Krapi Hotel, Tuusula. ✆ (9) 0 251 501, possède un "smoke sauna" (sauna de fumée) à l'ancienne.

LES ALENTOURS D'HELSINKI

Lieux de villégiature, logement au vert avec, si possible, carte des environs.

Les villes-satellites limitrophes à l'ouest d'Helsinki, comme **Vantaa** (à 20 minutes de train d'Helsinki ou à dix minutes de voiture de l'aéroport international d'Helsinki-Vantaa) et **Espoo**, sont des mini-centres dissimulés dans les champs et les forêts. Le quart de leurs habitants ont un emploi associé à une technologie de pointe.

Aucune fureur citadine ne vient troubler la quiétude d'Espoo où de magnifiques bâtiments, aux lignes sobres et audacieuses, témoignent de l'urbanisme contemporain de Tapiola et d'Otaniemi. C'est aussi dans les paysages champêtres d'Espoo que se trouve l'atelier-musée de Gallen-Kallela.

Bien que cette région soit la plus urbanisée du pays, la côte n'est bâtie que sur une moitié de sa longueur.

La région côtière d'Helsinki comprend aussi Porvoo à l'est.

La "Villette" à la finlandaise

Heureka - Tiedepuisto 1, Tikkurila, Vantaa. ✆ (9) 0 85 799. Trains de banlieue K, P, R et H à partir de la gare centrale. Le centre scientifique finlandais **Heureka**, situé à Vantaa, l'un des parcs scientifiques les plus estimés, a été officiellement inauguré en 1988. Les architectes Mikko Heikkinen et Markk Komonen peuvent être satisfaits de leur œuvre qui a été qualifiée de "local industriel raffiné". Heureka avec son planétarium, ses multivisions et films "hémisphériques" (du style de la géode à la Villette) est divisé en quatre sections consacrées respectivement à l'univers, à la vie, à la société humaine et à la production.

Le "home sweet home" de Sibelius

Ainola à Järvenpää. ✆ (9) 0 287 322. Bus à partir du terminal central (9, 11 ou 12). Train jusqu'à Järvenpää, ensuite 2 km à pied ou en taxi. Située à Järvenpää au nord d'Helsinki, "Ainola" est la maison de Jean Sibelius, le célèbre compositeur finlandais qui s'y installa avec sa famille au début du siècle et y demeura jusqu'à sa mort en 1957. Il y a composé plus de 150 œuvres. Devenue un lieu de pèlerinage pour de nombreux mélomanes, la maison a gardé l'ambiance qui y régnait du vivant du musicien.

L'atelier de Gallen-Kallela

Gallen-Kallela Museum - Tarvaspää, Gallen-Kallelantie 27 - Espoo. ✆ (9) 0 513 388. (Accès : tramway n°4 jusqu'à Munkkiniemi, ensuite le bus n°33 de Munkkiniemi à Tarvaspää). *Ouvert de 10h à 20h, vendredi à dimanche de 10h à 17h, fermé le lundi.* Le musée Gallen-Kallela est situé à une dizaine de km à l'ouest d'Helsinki, à Espoo (pas vraiment facile à trouver).
La maison-atelier du peintre qu'il a lui-même dessinée et qui date de 1913, s'abrite dans un parc descendant jusqu'à la mer. Un vieux pin rouge aux branches torturées se penche, protecteur, sur le toit de la maison, pentu, à tuiles de bois et adossé à une tourelle blanche. A quelques pas, en face, sur cette petite butte dans la forêt, une charmante maison blanche à véranda ajourée, loge un café et un restaurant d'été. Seule fausse note dans cet endroit paisible, l'autoroute en contrebas, cachée par la forêt mais que l'on entend en sourdine.

La maison, par ses aménagements, reflète bien le style de vie cosmopolite et aisée que mena Gallen-Kallela : études d'art à Paris, relations avec l'intelligentsia artistique d'alors, expositions dans le monde entier, chasses au gros gibier. Et à l'opposé de ce goût pour la vie mondaine et cosmopolite, l'intérêt passionné qui orienta ses travaux vers la tradition de son pays : les motifs tirés du Kalevala. Outre les œuvres figuratives tels les héros du Kalevala, sont exposés des paysages finlandais, etc.

Hvitträsk, l'exemple type du romantisme national

Hvitträsk - Luoma, Kirrkkonummi. ✆ (9) 0 2975 799. Train L ou S jusqu'à Masala (+ taxi) ou train L jusqu'à Luoma (+ 2 km à pied). Bus n° 166 à partir du terminal d'Helsinki. *Ouvert de 10h à 20h, le week-end de 10h à 19h.* A 30 km à l'ouest d'Helsinki, le manoir de Hvitträsk, est le témoin vivant de l'histoire de l'art finlandais au tournant du siècle.
Les trois architectes finlandais, Eliel Saarinen, Armas Lindgren et Herman Gesellius, que le Pavillon de la Finlande à l'Exposition universelle de Paris en 1900 avait mis à l'honneur, achetèrent en commun un terrain sur la rive sud du lac de Hvitträsk (le lac Blanc), dans un site absolument vierge.

En 1902, réunissant leurs talents, ces jeunes architectes créèrent un ensemble de maisons-ateliers dans le style Art nouveau finnois. Hvitträsk offre une interprétation du style paysan finlandais, caractérisé par de grands toits en pente, des tours crénelées, des pignons pointus, rappelant les églises de campagne, et par une riche ornementation utilisant des thèmes nationaux.

Saarinen y construisit sa maison-atelier (qui est le musée actuel), Gesellius habitait le bâtiment noir situé en face (aujourd'hui le restaurant), Lindgren a dessiné sa maison dans le pignon nord de la grande maison de Saarinen (maintenant un hôtel).

Aujourd'hui, l'ensemble a été reconverti en un centre culturel et un musée qui attirent des milliers de visiteurs, et où ont lieu des séminaires et des expositions d'art. Tout y est conçu dans une parfaite harmonie de styles où l'Art nouveau se mêle à l'art médiéval finlandais, - du plan de la maison aux couverts, du mobilier aux rideaux.

On doit à Akseli Gallen-Kallela les peintures murales et celles du plafond de la grande salle à manger. Les luminaires et même les verres ont été dessinés par Saarinen, les ryijy (tapis de haute laine à point noué) furent tissés par sa femme, les céramiques proviennent de la fabrique Iris que Louis Sparre avait fondée à Porvoo, William Finch a exécuté les carreaux de toutes les cheminées des 32 pièces de la maison.

LES PETITES VILLES VERS L'EST

A une demi-heure de voiture d'Helsinki (50 km), **Porvoo** est un adorable village avec des maisons en bois, en face de l'archipel du même nom. Dans les petites boutiques du vieux quartier, on peut chiner de jolis objets anciens et neufs. La maison du poète national Runeberg est située dans l'Aleksanterinkatu 3.

Une solution peu onéreuse d'hébergement est offerte par l'Auberge de jeunesse de Porvoo qui occupe une belle maison de bois aux n°1 à 3 de la Linnankatu (✆ 915 130 012). Très demandée en été, elle est souvent complète. Le lit (qu'il serait prudent de réserver à l'avance) coûte FIM 40.

Si vous voulez vous offrir le grand luxe...

Haikko Manoir, ✆ 915 57 601. *Minimum FIM 500 la nuit. Finnair propose une semaine de soins au Manoir de Haikko, vol A/R Paris-Helsinki compris, pour 5 590 FF.* A 7 km de Porvoo, Haikko est un joli manoir en bois caché dans les bouleaux. Lieu magique, entre lacs et forêts, ce centre de thalasso accueillit des membres de la cour de Russie au siècle dernier.

Le manoir lui-même est une petite merveille de simplicité et de confort désuet. Ici, pour retrouver énergie et beauté, on apprend à se mettre au diapason de la nature aidé en cela par 4 saunas vastes et confortables, une piscine intérieure à 28°C, et une autre à l'extérieur pour les moins frileux. Au studio anti-stress, on pratique la relaxation sur fond musical de chants d'oiseaux et de clapotis de source.

Loviisa est une autre petite ville charmante sur la côte, à quelque 90 km d'Helsinki. Fondée en 1745, elle fut nommée d'après la reine suédoise Lovisia Ulrika. Au XVIIIe siècle, elle faisait partie des trois seules villes en Finlande autorisées à faire du commerce avec l'étranger. Au temps de grands voiliers, Loviisa devint un port important et une ville d'eau prisée par l'aristocratie. La majorité de sa population est restée suédophone.

Loviisa, ville frontière, était aussi une ville de garnison. Après la seconde guerre mondiale, elle fut obligée de maintenir la production de ses chantiers navals pour satisfaire aux exigences du traité de paix imposé par l'ex-URSS.

La plus orientale des villes de Finlande

Hamina est célèbre pour avoir été la ville de la signature du traité de paix qui conduisit, en 1809, à l'annexion de la Finlande par la Russie. La ville fut bâtie en 1653 par Pehr Brahe afin de protéger la région frontalière. Son plan étoilé, considéré comme une curiosité architecturale, marqua un retour aux conceptions de Vauban en matière de fortifications. Cette configuration urbaine qui s'articule autour de l'hôtel de ville, et les teintes pastel de ses maisons de bois, donnent à la cité infiniment de charme.

A 2 km du centre-ville, un ancien manoir, le **Jamilahden Kansanopisto**, joliment situé au bord de la mer, loue des chambres durant l'été : de FIM 100 à 180 (moins cher si l'on apporte ses propres draps).

Le bateau **SS Hyöky** loue ses cabines à FIM 150 la nuit. Le confort n'y est pas des meilleurs, mais c'est une manière originale de passer la nuit près de la frontière russe.

L'**hôtel Gasthaus** (Kaivokatu 4, ✆ 952 41 434) offre des chambres à partir de FIM 280, et un restaurant, fort populaire la nuit où l'on danse, où l'on danse...

Par les beaux week-ends d'été, la **Pursiravintola Vantti**, sur l'île de Pieni Vuohisaari, est exactement l'endroit où il faut aller pour dîner et danser aux sons d'un orchestre live. Pour y accéder : un bateau à partir du port Tervasaari. Le trajet coûte FIM 5.

L'Office du tourisme, Pikkuympyräkatu 5, est ouvert en semaine de 8h à 16h. ✆ 952 495 520.

N.B. De nombreux Russes traversent la frontière pour vendre tout et n'importe quoi sur le marché aux puces.

A peine 50 km séparent Hamina de Vaalima, l'un des rares postes-frontières d'où les étrangers peuvent gagner le territoire russe, pour visiter des endroits comme Viipuri (Vyborg) ou Saint-Pétersbourg.

La frontière, aujourd'hui encore, reste définie par un no-man's land. Le démantèlement de l'ex-Union soviétique a certes facilité les échanges avec l'étranger, mais les voyageurs doivent être en possession d'un visa pour la Russie indiquant la durée du séjour et la ville à visiter. Il faut également préciser son lieu d'hébergement, et le montant de devises dont on dispose.

A PARTIR D'HELSINKI

Croisières sur la Baltique

La façon la plus simple de se rendre en Russie consiste à s'adresser à une agence de voyages à Helsinki afin qu'elle se charge de toutes les démarches pour l'obtention d'un visa. La demande doit néanmoins être faite une dizaine de jours avant la date de départ prévue.

Excursions vers Saint-Pétersbourg et Tallin

A Helsinki, la *Baltique Express Line*, Kluuvikatu 6, ✆ (9) 0 665 755, assure des liaisons régulières entre Helsinki et Saint-Pétersbourg. La *Sally Line,* ✆ (9) 0 173 321, propose une croisière de 3 à 4 jours qui permet de découvrir, entre autre, l'ancienne capitale des tsars. Ce voyage comprend l'hébergement (à bord du bateau) et les services d'un guide. (Même des passagers qui n'ont pas de visa peuvent participer à cette excursion, à condition de ne suivre que les visites guidées).

Les ferries réguliers et, pendant la saison d'été les hydroglisseurs de l'*Estonian Shipping,* assurent des liaisons entre Helsinki et la capitale estonienne, Tallin. Les offices du tourisme vous indiqueront les compagnies maritimes à contacter.

Il existe aussi des agences spécialisées dans les voyages en bus, en train ou en avion à destination de la Russie. S'adresser à : *Are Travel,* ✆ (9) 0 18 551, FinnSov, ✆ (9) 0 694 2O11 ou Travela, ✆ (9) 0 624 1O1.

LA NUIT BLANCHE

Je crois revoir une époque lointaine,
Une maison du quartier Pétersbourg.
Ta mère est une pauvre châtelaine,
Tu viens de Koursk et tu suis quelques cours.(...)
La dévotion timide qui nous rive
Comme un mystère est celle qui saisit
Tout Pétersbourg qui tend sur l'autre rive
De la Néva son ruban infini.

Le docteur Jivago - Boris Pasternak

Helsinki et les Républiques baltes

L'Estonie, la Lettonie et la Lituanie ont, depuis des siècles, subi les "caprices" de leurs puissants voisins. D'abord les rois teutoniques, puis les Danois, les Polonais, les Suédois, les tsars russes et, jusqu'à leur libération récente, le rideau de fer de l'ex-Union soviétique...

Le centre-ville de **Tallin**, capitale de l'Estonie, à l'architecture médiévale est dominé par la "colline du Château".

La Lettonie compte une douzaine de villes hanséatiques dont **Riga**, la capitale. Cette dernière offre une variété exceptionnelle de styles architecturaux : gothique, Renaissance, baroque, romantique, classique, Art nouveau, etc.

La *"Via Baltica"* est une autoroute allant de Tallin à **Vilnius** (capitale de la Lituanie), en passant par Riga en Lettonie. Cette route est devenue un symbole de liberté depuis le 23 août 1989, jour où les Estoniens, les Lettons et les Lituaniens se sont donné la main pour former une chaîne humaine ininterrompue à travers les trois pays.

LE SUD-OUEST

LES COLLECTIONS DU PETIT FUTÉ

Country-Guide

Définition : guides de voy

Prix : de 69 à 8

Proposant trois formules en un seul ouvrage, les Country Guides s des guides de culture, d'informations pratiques et d'aventu Consacrés à un pays, voire à une mégapole, ils couvrent trois volets tourisme et du voyage : les destinations traditionnelles (essentiellem l'Europe), les destinations typiquement exotiques proposées par agences de voyage (Mexique, Turquie, Thaïlande...) et les destinatio atypiques sur lesquelles les informations sont rares et les perspectives de dévelop ment touristique importantes ou intéressantes (Viêt-nam, Laos, Liban, Syrie, Afrique Sud...). 40 titres sont parus en 38 mois, 14 sont en préparation.

Guides-Régio

Définition : guides pour découvrir les provinc

Prix : de 59

Sur le modèle des Country Guides, ils parcourent dans un premi temps les régions françaises, recensent par le menu richesses hist riques et curiosités naturelles, informent des meilleures adresses et lie de détente, et proposent des itinéraires précis. 14 titres sont déjà paru La collection comptera de 17 à 20 titres en France et s'ouvrira par suite sur une trentaine des régions les plus célèbres à l'étranger (Ecoss Toscane, Bali, Andalousie...).

City-Guide

Définition : guides urbains de consommatic

Prix : de 29 F à 59

Trois collections : d'une part les éditions annuellement remises jour des 20 plus grandes villes de France, de Bordeaux Strasbourg en passant par Paris ; d'autre part les quelque 30 édition de ville de moyenne importance et les principales conurbations tou ristiques françaises (Pays basque, St-Malo-Côte d'Emeraude Périgueux-Périgord...). Le Petit Futé City Guide, c'est le guide-vademecum de tout habitant soucieux de vivre l'essentiel de son pouvoir d'achat et les à-côtés ludique de sa ville. Ce même type de guide est offert à l'étranger aux habitants de Bruxelles Flandre (De Kleine Slimmerik), San Sebastián (El Sabelotodo), Montréal...

Guides Week-en

Définition : guides de proximité pour loisirs et consommatic

Prix : 30

Orientée sur les départements à fort potentiel touristique, la collec tion propose des éditions basées sur le tourisme et la consomma tion hors des villes (Berry, Gironde, Gers, Calvados...) La collection comporte actuellement 12 titres. Autant d'échappées belles parmi les beautés historiques et les meilleures adresses des régions.

COTE DU SUD-OUEST

Itinéraire à partir d'Helsinki :
Lohja, Hanko (Hangö) (127 km d'Helsinki), Turku (Åbo) (165 km d'Helsinki) et Naantali face au magnifique archipel d'Åland.

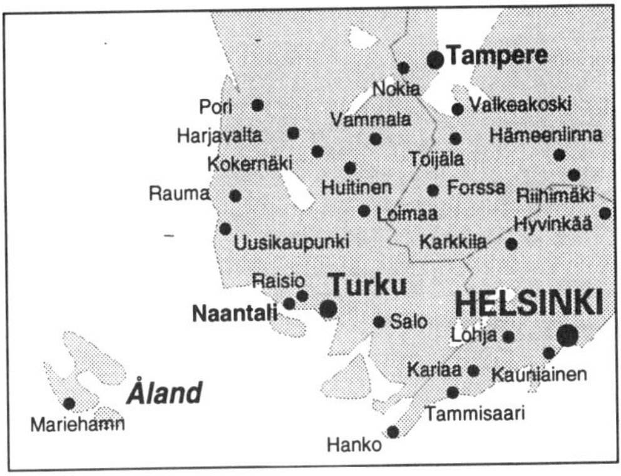

Le Sud-Ouest, caractérisé par son vieil héritage culturel, offre au visiteur ses églises médiévales en pierre naturelle, ses vieux châteaux et ses forteresses, témoignages de l'histoire de la Finlande et de son peuple. La forteresse de Suomenlinna face à Helsinki et celle de Bomarsund aux îles d'Åland, furent construites à partir du XIIIe siècle selon les méthodes suédoises d'abord, russes ensuite. Les imposants châteaux forts de Turku et de Kastelholm dans l'archipel d'Åland, ont été magnifiquement restaurés.

La route qui longe des prés et des champs, des lacs et des forêts, traverse une région agricole au relief plat. Situées dans l'intérieur du pays, Lohja et son église à fresques médiévales méritent un détour. Si la campagne au cœur de cette région est imprégnée de vieille culture, c'est sur le littoral et dans l'archipel que la nature se dévoile sous son plus bel aspect.

Hanko (Hangö), une idyllique ville balnéaire, avec son yacht-club et sa jolie marina, accueille voiliers et bateaux. Le littoral alentour, avec son air vif où domine l'odeur âcre du goémon, est semé de multiples maisonnettes, dispersées dans le chatoiement de bruyères mêlées d'ajoncs.

Les **archipels d'Åland** et de **Turku** offrent un paradis pour les plaisanciers. **Naantali** - qui s'est développée à l'ombre d'un couvent de Brigittines (à présent disparu), est aujourd'hui réputée pour sa station thermale et son port de plaisance.

TURKU, l'ancienne capitale de la Finlande

Åbo, 160 000 habitants.

D'origine slave, le mot *"turku"* signifie "place de marché" ou "place de commerce". Le fleuve **Aurajoki** qui traverse la ville, la divise en deux parties presque égales. Le centre, situé jadis sur le côté est d'Aurajoki, autour de la cathédrale, s'est déplacé vers les quartiers commerçants du **Kauppatori** sur la rive Ouest.

Située sur la côte de la Baltique face à la Suède, l'ancienne capitale conserve de nombreux souvenirs du temps où la Finlande faisait partie de la couronne suédoise : la cathédrale (**Tuomkirkko**) et le château de Turku (**Turunnlina**), datant tous deux de plus de sept siècles.

Ville de festivals de musique, Turku présente, dans sa vénérable cathédrale, des concerts gratuits d'orgues (le soir vers 20h) et, dans son château, des concerts de nuit payants (vers 22h). Durant les nuits claires de l'été, des bals sous les lampions sont souvent organisés sur les quais le long du fleuve Aurajoki.

La rive droite du fleuve Aurajoki

On y trouve la place du marché (**Kauppatori**), le **Taidemuseo** et le **château médiéval**.

Centre actuel de la ville, la place du marché, toujours animée et colorée le matin, est bordée de grands magasins de Wiklund, de banques, de nombreuses boutiques, du Théâtre suédois et, de l'église orthodoxe, au nord.

Au n° 16 de la Eerikinkatunon (non loin du Kauppatori), le marché couvert qui date de 1896, présente ses quelque 70 étals de poissons, de viandes, de fromages, de fruits et légumes, de pâtisseries, de produits écologiques et de souvenirs.

Près du Kauppatori, le passage couvert de la Hanse (Turku était une ville hanséatique au Moyen Age), est une galerie commerciale qui marie sous son toit de verre, architecture contemporaine et ancienne.

L'église orthodoxe. *Ouverte de 10h à 15h, et dimanche de 12h à 15h. Vente d'objets de culte (superbes encensoirs) et de K7 de chants grégoriens.* Elle est située en bordure de la place du marché. Terminée en 1846, elle fut la dernière œuvre de l'architecte Engel. Une belle iconostase sépare le sanctuaire du reste de l'église ornée de quelques très belles icônes.

Turun Tademuseo (musée des Beaux-Arts). *Ouvert de 10h à 16h, le dimanche jusqu'à 18h. Entrée FIM 15.* Situé au bout de l'Aurakatu (qui longe le Kauppatori), cet imposant édifice du plus pur style Art nouveau s'élève en haut d'un parc en terrasses. Le musée expose des artistes finlandais classiques comme Gallen-Kallela, Simberg, Wainö Aaltonen, et aussi plus contemporains tels qu'Ellen Thesleff et Helena Schjerfbeck.

Turunnlina (château de Turku) est le monument historique le plus important de Finlande. La puissante construction en granit gris comporte deux corps de logis réunis par deux tours massives. Le château, qui sert aujourd'hui de musée, présente dans son annexe une exposition permanente sur l'histoire de la ville. On peut également y assister à des concerts et louer ses salles médiévales pour y organiser des banquets. *Ouvert de 10h à 18h, accès par bus n°1. Entrée FIM 15.*

La rive gauche de l'Aurajoki

La **cathédrale**, le **musée Aaltonen** et la **colline de Luostarinmäki**. Venant du Kauppatori et du centre d'affaires, on gagne la rive gauche soit par le pont Aurasilta, soit par le Tuomiokirkkosilta. Ici voisinent la ville médiévale, celle de **Per Brahe** (du XVIIe), et celle d'aujourd'hui. La cathédrale continue à dominer la vieille cité de ses hautes flèches ; le fleuve serpente toujours en méandres sinueux jusqu'à la mer ; comme au XVIIIe siècle, les étudiants animent encore le quartier.

La cathédrale. *Ouverte tous les jours de 10h à 18h, le samedi jusqu'à 15h, le dimanche après la messe jusqu'à 16h30. Entrée du musée de la cathédrale FIM 5.* Le plus vieil édifice de la ville, est le siège de l'archevêché évangélique. Sa construction, commencée en 1280 ne s'acheva que deux cents ans plus tard. Pendant des siècles, elle fut avec Lund, Nidaros et Roskilde, l'un des hauts lieux de la chrétienté dans le Nord. Mais elle seule rayonne sur la terra incognita qu'était, au-delà de Turku, l'immense territoire de lacs et de forêts qui, d'une part, s'étendait jusqu'à la terre lapone et qui, d'autre part, rejoignait la civilisation de Byzance, aux abords du lac Ladoga.

La cathédrale abrite un monument à la gloire de Mikael Agricola, réformateur finlandais et disciple de Luther, devenu plus tard évêque de Turku.

Devant la cathédrale, un grand et beau parc est partagé en deux par la rue Uudenmaankatu. Tout ce quartier de grande allure constitue un magnifique ensemble néo-classique. Le plus imposant de ses bâtiments, l'ancienne Académie, possède une superbe salle de fêtes aux colonnes de granit. L'Académie de Turku resta le seul relais de l'humanisme européen jusqu'à ce qu'en 1812 le tsar de Russie, grand duc de Finlande, s'avisant que Turku était beaucoup trop proche de la Suède (tant sur le plan géographique que culturel) décida de faire d'Helsinki (plus proche de Saint-Pétersbourg), la nouvelle capitale du grand-duché. Ainsi furent détrônées Turku et sa prestigieuse Académie.

Du haut de la ville, on embrasse du regard le fleuve Aurajoki et ses belles rives que bordent le musée Sibelius, le Centre culturel, la Bibliothèque et le Théâtre municipal.

Le musée Sibelius, Piispankatu 17 (derrière la cathédrale), l'un des musées les plus vivants et les plus intéressants de Turku, abrite plus de 700 instruments dont quelques pièces rares, et d'importantes archives du grand compositeur Sibelius. Au printemps et à l'automne, des concerts ont lieu dans le musée. *Ouvert tous les jours sauf lundi de 11h à 15h, le mercredi nocturne de 18h à 20h. Entrée FIM 10.*

Musée "Ett Hem", Piispankatu 14. *Ouvert du mardi au vendredi de 13h à 15h. Entrée FIM 10.* Il est aménagé dans une des maisons néo-classiques du quartier de la cathédrale.

L'ancien observatoire de 1819 (sur la colline de Vartiovuori) abrite le Musée maritime qui présente une exposition permanente sur l'histoire de la navigation, le commerce et la voile à Turku. *Entrée FIM 7.*

En 1827, la ville fut presque entièrement détruite par un incendie. Seul fut épargné sur la colline de Luostarinmäki, un modeste quartier des artisans, reconverti depuis en musée de plein air de Luostarinmäki. Constituant un véritable village, plus de 30 ateliers y sont parfaitement conservés avec leurs enseignes, leurs meubles, leurs outils. L'ensemble offre une image très vivante des coutumes et des commerces aux XVIIIe et XIXe siècles. En été, on y donne des spectacles de danses folkloriques et des concerts. Chaque année, au mois d'août, s'y déroulent les journées de l'artisanat. *Le musée est ouvert de 10h à 18h. Entrée FIM 15.*

Wäino Aaltonen museo, Itänenkatu 38. Construit en contrebas du grand moulin à vent de Samppalinna de 1861 (une des vues les plus typiques de Turku) et environné de verdure, ce bâtiment moderne en pierre blanche présente un panorama de diverses tendances de la peinture et de l'architecture contemporaines. Un panorama fortement marqué par la figure nationale du sculpteur Aaltonen, lequel, né en 1894, célébra dans la pierre les patriotes et les héros de la jeune Finlande indépendante (voir la statue du sportif national, Pavo Nurmi à Helsinki, ou celle des solides et vaillants flotteurs de bois à Tampere). *Ouvert de 10h à 16h et de 18h à 20h (pas de nocturne le week-end).*

Ayant définitivement jeté l'ancre sur les rives de l'Aurajolki, en plein centre-ville, deux vieux voiliers sont devenus à présent des bateaux-musées.

Le grand voilier blanc *Suomen Joutsen* (le Cygne de Finlande) est sorti en 1902 (sous le nom de *Laënnec*) des chantiers français de Saint-Nazaire. Après avoir fait 9 fois le tour du monde, il a servi de bateau-école pour les futurs marins. L'école ayant fermé en 1988, le voilier-musée est ouvert au public. *Entrée FIM 10. La cafétéria sur le pont est ouverte de 10h à 18h.*

Le voilier noir, le *Sigyn*, mis à l'eau en 1887 à Göteborg, fut acheté par la Finlande en 1927. C'est le seul cargo à voiles en bois (chêne et pin) encore existant. Ouvert au public tous les jours, sauf lundi, de 10h à 15h, samedi jusqu'à 17h. Entrée FIM 10.

Chaque année se déroule sur le fleuve une course universitaire d'aviron qui attire une foule de curieux le long des berges.

Le *Festival de musique classique de Turku* a lieu en août. Dès le mois de juin, sur l'île de Ruissalo, à quelques kilomètres de la ville, se tient le festival de rock Ruisrock.

■ Quelques adresse utiles

Office du tourisme de Turku - Aurakatu 4. ✆ (9) 21 627 501.

Point de rendez-vous international - Hämeenkatu 15. ✆ (9) 21 623 373.

"Info & Café" Jeunes Voyageurs - Läntinen Rantakatu 47-49 (près de la rivière). ✆ (9) 21 307 736. Consigne gratuite, douches, cuisine, location de vélos et laverie automatique.

■■ SE LOGER

■ Le meilleur service pour pas cher

Auberge de jeunesse Turku Town Hostel - Linankatu 39. ✆ (9) 21 316 578. Bus n° 1 à partir du terminal des ferries, bus n° 30 à partir de la gare ferroviaire. L'une des meilleures AJ de Finlande, située non loin du centre, près du pont Martinsilta sur la rivière Aurajoki. Toutes sortes de services, y compris l'utilisation gratuite des machines à laver le linge. Le lit en dortoir FIM 35, chambre double FIM 110.

■ Café-couette à la finlandaise

Bed & breakfast - Vanha Littoistentie 27. ✆ (9) 21 373 902. Chambre double FIM 150.

■ Le plus chaste, surveillé par les nonnes

Birgittalaisluostarin Vieraskoti (couvent des Birgittines) - Ursinkatu 15A. ✆ (9) 21 501 910. *Chambre double FIM 280.* Une auberge tenue par des bonnes sœurs, dont il faut respecter les (bonnes) mœurs.

■ L'hôtel le plus vénérable

City Hamburger Börs (Sokos) - Kauppisakatu 6. ✆ (9) 21 311 010 - Fax 21 311 010. Chambre double FIM 300. Le *Hamburger Börs* n'a rien à voir avec un hamburger américain ; son nom vient de la ville de Hambourg et de ses valeurs boursières. Son *restaurant Fransmanni* est de bonne réputation, et le *Börs Night-Club* est l'un des meilleurs de la ville. On peut y réserver la salle Art nouveau pour des dîners très classe.

■ La vie de palace

Marina Palace (Artica) - Linnankatu 32. ✆ (9) 21 651 211 - Fax 21 515 750. *Chambre double FIM 690.* Le petit déjeuner est servi sur la terrasse du toit de l'hôtel qui offre une vue splendide de la colline boisée et de l'ancien moulin sur l'autre rive d'Aurajoki. Sauna et piscine également au dernier étage. Le *Dancing Marina,* ouvert tous les jours à partir de 21h, est régulièrement bondé jusqu'au petit matin. Son très chic *restaurant Riveraine Grill* au 8e étage affiche au menu la perdrix des neiges aux morilles. La terrasse du plus populaire *restaurant Calamare* au rez-de-chaussée, donne sur la rue piétonne entre l'hôtel et le fleuve aux bateaux ancrés juste en face.

■■ RESTAURANTS

■ Les moins chers

Turun Kasvisravintola Verso - Linnankatu 3. ✆ (9) 21 251 0956. Restaurant végétarien.

Pizzeria Dennis - Linnankatu 17. ✆ (9) 21 251 1440.

■ Le plus rétro

Samppalinna - It. Rantakatu. ✆ (9) 21 231 1165. La petite demeure aux dentelles de bois (genre nid d'amour pour quelque Anna Karenine finlandaise), est noyée dans la verdure sur la rive est de l'Aurajoki. L'intérieur est décoré de lourdes tentures de velours grenat. Après le dîner, on danse toute la nuit sous les lampions multicolores de la terrasse.

■ Le plus historique

Pinella - Porthanin puisto. ✆ (9) 21 251 7557. Un restaurant d'été, situé dans le parc Porthanin puisto, juste au-dessus de la colonnade dorique dite Gylich qui fait face à l'Aurajoki. Ouvert en 1863 par un Italien, il devint vite le rendez-vous des artistes et des intellectuels de Turku de l'époque. Après la mort de son propriétaire, le Pinella déclina pour devenir une sorte de QG des étudiants. Actuellement, les musées de la ville soutiennent financièrement ce restaurant qui a gardé tout le charme de son caractère d'antan.

■ Le plus authentique

Suomalainen Pohja - Aurakatu 24. ✆ (9) 21 251 2000. Cuisine finlandaise traditionnelle. Au menu : saucisse aux raisins secs, soupe aux harengs de la Baltique, pain de seigle fermenté.

■ Le plus snob

Svenska Klubben - Aurakatu 1B. ✆ (9) 21 233 3344. Le restaurant du club suédois.

■ Sur un bateau

Svarte Rudolf - It. Rantakatu. ✆ (9) 21 231 1165. Un ancien bateau ancré sur la rive est de l'Aurajoki, fort agréable en été.

Tous les autres

Alabama Datacity - Lemminkäisenkatu 14-18B. ✆ (9) 21 637 1700.

Brahen Kellari - Puolalankatu 1. ✆ (9) 21 232 5400.

Makumatkat - Humalistonkatu 22. ✆ (9) 21 251 1014.

Teini - Uudenmaankatu 1. ✆ (9) 21 233 0203.

PUBS ET BOITES DE NUIT

Olavin Krouvi - Hämenkatu 30. Un bar estudiantin avec de la musique live.

Pub Port Arthur - Puutarhakatu 35.

Taskumatti - Hôtel Nukkamatti, Satakunnatie 177.

Luigi - Yliopistonkatu 17. ✆ (9) 21 251 2001. Boîte de nuit qui fait aussi restaurant.

Downtown - Linnankatu 17. ✆ (9) 21 231 4020.

EXCURSIONS

Visites guidées de la ville

Tour guidé de la ville en deux heures, comprenant la visite de la cathédrale de Turku (en anglais et en suédois). Départ à 13 h de l'office du tourisme, Aurakatu 4. Prix FIM 60.

Visite guidée matinale à partir du port de Turku. Départ à 8h30. Prix FIM 75. Ageba Travel Agency, Viking Line Terminal. ✆ (9) 21 302 999. En anglais, suédois et finnois.

Mini-croisières dans l'archipel de Turku à partir de la rivière Aura dans le centre-ville

A partir du pont Auransilta : M/S Aristo et M/S Reginatan. Départs quotidiens à 12h, trajet Turku et Naantali environ quatre heures. Prix aller simple FIM 50.

Les vendredis à 17h, excursion à la résidence d'été du président de la République à Naantali. FIM 90.

A partir du pont Martinsilta : le vapeur S/S Ukkopekka bien que renové, garde son atmosphère caractéristique d'autrefois. A bord, un restaurant chic et une pièce de jeux pour les enfants. Pendant les belles soirées d'été, on danse sur le quai où il est ancré. Adresse : Linnankatu 38. ✆ (9) 21 330 123. - Départs quotidiens à 9h pour le "Moomin World" à Naantali, trajet d'environ trois heures, aller simple FIM 60.

l'île de Ruissalo (Runsala)

A 4 km à l'ouest du centre-ville, accès par bus n°8 du Kauppatori, ou par le vapeur *Ukkopekka.*

Située dans l'estuaire de l'Aurajoki, l'île de Ruissalo est reliée à la terre ferme par un pont. S'étendant sur neuf kilomètres, l'île entière est une sorte de parc public avec une belle végétation, un bois de chênes, et des équipements qui comprennent des saunas et une chute d'eau pour les enfants. Outre ses belles plages, dont une pour les nudistes, c'est aussi un véritable paradis pour les joggers, promeneurs et cyclistes.

Sans oublier un terrain de golf à proximité de l'**hôtel thalasso Ruissalo**. ✆ (9) 21 605 511. *Chambre double 620.*

Ruissalo Camping. ✆ (9) 21 258 0219. *Emplacement camping : FIM 50 par famille et FIM 25 une personne seule.*

A voir sur l'île : les **jardins botaniques de l'université de Turku.** Le portail est ouvert tous les jours de 8h à 20h. Les jardins potagers comprennent des herbes aromatiques et médicinales, des croisements de nouveaux légumes, des fruits et des baies. La récente roseraie voisine expose de rosiers à l'ancienne dont certains fleurissaient déjà au XVIIe siècle !

La villa Roma aux superbes sculptures ornementales, et située dans un environnement verdoyant, est l'une des plus belles villas de Finlande. En été, le bâtiment principal, les annexes et le parc prêtent leur cadre à des expositions artistiques. Le musée des jouets anciens et la cafétéria exhalent le parfum nostalgique d'une maison du siècle passé.

■■ EXCURSIONS DANS LES ENVIRONS DE TURKU

A partir de Turku, l'excursion classique "le Tour des Sept Églises" (médiévales) permet de traverser la fertile province du Sud-Ouest, appelée également le grenier de la Finlande. Ce tour d'environ 70 km nécessite une journée entière.

Excursions nautiques dans l'archipel de Turku

Turku est un traditionnel lieu de passage vers l'ouest. De grands car-ferries en partent quotidiennement pour Stockholm. L'itinéraire, digne des meilleures croisières de luxe, se faufile à travers le labyrinthe de l'archipel.

Formant l'un des paysages les plus étonnants que l'on puisse voir, les merveilleuses îles de l'archipel tout proche sont aussi accessibles par bateau. Départs de Naantali, port contigu à Turku.

NAANTALI, le charme d'une ancienne ville d'eau

11 000 habitants.

Office du tourisme - Kaivotori 2. ✆ (9) 21 850 850, près du port de plaisance.

A 15 km au nord-ouest de Turku, le petit port de Naantali reste un lieu de villégiature très chic. La vieille ville aux rues étroites entre les maisons de bois forme un véritable décor de musée vivant, au charme délicieusement désuet. La **cathédrale** a l'air d'avoir complètement oublié le temps qui passe. Les soirs d'été à 20h, les vêpres sont annoncées du haut de la tour par une trompette.

Le **Festival de musique de chambre de Naantali** se déroule au mois de juin au monastère médiéval, à l'entrée duquel on se bouscule pendant deux semaines.

La réputation de Naantali en tant que ville thermale remonte à 1723, à l'époque où l'on commençait à prendre les eaux à la source de Viluluoto. Les thermes de Naantali furent ouverts en 1863, et à la fin du siècle la petite ville était déjà un endroit très couru.

Le tout nouveau établissement thermal date de 1984. **Hôtel Naantalin Kylpylä Spa** - Matkailijantie 2. ✆ (9) 21 857 711 - Fax 21 857 790. *Chambre double de FIM 540 à 780.*

Le port de plaisance, environné par une mer étincelante sous le soleil d'été offre de nombreux restaurants bien connus de plaisanciers suédois qui traversent chaque année la mer d'Åland pour rendre visite aux Finlandais.

Outre ses monuments historiques, l'ancienne ville thermale possède, depuis 1993, une attraction plus récente : le **"Monde des Moumines"**, mi-conte de fées, mi-BD, fait revivre les célèbres personnages de la célèbre écrivain finlandaise Tove Jansson.

Le président de la Finlande passe ses vacances d'été à Naantali. Les roseraies de sa résidence Kultaranta peuvent être visitées tous les jours avec un guide (à réserver auprès de l'office du tourisme). Les vendredis de 8h à 20h, les grilles des jardins de la résidence s'ouvrent toutes grandes au public (sans guide).

Restaurant Merisali, sur le port, buffet de poissons FIM 40.

Restaurant Kala-Trappi - Nunnakatu 3. ✆ (9) 21 752 477. Cuisine finlandaise traditionnelle. Au menu : assortiment de harengs, lavaret grillé sauce aux champignons du pays, parfait aux airelles, soupe aux morilles, sandre grillé à la crème fraîche, glace aux fraises de bois.

LES ILES D'ÅLAND

24 000 habitants.

EN FERRY A TRAVERS L'ARCHIPEL VERS MARIEHAMN

L'archipel se compose d'environ 6 500 îles et îlots de différentes tailles dont certains, vierges comme au premier jour, n'ont encore jamais été visités. Les grands ferries mettent environ 5 heures pour aller de Turku à Mariehamn, une escale sur la route de Stockholm (+ 4h30).

Viking Line : de Turku, un départ par jour à 10h, arrivée à Mariehamn à 16h. Retour : départ de Mariehamn à 14h30, arrivée à Turku à 20h. Prix d'un aller simple FIM 110.

La voiture étant sans utilité à Åland, on peut la garer sans frais à Turku, sur le parking du débarcadère qui se trouve un peu en contrebas du château.

L'archipel entre la Finlande et la Suède

La côte finlandaise (4 600 km) qui compte parmi les régions les plus ensoleillées d'Europe du Nord, possède une quantité d'îles et d'archipels à faire pâlir d'envie Robinson Crusoe. Les paysages rappellent les rives calmes des lacs et la faible salinité de l'eau confirme cette impression. Les marées y sont pratiquement inexistantes.

La mer Baltique a une superficie de 422 000 km2. Plus au nord, le golfe de Finlande est une extension directe de la Baltique, dont il est séparé par l'archipel d'Åland. Celui-ci, constitué de plus de 6 500 îles et îlots qui affleurent entre la Suède et la Finlande, s'étend sur 8 300 km2 jusqu'à Turku.

L'archipel d'Åland, dont le climat est le plus chaud de la Finlande, est aussi connu pour être l'un des plus beaux du monde. La mer et ses plaisirs tiennent ici une place importante. Impossible de ne pas succomber au charme de ce paysage marin, où la belle saison est si douce. Caressées par un vent léger, les petites baies de granit et de sable blanc invitent à la baignade. Fichés sur leur promontoire rocheux, les vieux villages de pêcheurs accueillent la foule des estivants.

Les îles de l'archipel recèlent une flore d'une variété inégalée sous ces latitudes. Anémones, campanules et pensées jonchent à profusion les prairies arborées tandis que sur les rivages granitiques, elles cèdent la place à l'églantier et au framboisier sauvage.

Des îles au statut privilégié

Après l'indépendance de la Finlande, proclamée en 1917, les Russes persistèrent à maintenir des troupes militaires à Åland. La Suède vint alors prêter renfort à son voisin pour bouter les Russes hors du territoire. Ce sui ne manqua pas de poser la question du statut des îles. Chacun des deux pays en revendiqua la possession. En 1920, les insulaires (tous suédophones), demandèrent à la Société des Nations le rattachement des îles à la Suède. Après bien des débats, l'archipel finit par être démilitarisé et déclaré province autonome de la Finlande.

Aujourd'hui, les Ålandais ne sont ni finlandais, ni suédois, - leur passeport porte la mention "Åland". L'archipel a son propre drapeau depuis 1954, et ses propres timbres-poste depuis 1984. La Finlande y détient encore le pouvoir législatif (impôts directs), mais par ailleurs l'archipel a tous les pouvoirs d'un petit État. Au début des années 1990, alors que les banques finlandaises connaissaient une crise profonde, la Banque d'Åland, gérée par des hommes d'affaires de l'île, continua à faire des bénéfices. Le revenu moyen par habitant dans l'archipel est de 40 % supérieur à la moyenne nationale finlandaise. On comprend dans ces conditions qu'avec un niveau de vie aussi élevé, les habitants d'Åland revendiquent un statut de zone franche dans leurs négociations avec la Communauté européenne.

MARIEHAMN, la "ville aux mille tilleuls"

10 000 habitants.

L'île principale est profondément découpée par de nombreuses baies, et donne par trois côtés sur la haute mer. Mariehamn, au port si charmant, est l'unique ville de l'archipel. Elle est appelée la "ville aux mille tilleuls" en raison de sa longue avenue bordée par ces arbres. C'est une pimpante petite ville aux maisons de bois peintes cachées à l'ombre de pommiers et de cerisiers

Située sur un promontoire étroit qui s'avance entre deux ports : le port de l'Ouest (pour les gros bateaux et ferries) et le port de l'Est (moins profond, réservé aux plaisanciers), Mariehamn est un carrefour dynamique du tourisme et du transport maritime. Les car-ferries y assurent un service quotidien vers la Suède et vers la Finlande (Turku et Naantali).

Mariehamn est située sur une longue et étroite péninsule entre le port Ouest (**Västra Hamnen**) et le port Est (**Östra Hamnen**). Les deux ports sont reliés par une avenue de tilleuls, longue d'un kilomètre, **Storagatan** et **Norra Esplanaden**. Le port des grands ferries, où débarquent la plupart des visiteurs se trouve à l'ouest.

Le parc surplombant le port Ouest comporte la célèbre **Majstång** que les Ålandais parent de neuf chaque année, à la Saint-Jean et, dans une petite futaie de pins, une estrade pour le bal du samedi soir. Au bout du parc, en bord de mer, le charmant pavillon du club de plaisanciers ÅSS, fut dessiné par l'architecte Lars Sonck dans le style romantique national. La terrasse du restaurant donnant sur l'eau est très agréable en fin de journée dans la lumière des crépuscules diaphanes de l'archipel...

Le magnifique voilier, *Pommern,* un superbe quatre-mâts aux 29 voiles, l'un des plus grands du monde, est désormais amarré dans le port Ouest et transformé en musée flottant. Entrée FIM 15.

Le Musée maritime (Sjöfartsmuseet) retrace l'histoire maritime d'Åland. Très belles figures de proues et maquettes de bateaux. Entrée FIM 20.

Le Musée régional (Ålands Museum). Les us et coutumes locaux. Entrée FIM 15.

De l'autre côté de l'île (et de la ville), dans le port de plaisanciers Est, on peut voir la goélette *Linden* et le ketch *Albanus.* Un grand nombre de plaisanciers viennent ici avec leur propre bateau de Scandinavie, d'Europe du Nord et d'Angleterre.
"Lilla Holmen", avec sa plage de sable blanc, est un petit parc très prisé par les enfants, surtout pour ses canards, ses curieuses poules à plumes aux pattes et autres volatiles domestiques.

Bureau d'information touristique d'Åland - Storagatan 11 - 22100 Mariehamn. ✆ (9) 28 27 300.

■■ SE LOGER

■ Pour ceux qui ont une tente

Gröna Udden. ✆ (9) 28 19 041. *Emplacement FIM 10 par personne. Il n'y a pas de chalet à louer.* Le camping le plus coté, occupe un très beau site entre Östernäsvägen et la mer, avec une plage pour la baignade.

■ Pour louer des chalets

Strandberg fritidsstugor - Varvsv. ✆ (9) 28 22 855 - Fax 22 856.

■ AJ dans un charmant bateau

Alida, Östra Hamnen. ✆ (9) 28 13 755. *Le lit coûte FIM 95 par nuit (FIM 70 si vous apportez vos propres draps). Réserver à l'avance pour le mois de juin.* C'est un petit bateau (ex-auberge de jeunesse) ancré dans le port d'Östra Hamnen. Plats chauds à la cafétéria sur le pont (FIM 30 à 40), tables dehors quand il fait beau, des paniers pique-nique sur demande. Les toutes petites cabines à hublot constituent l'hébergement le moins cher et le plus original de Mariehamn.

■ Le plus commode

Hôtel Adlon, Hamngatan 7 (situé tout près du terminal ferry Viking Line). ✆ (9) 28 15 300 - Fax 28 15 300. *Chambre double FIM 550.* L'hôtel propose aussi une solution d'hébergement moins chère, le *Adlon Sleepover* voisin qui consiste en trois bâtiments plus anciens. Les chambres peuvent accueillir jusqu'à 6 personnes et coûtent de FIM 260 à 450 par nuit. Le restaurant de l'hôtel Adlon est bien coté.

■ Le plus chic

Hôtel Arkipelag (Artica), Strandgatan 31. ✆ (9) 28 24 384 - Fax 63 162. *Chambre double FIM 660.* Décoration style bateau de plaisance. Le président de la République, Martii Ahtisaari, y descend quand il est en visite à Åland. Cet hôtel de luxe comprend deux saunas, deux piscines (intérieure et extérieure), une boîte de nuit très courue et un petit casino.

■■ RESTAURANTS

■ Le plus adorable

F.P. Von Knorring - Östra Hamnen. ✆ (9) 28 16 500. Un restaurant chic, style nappes blanches, dans un élégant petit bateau ancré dans le port Est. Excellent pour un tête-à-tête romantique dans ces îles bénies des dieux. Bons plats de poissons.

■ Le plus désuet

Le restaurant du ÅSS du club de plaisanciers. Dans le charmant pavillon rouge et blanc en contrebas du parc surplombant le port Ouest et avec vue sur le voilier Pommern. La terrasse sur l'eau est très agréable au coucher du soleil qui dure ici de 2 à 3 heures.

Sur d'autres îles de l'archipel, citons :

Restaurang Galeasen - Lappo, dans l'île de Brändö. ✆ (9) 28 56 690.

Restaurang Seagram - Lotsudden, dans l'île de Föglö. ✆ (9) 28 51 092. Une ancienne charmante marina blanche, à toit de tuiles roses. Vu au menu : pâté de poisson sauce à la ciboulette, cocktail d'écrevisses, filet de bœuf mariné au cognac, mouton parfumé aux herbes sauvages.

■■ EXCURSION EN BAC

Nombre d'îles sont habitées, mais Mariehamn est la seule vraie ville de l'archipel. Les îles voisines les plus proches (**Eckerö**, **Lemland**, **Lumparland**, **Värdö**) sont maintenant reliées par des ponts routiers à l'île principale. Les îles habitées plus éloignées (**Brändö**, **Föglö**, **Kumlinge**, **Kokär**, **Sottunga**) sont reliées à l'île principale par un service gratuit de transbordeurs.

La meilleure façon d'aller à leur découverte est d'embarquer sur un de ces bateaux, en emportant un vélo (que l'on peut louer à Mariehamn). Le vélo permet de découvrir des endroits inattendus le long des itinéraires précis, indiqués sur les cartes de la région.

Ne pas manquer les ruines du monastère franciscain à Kökar et, une des curiosités les plus populaires, la forteresse de Kastelholm du XIVe siècle sur l'île de Sund. Parmi les joyaux de l'architecture religieuse médiévale, l'église de Finström du XIIIe siècle est peut-être la plus remarquable.

LE CENTRE

On parlera de vous
dans la prochaine édition...

Envoyez-nous vos bonnes adresses,
elles seront utiles aux futurs voyageurs.

Voyez le questionnaire en fin du guide ou sur minitel.

LE CENTRE

La région des grands lacs

Les lacs, qui occupent 1/10e du territoire finlandais, forment une entité géographique unique dans toute l'Europe. L'eau et la forêt entremêlées en un véritable labyrinthe, offrent un paysage serein, des plus typiques de ce pays.

Le système lacustre du Centre

Les lacs se trouvent principalement dans le centre du pays. Il ne s'agit pas de bassins ronds et fermés comme on en trouve ailleurs dans le monde, mais de milliers de lacs aux multiples ramifications et aux contours déchiquetés. Parsemés d'une myriade d'îles et d'îlots, ils sont reliés les uns aux autres par des détroits tortueux et des cours d'eau. Un immense système lacustre qui déploie ses rivières et canaux jusqu'à la mer.

Suivant les capricieux méandres de ce dédale aquatique, de vieux vapeurs emmènent les visiteurs pour les balades romantiques, entrecoupées d'arrêts sur les rives de petites villes. Les bateaux avancent doucement au milieu des paysages enchanteurs. On aperçoit sur les rives les maisons de campagne des citadins et leurs incontournables saunas privés. A la belle saison, les eaux peu profondes se réchauffent rapidement. On y pratique la baignade tout l'été à partir de ces pontons flottants en bois, si typiques du paysage lacustre finlandais.

Le **lac Pyhärjärvi** qui s'étend de Hämeenlinna à Tampere, et le **lac Näsijärvi** entre Tampere et Virrat, offrent des possibilités de croisière sur la "route du Poète" et la "ligne d'Argent".

Le **lac Päijänne**, au centre du pays, s'étend du sud au nord entre Lahti et Jyväskyla.

AU NORD-OUEST D'HELSINKI

Itinéraires à partir d'Helsinki :
Helsinki-Hämeelinna (100 km), Tampere (174 km d'Helsinki), Jyväskylä (270 km d'Helsinki).

Les noms d'Iittala (expo à Kalvol près de Hämeenlinna), de Nuutajärvi et de Humppila sont associés au célèbre design finlandais du verre. Le musée du Verre se trouve à Riihimäki (sur la route E79 entre Helsinki et Hämeenlinna).

Véritable "cœur de la Finlande", la région est dominée par un système lacustre qui s'articule autour des grands lacs de Päijänne, Vanajavesi et Näsijärvi. Leurs rivages sinueux, constellés d'innombrables îles, péninsules et promontoires, déploient à l'infini une alternance de bleu et de vert. L'eau et les arbres s'y mêlent inextricablement, les courbes bleues des lacs se nouant aux obscures ondulations des forêts. C'est une nature paisible où l'eau, omniprésente, reflète le bleu du ciel qu'elle capte à travers les futaies de pins ou entre le tremblant feuillage des bouleaux blancs.

HÄMEENLINNA, ville natale de Sibelius

43 000 habitants. Dès le IXe siècle, la région était un important nœud de communications fluviales et terrestres. La ville est liée à l'histoire par son château, à la musique par Sibelius et au tourisme par le parc Aulanko. Datant du XIIIe siècle, le beau château de Hämeenlinna veille toujours sur la petite cité.

Au centre-ville, la place du marché est entourée par des banques, des magasins, l'hôtel de ville et l'église édifiée en 1798 par l'architecte français attaché à la cour de Gustav III : Jean-Louis Desprez.

La maison natale du grand compositeur Sibelius a été transformée en un petit musée raffiné (Hallituskatu 11), où l'on peut voir le piano, le violon, les partitions et les souvenirs de la famille du compositeur.

Infos : Häme Tourist Service - Sibeliusenkatu 5 A. ✆ (9) 17 621 2409.

A 5 km de la ville, le beau **parc d'Aulanko** (80 ha), est réputé pour sa belle forêt et la richesse de sa flore. *Entrée FIM 6.* Cet ancien domaine seigneurial d'Aulanko-Karlsberg, appartenait au colonel Hugo Standertsjöld qui rêvait, au début du siècle dernier, d'y récréer un jardin dans le style européen du continent avec des petits bassins et des pavillons. De ce rêve (qui engloutit la fortune du colonel) sortit Aulanko avec ses arbres exotiques, ses cygnes, la tour d'observation (d'où la vue est superbe sur le parc, les lacs et la forêt) et les petites maisons. Disséminés au milieu de la verdure, se trouvent des tonnelles, deux gracieux pavillons, des belvédères, des courts de tennis, des terrains de jeux, des saunas, une agréable plage, des chemins et des sentiers bordés de bancs de loin en loin. Tout concourt à offrir au passant un confort élégant et discret, et l'impression que ce grand et magnifique domaine lui appartient. Depuis 1930, une grande partie du parc est protégée par l'État

Au centre de loisirs d'Aulanko on trouve également un camping, une auberge de jeunesse et un hôtel. Possibilités de baignade dans le lac.

SE LOGER

L'hôtel le meilleur

L'hôtel Rantasipi à Aulanko et son terrain de golf à 9 trous. ✆ (9) 17 58 801 - Fax 17 21 922. *Chambre double FIM 590 (réductions en été du 25 juin au 31 juillet : FIM 355).* Rantasipi passe pour être le meilleur hôtel de Hämeenlinna. Son restaurant, très fréquenté, est doté d'une grande terrasse et d'une véranda en rotonde. Trois circuits balisés (de 4 à 9 km) sont tracés au départ de l'hôtel. Tout à côté, on peut visiter la Maison de la Soie et son exposition (gratuite).

L'hébergement le moins cher

Auberge de jeunesse Kuusisto à Aulanko. ✆ (9) 17 28 560. *Chambres de 2 ou 3 lits, FIM 60 par personne (draps compris). Ouvert du 29 mai au 16 août.*

L'environnement le plus beau

L'hôtel Vanajanlinna à Harvila (à 10 km du centre-ville de Hämeenlinna). ✆ (9) 17 19 561. Un endroit exceptionnel. Les chambres n'ont pas de confort moderne, mais l'environnement est superbe. *Chambre double de FIM 380 à 480.*

Hôtel et restaurant

Hôtel Emilia - Raatihuoneenkatu 23. ✆ (91) 17 122 106. *Chambre double FIM 250 à 350.* En plein centre-ville. Son restaurant propose une cuisine finlandaise traditionnelle. Au menu, soupe de saumon à la crème, pain de seigle, harengs de la Baltique à la moutarde, pommes de terre au four, ragoût de renne, purée de pommes de terre à l'oignon, compote d'airelles rouges.

SE SUSTENTER

Les meilleures pâtisseries

Le Café Kaneli, à l'ambiance intime dans une demeure ancienne près de la rivière, est connu pour avoir les meilleurs gâteaux au gingembre de la ville.

Le décor le plus charmant

Le restaurant Piparkakkutalo, au charmant décor suranné, est situé derrière l'église. Il offre une très bonne cuisine mais ses prix sont un peu élevés : de FIM 60 à 100 le plat.

S'AMUSER

Les jeunes de 20 à 30 ans se retrouvent à la discothèque **Tiffany.**

En semaine, le **Kolibri** est un dancing traditionnel avec des orchestres au répertoire allant de la *"humppa"* finlandaise au rock des années 60. Durant le week-end, il se transforme en disco, très courue parmi les jeunes d'une vingtaine d'années. Le prix de l'entrée dépend de la notoriété du groupe qui s'y produit (FUM 30 à 70). Le Marlon de l'hôtel Vaakuna (chambre double FIM 345 à 620) est un night-club très populaire, ouvert jusqu'à 4h du matin. Entrée FIM 30.

EXCURSIONS A PARTIR DE HÄMEENLINNA

A 7 km au nord de Hämeenlinna, l'**église de Hattula**, consacrée à la Sainte-Croix, est célèbre jusqu'au royaume de Danemark. Elle a été édifiée en brique selon un procédé employé dans le centre de Russie et dans les pays Baltes. Le pignon occidental porte un masque en brique destiné à effrayer les mauvais esprits. L'intérieur est orné de peintures murales dont les plus anciennes datent de 1450. Tout comme celles de l'église de Lohja, ces fresques appartiennent à la grande époque de l'art médiéval finlandais.

La ligne d'Argent est le nom d'un itinéraire de croisière sur le système lacustre. Pour y participer, deux possibilités :

- de Hämeenlinna à Kaivanto, 2 liaisons par semaine. Le bateau longe le domaine d'Aulanko et ses pelouses vertes, l'église de Hattula pour aboutir à Kaivanto d'où un car conduit les visiteurs jusqu'à Tampere.
- de Hämeenlinna à Tampere : 2 liaisons par semaine. Le bateau va jusqu'à Tampere après une escale à Visavuori afin de permettre aux voyageurs de visiter le petit atelier-musée du sculpteur Emil Wickström.

VERS LE NORD ET LA VILLE DE TAMPERE

La route traverse des forêts de pins et de sapins, ourlées, sur le bord du chemin, de bouleaux aux feuillage léger. Vers le soir, l'air fraîchit, et une légère brume monte des terres cultivées. C'est l'heure, entre chien et loup, où l'on a le plus de chance de voir surgir sur la route un élan.

TAMPERE, une ville entre deux lacs

Tammerfors,175 000 habitants.

Office du tourisme, Verkatehtaankatu 2 (juste en dessous du pont de la Hämeenkatu). ✆ (9) 31 124 488.
Troisième ville de Finlande, Tampere surprend tout d'abord par ses usines aux murs de briques rouges et aux hautes cheminées. Cependant, malgré son développement industriel, celle ville, située dans un environnement superbe réunissant près de 200 lacs, a conservé tout son charme naturel. Pendant l'été, de nombreuses manifestations culturelles et artistiques, se déroulant souvent en plein air, animent la ville et ses 400 ha de parcs. Par les soirées tièdes et claires, il fait bon flâner le long des rapides de Tammerkoski qui traversent le centre-ville.

Tampere a été construite sur un étranglement de terre qui sépare deux grands lacs (Näsijärvi et Pyhärjärvi) et que traverse un puissant rapide.

Le lac de Näsijärvi qui va de Tampere à Virrat, et le lac Pyhärjärvi qui s'étend de Tampere à Hämeenlinna, offrent des possibilités de croisières sur la "route du Poète" et la "ligne d'Argent".

Une ville qui fut le bastion des "Rouges"

Au milieu du XIXe siècle, le tsar Alexandre Ier encourageait l'industrie du bois et de la sidérurgie. L'ouverture des marchés russes à la production nationale, favorisa également l'essor de l'industrie du coton.

Tout ce développement fut possible grâce à l'hydro-électricité fournie par les chutes. Des industries textiles, telle la compagnie britannique Finlayson (qui fonda ici la première des filatures de coton), firent de Tampere une véritable cité industrielle. Les anciens bâtiments d'usines en briques rouges du centre-ville furent témoins d'affrontements durs et parfois sanglants entre les ouvriers et les forces de l'ordre. La population majoritairement ouvrière de la ville montra un grand intérêt pour le socialisme à l'époque de la Révolution russe de 1917. Tampere fut la capitale des "Rouges" durant la guerre civile qui suivit la déclaration de l'indépendance de la Finlande et Mannerheim dut l'assiéger durant trois jours avant qu'elle ne capitulât devant les "Blancs". Tampere est restée dans l'histoire de la Finlande comme la ville où la lutte entre bourgeois et prolétaires s'exprima de la manière la plus violente.

Depuis la fondation de la ville en 1779, la place du marché (**Keskustori**) est son centre stratégique. Les étals proposent des légumes biologiques et les ingrédients de base de la cuisine du Nord : aneth, navets et choux. Parmi les édifices qui entourent la place, les plus intéressants sont l'église de 1824, l'hôtel de ville dans le style romantique national et la cathédrale de 1907.

La **Hämeenkatu**, l'artère centrale, va de la gare à l'**église Aleksanteri**, en passant par le pont sur la **Tammerkoski**, orné des massives statues de Wäinö Aaltonen : le commerçant, le chasseur, le collecteur d'impôts, la Vierge de Finlande. Pendant très longtemps, la rivière est restée inaccessible, cernée d'usines en activité. Aujourd'hui boutiques et restaurants aux terrasses sur l'eau ont remplacé les ateliers d'ouvriers.

En amont, un parc verdoyant et fleuri monte du pont Hameensilta jusqu'au grand *hôtel Tammer.* De l'autre côté, les usines de briques rouges de Finlayson emprisonnent les puissants flots de la rivière pour les canaliser en un rideau d'eau bien discipliné. Le long des rives, les pelouses du parc accueillent en été spectacles et concerts gratuits.

Le **quartier de Pispala** que l'on a réussi à conserver intact, présente l'architecture la plus ancienne de la ville.

La crête de **Pyynikki**, prolongement immédiat de Pispala, s'élève entre deux lacs. Elle offre une vue fabuleuse sur les environs.

Tuomiokirkko (la cathédrale de Tampere). Construite en 1907 par l'architecte Lars Sonck, elle est l'un des exemples les plus représentatifs du style national romantique finlandais. A l'intérieur, on peut voir les étonnantes fresques et vitraux de Hugo Simberg. Noter surtout l'une des versions de l'Ange blessé (la fresque la plus connue de Simberg), qui appartient à l'iconographie religieuse la plus chargée de symboles. Les autres fresques représentent douze garçons nus portant une guirlande de roses symbolisant le poids de nos misères ici-bas. Au plafond volettent des ailes d'anges autour d'un serpent à la pomme.

L'église Kaleva de 1966 n'est pas très intéressante vue de l'extérieur, l'intérieur, en revanche, est bien plus impressionnant. Il est même devenu une référence en architecture.

D'autres exemples intéressants de l'architecture contemporaine finlandaise sont offerts par le palais des Congrès de 1989, devenu le centre de la vie musicale de la ville, et par la nouvelle Bibliothèque de la Ville de 1986, œuvres des architectes Reima et Raili Pietilä. La bibliothèque a été surnommée le "coq de bruyère" en raison de sa ressemblance avec ce volatile !

Le petit **musée de la famille Moumine** (de l'écrivain Tove Jansson) se trouve au rez-de-chaussée de la Bibliothèque de la Ville. *Ouvert de 9h à 17h en semaine, et de 10h à 18 h le week-end. Entrée FIM 10.*

Le musée Lenin, Hämeenpuisto 28, attire un grand nombre de visiteurs étrangers. Lors de ses fréquents séjours en Finlande, Lénine a habité plusieurs appartements où il écrivit certains de ses ouvrages. Le musée nous documente sur ces intéressantes périodes. *Ouvert de 9h à 17h en semaine, et de 11h à 16h le week-end. Entrée FIM 10.*

L'église orthodoxe (près de la gare), avec ses multiples clochers en forme de bulbe, ressemble à une sorte de mini-Kremlin. *Ouverte de 10h à 15h30 en semaine. Offices le samedi à 18h et le dimanche à 10h.*

Située dans le **parc de loisirs Särkänniemi,** la tour du **belvédère Näsinneula** (FIM 12), offre une vue magnifique sur la ville. Särkänniemi regroupe une tour d'observation, un aquarium (FIM 20), un planétarium, un delphinarium (FIM 30) et un zoo pour les enfants. On peut s'y rendre à pied par le parc de Näisinpuisto, ou prendre le bus n° 4 à partir de la gare. Entrée du parc FIM 10, forfait pour toutes les attractions FIM 70.

Le musée d'art moderne de Sara Hildén (sur les bords du lac Näsijärvi, derrière le parc de loisirs Särkänniemi), est principalement consacré à l'art moderne finlandais et étranger des années 60 et 70 (H. Schjerfbeek entre autres). Entrée FIM 10.

Musique : Tampere est animée d'une vie culturelle assez intense. Pendant l'été, des concerts gratuits (à 19h les mardis et jeudis), des danses folkloriques (à 18h30 les mercredis) et des concerts rock (à 18h les samedis) ont lieu dans le parc, derrière la vieille église de Tampere.

Théâtre : depuis toujours en Finlande le théâtre occupe une place privilégiée. Helsinki et Tampere rivalisent pour le titre de capitale théâtrale du pays. Début août, le Festival de théâtre de Tampere, mêle avec brio le répertoire traditionnel et des pièces expérimentales.

Des pièces populaires en finnois sont présentées de la mi-juin à la mi-août dans l'étonnant théâtre tournant, situé derrière la crête de Pyynikki, sur les rives du lac Pyhäjärvi. Malgré les difficultés de la langue, une soirée théâtrale dans la douce nuit nordique peut offrir des plaisirs qui valent bien les FIM 100 de l'entrée. Accès par le bus n°12.

En hiver, le **Festival international du court-métrage** de Tampere est le plus grand événement de ce type en Europe.

SE LOGER

Le moins cher

L'auberge de jeunesse NNKY, Tuominkatu 12A. ✆ (9) 31 225 446. *Le lit en dortoir de 5 personnes, FIM 40 à 55. Chambre double FIM 110. Location de draps FIM 23.* Proche de la gare.

Le plus Art déco

Hôtel Tammer (Sokos), Satakunnankatu 13. ✆ (9) 31 228 111 - Fax 31 230 757. *Chambre double de FIM 345 à 600.* La superbe salle à manger de style Art déco est de toute beauté. Plats à la carte de FIM 30 à 108.

Le plus central

Hôtel Ilves (Sokos), Hatanpään valtatie 1. ✆ (9) 31 212 1212 - Fax 213 2565. *Chambre double de FIM 425 à 490.* Restaurants Fransmanni et Lousiana ouverts de 11h à minuit. Le night-club d'Ilves comporte un casino avec roulette et blackjack, interdit aux moins de 22 ans.

Le plus au vert

Hôtel Rosendahl (Artica), Pyynikintie 13. ✆ (9) 31 244 1111 - Fax 223 3375. *Chambre double FIM 390 à 550.* Un immense hôtel moderne, excentré et calme, dans le parc en contrebas de la crête Pyynikki.

RESTAURANTS

La spécialité de Tampere est la *mustamakkara* (boudin noir). Dégustée à la scandinave avec un verre de lait, elle constitue un repas solide. Le meilleur endroit où acheter ce délice roboratif est **Laukontori** sous les halles couvertes de **Kauppahalli**.

Nourriture d'esprit

Ohranjyvä, Näsilinnankatu 15. ✆ (9) 31 2127 217. Un restaurant fréquenté par les journalistes de Tampere. Son repas façon maison coûte FIM 35, mais on y vient surtout pour discuter autour d'un demi.

Usine reconvertie

Sylvestre, Kehräsaari. ✆ (9) 31 2126 655. Dans le quartier des anciennes usines en briques rouges sur la rive du Tammerkoski, reconverties en boutiques et restaurants. Plats de FIM 30 à 68.

Cuisine finnoise

Leivonpesä, Hämeenkatu 6. ✆ (9) 31 212 4479. Cuisine finnoise familiale. Plats de FIM 34 à 70.

Poissons à volonté

Silakka, Hatanpään valtatie 1 (Koskikeskus). ✆ (9) 31 2149 740. Dans le centre commercial Koskikeskus un buffet de poissons comprenant salades et soupe de poissons pour FIM 50 en semaine, et FIM 70 le week-end.

Déco Art nouveau

Koruna, Kauppakatu 14A. ✆ (9) 31 222 0555. Superbe intérieur de style Art nouveau, dans une pièce haute de plafond et tapissée de vert pâle. Cuisine internationale avec des plats de FIM 48 à 99.

Dans une cave 1800

Tiiliholvi, Kauppakatu 10. ✆ (9) 31 2121 220. Le chef officie de temps à autre à *La Chope d'Alsace* de Paris. Plats de FIM 42 à 125.

Chic et snob

Suomalainen Klubi, Puutarhakatu 13. ✆ (9) 31 2123 150. Plats de FIM 50 à 110.

■ Palace du temps qui passe

Finlayson Palatsi, Kuninkaankatu 1. ✆ (9) 31 2125 905. Restaurant raffiné dans un ancien palais tsariste. Plusieurs salles de tailles différentes. Plats à la carte FIM 100.

■■ LA NUIT A TAMPERE

■ Cuisine russe et musique jazz

Laterna, Putarhakatu 11. ✆ (9) 31 212 4005. Dans le plus ancien restaurant de la ville, une cuisine russe traditionnelle. Musique vendredi et samedi, entrée FIM 35 pour ceux qui ne dînent pas. Soirée jazz deux fois par mois. A partir de 21 ans.

■ Le choix des dames

Oskarinhovi, Itsenäisyydenkatu 25. ✆ (9) 31 530 618. Dîners dansants, avec *naistentanssit* (soirées où les femmes invitent les hommes à danser) tous les soirs. Interdit aux moins de 20 ans. Entrée FIM 25 le week-end. Thé dansant pour les seniors les jeudis entre 12h et 16h.

■ Disco crazy

Crazy Horse, Kirkkokatu 10. ✆ (9) 31 222 1810. Disco dancing près du petit marché d'artisanat des usines en briques.

■ Interdit aux femmes

Club Mixei, Otavalakatu 3. ✆ (9) 31 222 0364. Club gay, musique disco vendredi et samedi.

■■ EXCURSIONS LACUSTRES

Tampere est le point de départ de la *"ligne d'Argent"* menant vers le sud à Hämeenlinna (7 heures de voyage) et du circuit intitulé la *"route des Poètes"* vers le nord jusqu'à Virrat (9 heures de voyage). Les deux compagnies ont leur bureau de réservation à l'Office du tourisme, Verkatehtaankatu 2. Ces croisières n'ont lieu que pendant la saison d'été, du début juin à la mi-août.

Sur le lac Pyhäjärvi

Par la *"ligne d'Argent"*, on peut faire un aller jusqu'à Visavuori (à mi-chemin de Hämeelinna) et revenir avec un autre bateau à Tampere dans la même journée.

Croisière dansante de 4h sur le lac Pyhäjärvi tous les lundis au mois de juin. Départ du quai Laukontori à 19h30, de l'hôtel Rosendahl à 19h45. Prix FIM 50. Tampereen Laivarnatkapalvelu. ✆ (9) 31 214 2535.

Sur le lac Näsijärvi

La *"ligne du Poète"*, de Tampere à Virrat, est l'une des plus belles excursions de Finlande. Le vieux vapeur Tarjanne fait le trajet trois fois par semaine. Un aller simple jusqu'à Virrat coûte environ FIM 200 et l'on peut dormir sur le bateau pour une centaine de marks. Le transport d'un vélo coûte environ FIM 30.

Croisière de 1h45 sur le lac Näsijärvi sur le bateau à aubes, le *Finlandia Queen*. Restaurant à bord. Départs du quai Särkänniemi tous les jours à 12h, 14h et 16h. Prix FIM 55. ✆ (9) 31 212 1565.

VIRRAT, terminus de la "route du Poète", a reçu son nom des multiples lacs, rivières et rapides. Les lacs de Toriseva s'étendent dans des ravins dont les bords abrupts peuvent atteindre une hauteur de 30 m.

Le "Village des Traditions" expose l'architecture traditionnelle et l'artisanat à l'ancienne.

Il y a de beaux points de vue près de Ruovesi et de Virrat, et d'intéressantes peintures murales dans l'église de Keuruu.

VERS L'OUEST : LA COTE ET LE GOLFE DE BOTNIE

La route 11 mène de Tampere à Pori (111 km) à travers un paysage vallonné qui, dominé tout d'abord de collines et de forêts, s'aplanit à l'approche du golfe de Botnie.

VERS LE NORD-EST : JUSQU'A JYVÄSKYLÄ

La E80 (ou la 9) traverse un paysage de cultures, en montant de temps en temps sur d'étroites crêtes morainiques, coincées entre deux lacs. A travers la forêt omniprésente et qui semble impénétrable, d'éphémères rais de lumière se faufilent parfois entre les troncs de sapins. C'est le soleil d'été qui éclabousse de ses rayons la surface d'un lac invisible et que le miroir d'eau réverbère à travers les sombres sapinières.

JYVÄSKYLÄ, la ville d'Alvar Aalto

72 000 habitants.

Jyväskylä, le terminus Nord de la circulation lacustre sur le Päijänne est collée à une crête verdoyante qui s'étend entre les lacs. Le centre-ville se situe entre la gare et le terminus des bus. Le campus universitaire et la plupart des musées sont situés à l'ouest. Dans le centre, réservé aux piétons, on trouve quelques grands magasins et des restaurants aux terrasses propices à l'observation de la population locale, en compagnie d'une chope de bière.

Sur la **crête Laajavuori**, une tour d'observation offre une cafétéria et une terrasse panoramique avec vue sur le site privilégié de Jyväskylä (montée dans la tour, FIM 5). Dans l'air transparent, le coucher du soleil sur les lacs et les collines environnantes est un beau spectacle. Moins beaux sont les groupes de très jeunes étudiants qui, sur les pentes de la crête boisée menant à la tour, se saoûlent à la bière ou à d'autres boissons camouflées dans des briques de jus de fruits.

Jyväskylä joua un rôle primordial dans le développement de l'instruction et de la culture nationales. En 1858, à une époque où le finnois était considéré par l'intelligentsia suédoise comme la langue des paysans, le premier lycée de langue finnoise ouvrait ses portes à Jyväskylä. La ville est restée un foyer culturel important animé par une vie estudiantine très active. Quelque 25 000 adolescents, soit le tiers de la population, fréquentent les différents établissements scolaires.

L'**université** et le campus de la ville sont dus à Alvar Aalto. En effet, c'est à Jyväskylä que ce célèbre architecte connut ses premiers succès. Il réalisa dans la région une trentaine de bâtiments.
Dans l'un d'eux, et dans la rue qui porte son nom, un musée lui est consacré. La tradition se poursuit actuellement avec des cabinets d'architectes doués comme celui de Jukka Tikkanen.

Le musée Alvar Aalto (conçu par Aalto lui-même en 1973). Une exposition permanente raconte la vie et l'œuvre du génial concepteur et architecte qui, commençant sa carrière à Jyväskyla, a façonné l'image de la ville. On en suit le développement sur une période de 40 ans à travers les 30 édifices qu'il a conçus. Egalement, quelques objets où la touche d'Aalto est immédiatement reconnaissable tels sa poignée de porte et son célèbre vase bleu aux contours sinueux comme ceux d'un lac finlandais. Fiches techniques et explicatives.

Le (petit) musée de la Finlande centrale qui jouxte le précédent, donne le sentiment d'une conception architecturale intéressante et bien adaptée. Heureusement d'ailleurs, car les collections qu'il abrite, consacrées aux arts et aux traditions, ne sont pas particulièrement intéressantes. Conçu par Aalto et achevé en 1961, le bâtiment fut ensuite agrandi par l'architecte en 1988-1990, pour y loger ses bureaux.

Le musée de l'Artisanat. Un seul billet (FIM 20) donne accès à ces trois musées.

Le **Festival des arts**, qui se déroule en juin, présente séminaires, expositions, concerts et pièces de théâtre. Parmi d'autres manifestations, un festival d'été annuel et le Rallye des 1000 Lacs au mois d'août.

Office du tourisme, Jyväskylä Regional Tourist Service - Asamakatu 6. ✆ (9) 41 624 903.

Galerie Sirius, Kauppakatu 18. Des expos pointues, des posters et de belles cartes postales.

■■ SE LOGER

L'Office du tourisme se charge de procurer aux voyageurs des locations de chalets à la campagne ou au bord d'un lac.

■ Le moins cher

Camping Tuomiojärvi, Taulumäntie 47. ✆ (9) 41 624 896. *Chalets FIM 180 à 250.* A 2 km au nord du centre-ville, au bord du lac. Une vingtaine de bungalows à louer. Bien situé. Boutique, sauna, canots, c'est de loin le meilleur camping.

■ Le meilleur rapport qualité-prix

Auberge de jeunesse Laajari, Laajavuorentie 15. ✆ (9) 41 253 355. *Lit dans un dortoir de 6 personnes FIM 55. Chambre double FIM 200.* Une AJ impeccable, style hôtel, en bordure de forêt. Cafétéria, restaurant, sauna, laverie automatique. Aux portes de la ville (à 3 km du centre), le complexe de sports d'hiver de Laajavuori avec pistes de ski, pentes de slalom et tremplin. Accès par bus n° 25.

■ En été seulement

Amis Summerhotel, Sepänkatu 3. ✆ (9) 41 612 920 - Fax 41 619 935. *Chambre double FIM 280 (avec plaque chauffante et frigo).* Sauna. 10 minutes à pied du centre. Résidence d'étudiants transformée en hôtel d'été pour les touristes. Ouvert fin mai à début août.

■ Le plus sportif

Rantasipi Laajavuori. ✆ (9) 41 628 211 - Fax 41 628 500. *Chambre double FIM 355 à 490.* Près de 200 chambres, 3 restaurants, 5 saunas, piscine, squash, tennis. Point de départ du Rallye des 1000 Lacs et QG des journalistes durant l'épreuve.

■ Aux petits soins

Hôtel Alexandra (Sokos), Hannikaisenkatu 35. ✆ 41 651 211 - Fax 41 651 200. *Chambre double FIM 410.* Trois restaurants, 3 saunas, jacuzzi, solarium et acu-massage.

■ Le plus chic

Hôtel Arctia, Vapaudenkatu 73. ✆ (9) 41 330 3000 - Fax 41 616 996. *Chambre double de FIM 390 à 650.* Un hôtel neuf, très bien, 150 chambres (quelques suites avec sauna privé), 3 restaurants, 2 saunas, piscine. Bar et boîte de nuit très animés les week-ends.

■■ RESTAURANTS

Plusieurs restaurants dans la rue principale piétonne Kauppakatu.

Restaurant Jyväshovi avec son Cafe Emmy, Kauppakatu 35. ✆ (9) 41 630 211. Terrasse sur la rue piétonne. Déjeuner à partir de FIM 35, dîner FIM 70.

Topikatti, Asemakatu 7. ✆ (9) 41 618 116. Déjeuner à partir de FIM 32, dîner FIM 95. Au premier étage d'un complexe commercial dans le centre-ville. Toute la jeunesse se retrouve ici pour boire et manger. Pendant les week-ends, ce café-bar-restaurant se transforme en boîte de nuit.

■ Bars

Kantakrouvi (music bar), Hannikaisenkatu 27-29. Sur la place devant la gare, un bar musical où prendre un verre. Ouvert jusqu'à 2h du matin le week-end.

Hemmingway's Bar, Kuappakatu 32. Billard. Soirées jazz 3 fois par semaine.

Red Neck, Asemakatu 7. ✆ (9) 41 611 117. Dîner de FIM 30 à 60. Ouvert de 21h à 3h du mat'. La décoration, rustique, inclut de vieux tracteurs...

■ Un célèbre pâtissier

Fazer, Laukaantie 2. Ouvert en semaine de 7h30 à 17h.

■■ EXCURSIONS

Mini-excursion au musée en plein air

A 12 km environ au sud de Jyväskylä, dans le musée de plein air de Savutuvan Apaja, à Haapaniemi, quelque 30 maisons en bois d'époques différentes illustrent l'histoire de l'habitat finlandais.

Deux grandes barques à goudron racontent les temps héroïques des transports sur le système lacustre.

Une "grange" encastrée dans la roche est aujourd'hui un restaurant accueillant qui propose une cuisine régionale traditionnelle.

Savutuvan Apaja fut élu la meilleure attraction touristique, en 1991, par les journalistes finlandais. Ouvert de juin à début août, de 11h à 18h, fermé le samedi. L'entrée (FIM 40) comprend un tour guidé et des rafraîchissements.

Excursions sur le système lacustre

Les bateaux blancs du lac Päijänne emmènent les visiteurs de Jyväskylä à Lahti 4 fois par semaine du début juin au début août.

Ils les promènent entre Jyväskylä, Laukaa et Suolahti (le canal Keitele-Päijänne) 2 fois par semaine et, entre Jyväskylä, Laukaa et Kuusaa 3 fois par semaine.

Croisières de 2h et de 3h avec le M/S Kymppi à partir de FIM 50.

Infos à l'Office du tourisme et au Päijänne Cruises Hikdén, ✆ (9) 41 263 447.

A PARTIR DE JYVÄSKYLÄ

La route 9 (E80) aboutit à **Kuopio**.

Au départ de Jyäskylä, la route traverse par moments de grandes étendues d'eau. On est maintenant de plain-pied dans le royaume des lacs aux petites îles boisées, aux rives échancrées d'anses paisibles que frangent roseaux et nénuphars.

Le rallye des 1 000 lacs

Jyväskylä est surtout connue pour être le point de départ du Rallye des 1 000 Lacs, qui a lieu tous les ans au mois d'août. Cette célèbre course, qui s'achève à Inari, commence ici par une épreuve de vitesse qui attire près de 400 000 spectateurs venus voir les bolides s'affronter dans les rues de la ville à plus de 150 km/h.

Le rallye automobile est une discipline sportive que les Finlandais (avec les Suédois) dominent sans conteste.

Ari Vatanen, né en 1952, gagna le championnat du monde des conducteurs de rallyes en 1981. Il a aussi remporté plusieurs victoires dont le Rallye Acropole en 1980 et 1981, le Rallye des 1 000 Lacs en 1981, le Rallye de Monte-Carlo et le Rallye de Suède en 1985, et le Paris-Dakar en 1987 et en 1989.

Les Finlandais Mika Salo et Mika Hänninen se sont placés premier et deuxième au championnat de Formule 3 de Grande Bretagne en 1990. Le Finlandais Keke Rosberg a gagné le championnat de Formule 1 en 1982. Il fut aussi un compagnon d'écurie d'Alain Prost.

Les autres grands espoirs finlandais sont Salonen, Toivonen et le prodigieux Kankkunen.

Cependant, au cours de ces dernières années, des noms comme ceux de Didier Auriol et de Pierre Lartigues ont commencé à défier les Nordiques dans les grandes courses internationales...

A PARTIR D'HELSINKI, VERS LE NORD-EST

Itinéraires
Au départ d'Helsinki, la route 4 passe d'abord par l'aéroport d'Helsinki-Vantaa, et ensuite par la petite ville de Järvenpää (à 30 km) dont la grande attraction est Ainla, la maison du célèbre compositeur Jean Sibelius.

Lahti (100 km d'Helsinki), Mikkeli (235 km d'Helsinki)

LAHTI, la "ville à l'américaine"

Lahtis, 95 000 habitants.

Lahti, la porte d'entrée du pays des lacs, est bâtie entre des crêtes morainiques. La ville est surtout connue pour sa station de sports d'hiver qui s'élève à l'extrémité sud du lac Päijänne et comprend trois grands tremplins de saut à ski. La station accueille régulièrement des compétitions internationales. De la plate-forme panoramique perchée sur le plus haut des tremplins, la vue embrasse l'ensemble de la ville et les environs.

Carrefour de l'ancienne voie Turku-Viipuri, Lahti est toujours un nœud de transports routier, ferroviaire et lacustre. Des services réguliers de bateaux assurent les liaisons entre Lahti et Jyväskylä.

La place du marché donne une animation quotidienne à la ville. L'hôtel de ville, au Jugendstil finissant, fut construit par Eliel Saarinen en 1912.

L'**église de la Croix** (1978) la dernière réalisée par Alvar Aalto, est d'une puissante et brillante simplicité. L'intérieur, blanc et dépouillé, a des lignes qui convergent vers une croix toute simple, en bois naturel. Des fenêtres haut placées laissent entrer à flots une lumière à peine tamisée par le léger feuillage des bouleaux qui entourent l'église. Les grandes orgues encastrées dans le mur de droite sont une véritable curiosité architecturale. Cette église, où se déroule chaque année le *Festival d'orgue de Lahti*, est l'une des mes préférées, le plus bel exemple d'église luthérienne que j'ai vue.

Office du tourisme, Torikatu 34. ✆ (9) 18 818 2580.

■■ SE LOGER

■ Le moins cher

Auberge de jeunesse Lahti City, Kivikatu 1. ✆ (9) 18 782 6324. Le lit dans des chambres doubles ou à 3 personnes, FM 50. Location draps FIM 25.

■ Le plus central

Hostel Patria, Vesijärvenkatu 3. ✆ (9) 18 782 37 83. *Chambre double 160.*

■ En hôtel-apparts

Apartementos Lahden Koti, Karjalankatu 6. ✆ (9) 18 7522 173. Un immeuble renové reconverti en hôtel. *Un studio pour deux FIM 270.*

■ Ambiance familiale

Hôtel Lahti (Socos), Hämeenkatu 4. ✆ (9) 18 897 21. *Chambre double FIM 222.* Dallas Pizza & pub familial.

■ Réputé le meilleur

Hôtel Laden Seurahuone, Aleksanterinkatu 14. ✆ (9) 577 11. *Chambre double 190 à 250.* Restaurant *Hämesali* (repas de FIM 68 à 140), pub Marco Polo. Le night-club *Amoroso* très classe, âge minimum 22 ans... Le café *Laden Seurahuone* sert des salades et des sandwichs de FIM 15 à 30.

■ Style international

Hôtel Ascot (Socos), Rauhankatu 14. ✆ (9) 18 897 11. *Chambre double FIM 345 à 370.* Terrasse d'été *Terrazza*, pub *Nelson*, boîte de nuit *Alexandre*.

■ Nostalgie du passé

Kauppahotelli Grand, Vapaudenkatu 23. ✆ (9) 18 7525 146. *Chambre double 300 à 380.* Thé dansant dans l'après-midi à partir de 14h les mercredis et dimanches, à partir de 16h le samedi. Il semble que les gens viennent ici pour danser, et non pas pour boire.

■■ SE SUSTENTER

Le Café Sinuhe dans la rue Mariankatu, est un *"street cafe"* plaisant dans le centre-ville. Déjeuners de FIM 30 à 35. Bonnes pâtisseries.

Café Faarao, Aleksanterinkatu 16. Les jeunes y viennent grignoter une salade. Déjeuner env. FIM 35. Disco vendredi et samedi soir. Age minimum : 20 ans pour les femmes et 22 ans pour les hommes.

■■ LA NUIT A LAHTI

Les samedis soir, en été, vers 22h, la place centrale offre le spectacle d'un *American Graffiti* à la finlandaise, dans les vapeurs de l'alcool. Les rues, dans les alentours de la place, sont bondées de jeunes, très jeunes. A 12-14 ans, ils se saoûlent à la bière et quelques-uns sont déjà ivres morts. L'un, voulant traverser, tombe au milieu d'un carrefour. Comme il n'arrive pas à se relever, son copain s'assied près de lui et essaye de le faire boire un peu plus. Les voitures font un écart pour ne pas les écraser... Sur le trottoir, une toute jeune fille hurle des injures à la foule et à son petit copain - aussi ivre qu'elle. Les mecs pissent contre les murs. De véritables ruisseaux se forment sur les trottoirs, entre les débris de verre cassé.

Dans les rues autour de la place, c'est un long et lent défilé de voitures aux vitres noires, de vieilles américaines des années 50, style Dodge et Cadillac, aux pneus à flancs blancs, et des "pick-ups" customisés, surélevés sur des pneus gigantesques, aux capots peints de flammes de l'enfer. De temps à autre dans ce ballet au ralenti, de brusques démarrages violents font crisser les pneus (qui patinent dans le dégueulis dont les rues se couvrent vers minuit).

Une stretch-limousine à six portes, à vitres noires et antenne TV sur le coffre arrière, tourne à l'angle de l'Aleksanterinkatu dans un hurlement de pneus. Elle laisse derrière elle une odeur de caoutchouc brûlé tandis que la ligne rouge de ses feux arrière disparaît dans la nuit très chaude de Lahti...

En rentrant à mon hôtel, je me dis, en voyant l'ingénieux grattoir de neige pour les chaussures, composé de 3 brosses et posé en équerre sur le pas d'une porte, que l'hiver doit être bien rude par ici.

VERS LE NORD,

Lahti et Jyväskylä sont reliées par le lac Päijänne.

C'est le plus long (119 km) et le plus profond des lacs finlandais. Le système lacustre du lac Päijänne est un véritable labyrinthe d'eau et de terre. Au sud et au nord ont grandi deux villes importantes du pays : Lahti et Jyväskylä. En été, la traversée du lac qui prend environ 10 heures, constitue un moyen agréable de se rendre d'une ville à l'autre.

Les deux villes sont aussi reliées par la route E4.

La E4, l'une des principales autoroutes européennes, longe la rive Est du lac. Un réseau de routes secondaires suit l'autre rive. Plus complexe, il est également plus pittoresque.

De **Heinola**, on peut aussi prendre la route 59 qui part en direction du nord pour aboutir à Jyväskylä. Mais le plus bel itinéraire pour gagner Jyväskylä suit la E4 et, à 25 km au nord de Lahti, bifurque sur la petite route 314. Celle-ci longe sur plusieurs kilomètres la crête **Pulkkilanharju**, qui rivalise avec **Punkaharju** en étroitesse mais aussi en magnificence de ses paysages de lacs et de forêts. Les routes que l'on emprunte ensuite sont asphaltées et passent par **Sysmä** et **Luhanka**, découvrant la suite complexe de promontoires, de baies, de caps et d'îles qui constituent la rive Est de Päijänne.

VERS LE NORD-EST, par le bateau, le train ou la route

De Lahti, la route 5 mène, sur environ 30 km, à travers champs et forêts à **Heinola** (16 300 habitants). La circulation est assez dense sur cette route empruntée aussi par des camions.

On peut également atteindre Heinola par une voie d'eau, très prisée en été, qui permet de découvrir un paysage aussi splendide que varié (4 heures par bateau ; 3 heures en hydroglisseur).

Un autre petit circuit sympathique est offert par le train à vapeur, le "Pikku-Jumbo" jusqu'à Lahti avec retour en bateau à Heinola.

Dans le cadre d'Heinola, la Maison des Oiseaux constitue l'attraction principale de la ville. Elle réunit dans un espace vert près de 500 espèces locales et exotiques de volatiles cuicuitants. L'entrée est gratuite. Voir également les vieux ponts de la ville.

La route 5 continue jusqu'à **Mikkeli** à travers la grande forêt finlandaise. On commence à apercevoir des collines au lointain quand la route monte sur une crête morainique. A l'approche de Mikkeli, on voit se profiler de grandes fermes assez cossues.

MIKKELI, nommée d'après l'archange St-Michel

32 000 habitants.

Située au cœur de la région des lacs, entre les eaux du Saimaa et du Puulajärvi, cette séduisante bourgade marchande garde encore la trace de son passé de ville de garnison. A la fin du XVIIe siècle, Mikkeli devint le centre de l'administration militaire de la Finlande de l'Est. En 1775, l'armée y établit une garnison permanente. Le centre-ville fut dessiné au cordeau, selon un plan net divisé en carrés. Lors de la seconde guerre mondiale Mikkeli devint le quartier général du maréchal Mannerheim.

Le Musée de l'état-major, Päämajankatu 1-3, occupe l'ancienne école à partir de laquelle le maréchal Mannerheim et son état-major dirigèrent les opérations militaires contre les Soviétiques. On peut y voir le bureau du maréchal et un programme audiovisuel sur les activités de l'état-major pendant les années 1939-1940. *Ouvert de 10h à 13h, entrée FIM 5.*

Le musée de l'Infanterie, Jääkärinkatu 6-8. Il présente l'évolution de l'infanterie finlandaise de 1881 à nos jours. Pour les inconditionnels seulement ! *Ouvert de 10h à 17h, entrée FIM 10.*

Le sympathique marché sur la grande place de Mikkeli s'y tenait déjà à l'époque du Moyen Age. On peut y déguster des *mikku* (petits poissons), du *rieska* (pain sans levain), et des *kalakukko* (petits pains fourrés).

Office du tourisme, Hillituskatu 3A, près du marché. ✆ (9) 55 151 444.

■■ SE LOGER

■ Au vert

Rauhaniemi Camping. ✆ **(9) 55 211 416.** Chalets à louer.

■ Hôtel d'été

Teluila, Raviradantie 1. ✆ **(9) 55 366 542.** A 1 km de la gare. Dans une résidence d'étudiants, ouverte du début juin à la mi-août, le lit à partir de FIM 60.

■ Hôtel classique

Cumulus, Mikonkatu 9. ✆ **(9) 55 20 511 - Fax 55 205 1299.** *Chambre double FIM 355 à 490.*

■ Hôtel chic

Hôtel Alexandra, Porrassalmenktu 9. ✆ **(9) 55 20 201 - Fax 55 202 0421.** *Chambre double FIM 550.* Restaurant Atrium, le pub Aula bari et la terrasse Alexandra sur le toit.

■ Chez les nobles

Le manoir d'Annila et centre de golf et le manoir de Tertti à Norola. ✆ (9) 55 176 012.

■■ RESTAURANTS

Le Club de Mikkeli, Maaherrankatu 13. ✆ (9) 55 211 144. C'est là qu'entre 1941 et 1944, le maréchal Mannerheim et ses proches collaborateurs prenaient leurs repas. La salle à manger a été conservée dans son style d'origine. Ouverture sur demande, entrée libre.

■■ ALLER DANSER

Le salle de bal de Pursiala. ✆ (9) 366 377. En été, bal de plein air à Hiihtomäki.

LE CENTRE TOURISTIQUE DE VISULAHTI

Aux abords de la ville, à 6 km, dans le centre touristique de Visulahti, le parc de loisirs **Dinosauria** est peuplé de dinosaures grandeur nature, entrée FIM 40 ; au **musée de Cires**, vous attendent, figées, les personnalités importantes du pays, FIM 30 ; le pays miniaturisé **Minimaa** expose l'architecture finlandaise sous forme de maquettes, FIM 15.

Egalement dans le centre, les *restaurants Kulkuri*, la *Cafétière*, le *Kantina Cactus* et *Lasilandia* ainsi qu'un terrain de camping et des chalets tout confort.

SITES NATURELS

Le parc de pêche de la baie de Kaihunlahti est excellent pour taquiner la truite saumonée. En hiver, on y pratique la *"pilkkionginta"*, pêche à travers la glace.

Dans les bois de Kalevankanga, les sentiers de nature fléchés attendent les randonneurs. Des cartes sont disponibles à l'Office du tourisme.

La 5 remonte sur Varkaus vers "la route des monastères".

Pendant environ 60 km, les lacs, les villages et les forêts accompagnent les douces montées et descentes de la route.

VARKAUS (25 000 habitants) est l'une des villes-clés de l'essor industriel local. Le musée de Musique mécanique rassemble une collection de 170 instruments.

A partir de Varkaus, la route 23 qui mène à Joensuu passe à quelques kilomètres du monastère orthodoxe du **Nouveau Valamo**, tout empreint du mystère orthodoxe de la Carélie.

L'EST DES LACS
et la Carélie du Sud

Itinéraires au nord-est d'Helsinki :
Lappeenranta (230 km d'Helsinki), Imatra (260 km d'Helsinki), Savonlinna (340 km d'Helsinki)

Les lacs aux rives très découpées et aux nombreuses îles forment des paysages extrêmement variés. Arbres, rochers et plans d'eau ont la beauté paisible et épurée d'une estampe japonaise. Il n'est pas rare que de grandes îles comportent leur propre lac, lequel comporte de petites îles, lesquelles comportent une minuscule pièce d'eau dans leur centre - comme des poupées russes !

Sur le Grand Saimaa, un dense réseau lacustre permet de circuler entre Kuopio, Mikkeli et Savonlinna.

Des spécialités de la Carélie du Sud :
Särä : rôti de mouton dans un plat en bois.

Lemi rouge : une variété de pommes de terre, jadis si populaire qu'on l'exporta jusqu'à Saint-Pétersbourg.

Dragons : une cavalerie légendaire en uniforme rouge. Une petite unité de dragons fait encore la parade en été à Lappeenranta - splendide !

Chœur à quatre voix : jadis, un organiste autoritaire ordonna aux fidèles de chanter la messe à quatre voix. La tradition continue.

Princesse Armada : un vieux vapeur à goudron, reconverti en restaurant dans le port de Lappeenranta.

"Chat d'eau" : le mystérieux habitant du Saimaa, un rare phoque d'eau douce, menacé d'extinction.

Mälkiä : la plus grande écluse sur le canal du Saimaa.

La tranchée de Pontus : vestige d'une (contestable) tentative, faite au XVIe siècle pour creuser un canal depuis le lac Saimaa jusqu'à Viipuri. Heureusement, cet essai échoua. Eût-il réussi, le Saimaa se serait vidé dans la mer !!!

LAPPEENRANTA, capitale de la Carélie du Sud

55 300 habitants.

Comme nombre d'agglomérations finlandaises, Lappeenranta, centre de transformation du bois (usines de pâte à papier), associe industrie et tourisme. Le site s'est développé à partir d'une place de marché médiévale, a connu des guerres et des querelles frontalières, avant de devenir un port lacustre desservant l'Est et l'Ouest.

Lappeenranta fut fondée en 1649 par la reine Christine. Ville de garnison principalement, elle fut fortifiée par les Suédois au XVIIIe siècle avant d'être détruite puis reconstruite par les Russes.

Dans les années 1820, en pleine époque tsariste, le premier établissement de bains construit à Halkosaari étendit sa renommée jusqu'à Saint-Pétersbourg. La station thermale actuelle, établie en 1870 dans l'anse de Kaupunginlahti, perpétue les traditions joyeuses de cette vieille ville thermale et ex-garnison. La terrasse du Casino, entre autres, reste un endroit fort prisé.

La forteresse de cavalerie Linnoitus forme la partie ancienne la plus intéressante de la ville. Commencée par les Suédois, ses remparts furent terminés par les Russes au XVIIIe siècle. La forteresse abrite dans son enceinte la plus vieille église orthodoxe de Finlande (1785) consacrée à la Vierge Marie. S'y trouvent également des ateliers d'artisanat et notamment de poterie.

L'univers du Grand Saimaa

S'étendant telle une mer intérieure, la région du Saimaa est constituée d'un incroyable dédale de lacs se mêlant aux fleuves, aux détroits et aux canaux, et se compliquant encore d'une myriade d'îles, de baies, de promontoires et de crêtes. Le tout forme le système de voies navigables le plus important d'Europe.

Le Grand Saimaa est une étendue de 4 380 km2 ; les rives du système lacustre font 14 850 km ; le nombre d'îles est de 13 710.

C'est à la période glaciaire que ce paysage doit sa beauté. Il y a 12 000 ans, les inlandsis (glaciers) rabotèrent la roche, creusant un lit aux lacs séparés d'arêtes morainiques. La célèbre crête Punkaharju qui serpente sur 7 km est l'un des sites finlandais les plus connus à l'étranger. Dans la même région mais dans un ordre d'idées tout à fait différent, le monastère et le couvent orthodoxe de Heinävesi attirent également de nombreux visiteurs.

Ces voies d'eau furent utilisées de tout temps pour le transport des personnes et des marchandises. Même après l'apparition du chemin de fer puis de la voiture (et c'est encore vrai aujourd'hui), le bateau qui évite les tours et les détours d'un labyrinthe de routes sinueuses, reste le moyen de l'ocomotion le plus rapide. Le réseau lacustre, qui permet de circuler entre Kuopio, Mikkeli, Lappeenrata et Savonlinna, entraîne le voyageur au cœur d'un paysage charmant de forêts, de pâturages et de rives accueillantes avec des maisons de vacances et des fermes coquettes.

Histoire du canal du Saimaa : le canal du Saimaa qui commence à Lappeenranta relie la région du Grand Saimaa au golfe de Finlande et à la mer.
Au XIXe siècle, les riches familles de Saint-Pétersbourg empruntaient la nouvelle ligne ferroviaire d'alors pour découvrir la frange occidentale de l'Empire russe : le grand-duché de Finlande. La bourgeoisie venait nombreuse pour profiter des bienfaits des stations thermales ou pour s'émerveiller de la beauté sauvage des chutes d'Imatra (à cette époque pas encore muselées par le barrage hydro-électrique).

Aujourd'hui, la moitié du canal du Saimaa coule désormais dans la partie de Carélie conquise par l'URSS pendant la guerre d'Hiver. Pour pouvoir utiliser la voie d'eau, la Finlande a dû la louer à l'URSS en 1962.

Les dates et les chiffres :
L'ancien canal du Saimaa fut ouvert à la navigation en 1856.

Le canal actuel fut rouvert en 1968, la partie en territoire russe étant louée par la Finlande depuis 1962.

En été 1991, le canal fut rouvert aux voyages touristiques jusqu'à Viipuri (Vyborg).

Sa longueur totale est de 43 km.

La dénivellation entre le lac Saimaa et la mer est de 76 m.

Le lac est verrouillé par 8 écluses.

Le fret transporté par le canal : 1,5 tonnes par an.

Le nombre de personnes transportées sur le canal : 40 000 par an.

Le phoque marbré du Saimaa (Pusa hispida). La région possède un autre vestige de l'époque glaciaire, le phoque marbré du Saimaa ("chat d'eau" en finnois), dont les ancêtres se trouvèrent piégés ici lorsque les glaciers leur barrèrent l'accès à la mer. Aujourd'hui il n'en reste plus que 160 spécimens qui constituent l'espèce mammifère la plus menacée d'Europe. La population tend à se concentrer dans les eaux au nord du lac Saimaa. Environ 20 bébés phoques naissent chaque année. L'organisation WWF déploie de grands efforts pour les protéger. Elle demande notamment l'établissement d'un parc national pour limiter la construction des chalets d'été et des maisons de vacances sur les rives du Saimaa, afin que l'espace vital des phoques ne se réduise pas comme une peau de chagrin. Le phoque marbré est devenu dans la région le symbole de la protection de la nature.

Le musée de la Carélie du Sud (Etelä-Karjalan), expose une intéressante miniature de la ville de Viipuri (Vyborg) telle qu'elle était en 1939 avant son annexion par l'ex-Union soviétique. Avant la seconde guerre mondiale, la Finlande englobait la ville de Viipuri (Vyborg) et une grande partie du lac Ladoga. A cette époque Viipuri était la deuxième ville de Finlande avec 86 000 habitants. En juin 1944, après l'évacuation de la population, la ville fut livrée aux Soviétiques.

Le musée de la Cavalerie (Ratsuväkiomuseo). Un seul ticket (FIM 15) donne accès aux 3 musées d'État situés dans la forteresse.

Le musée Volkoff reconstitue l'habitation, de 1826, d'une famille de commerçants russes, les Volkoff. Entrée FIM 20.

Dans les vieux quartiers de la garnison, le **café Majurska** est ouvert de 10h à 17h. A visiter, ne serait-ce que pour l'intérieur qui est des plus charmants. Ce petit bâtiment en bois était le Q.G. des jeunes officiers. Le thé y reste au chaud dans un samovar, les excellentes pâtisseries sont faites maison, et on peut visiter toute une enfilade de petits salons cossus, décorés de meubles anciens. Ouvert seulement de 10h à 18h.
Office du tourisme dans la gare routière. ✆ (9) 358 53 4156 860.

■■ SE LOGER

■ A l'extérieur de la ville

Auberge de jeunesse du camping Huhtiniemi. ✆ (9) 53 11 888. Logement en chalets-dortoirs en peu tristounets, FIM 40 le lit. Sauna au bord du lac (location FIM 75). Un ponton flottant pour piquer une tête rafraîchissante après la fournaise. Location de barques. On peut également louer un chalet sur l'île de Nuottasaari. Chalets de 4 personnes FIM 200, le sauna et une barque compris. "Guesthouse"

Matkahovi, Kauffakatu 52. ✆ (9) 415 6705. *Chambre double FIM 200.*

■ Hôtel d'été

Puistohotel, Karelia-Park, Korpraalinkuja 1. ✆ (9) 675 211. *Chambre double FIM 220.* L'hôtel dispose aussi de quelques lits façon auberge de jeunesse : lit en dortoir FIM 60.

■ Hôtel patriotique

Grand Hotel Patria, Kauppakatu 21. ✆ (9) 53 5751 - Fax 451 2441. *Chambre double à partir de FIM 390.* Situé près de l'ancienne forteresse, il passe pour le meilleur hôtel de la ville. Piste de danse et orchestre live.

■ Dans les nuages

Hôtel Cumulus, Valtakatu 31. ✆ (9) 5781. *Chambre double FIM 355.* Restaurants Donna, prisé de la jeunesse dorée et Hullu Hanhi, repas de FIM 40 à 60.

■ Ambiance espagnole

Hôtel Lappee, Brahenkatu 11. ✆ (9) 67 861. *Chambre double de FIM 365 à 450.* Restaurant Sevilla, à l'ambiance espagnole. Night-club Doris, à l'ambiance internationale, probablement le plus populaire en ville. Entrée jusqu'à FIM 40.

■■ RESTAURANTS

La façon la moins chère de se nourrir à Lappeenrante consiste à essayer d'adopter les spécialités de la ville, vendues dans les stands de la place du marché et sur le port : *atomi, vety* et gaufres fourrées de confiture, de crème fraîche, de fromage ou de jambon.

Le *särä,* spécialité de Lemi, est du mouton rôti sur un lit de pommes de terre, dans une auge en bois, pendant 3 à 5 heures. A déguster au restaurant Kipursarvi dans la rue Rantatie. Et à commander 2 jours à l'avance !

■ Bar avec vue

Billykid, Valtakatu 36. ✆ (9) 678 6564. Terrasse sous verrière au premier étage, avec vue sur la place et l'église. Café-bar ambiance country et western.

■ Terrasse avec vue

Kasino, Ainonkatu 10 (sur le port). ✆ (9) 453 0200. Restaurant d'été. Bonne cuisine et atmosphère musicale. Terrasse avec vue sur le lac Saimaa.

■ Resto-bateau

Princesse Armada, Matkustajasatama (port des passagers). ✆ (9) 451 3376. Restaurant dans un ancien bateau. La terrasse sur le pont du vieux vapeur est un rendez-vous très populaire.

■ Hussard à la campagne

Husaari, Korpaalikuja 1. ✆ (9) 678 6595. Un restaurant cosy près du terrain de camping, terrasse en été, et dancing les week-ends.

■ Style grands banquets

Miekkala Banquet House, à Partala, est spécialisée dans la cuisine traditionnelle. Dimanche, déjeuner entre 12h et 16h, le reste du temps sur réservation.

■■ EXCURSIONS SUR LE CANAL DU SAIMAA

Lappeenranta est située à quelques kilomètres de la frontière russe.

La construction du canal du Saimaa, l'un des ouvrages majeurs du XIXe siècle, permit de rattacher le site au golfe de Finlande.

Après la seconde guerre mondiale, les Soviétiques exigèrent que la moitié du canal soit placée sous leur autorité, à titre de remboursement de tribut de guerre. Après de longues négociations, ils le restituèrent dans les années 1960 dans un état de délabrement avancé. Aux Finlandais échut le lourd privilège de financer la restauration du canal qui fut remis en service en 1968. Outre son rôle dans le transport des marchandises, cette voie d'eau mène par une route détournée vers la Russie. Pour traverser la frontière les visiteurs doivent être munis d'un visa, sauf pour les croisières d'une journée au départ de Lappeenranta.

Excursions d'une journée, sans visa, à la ville de Viipuri. A partir de FIM 325, réservation 5 jours avant le départ.

VERS IMATRA, 40 KM PLUS AU NORD

En approchant d'Imatra, triste bourgade très étendue et suintant l'ennui, la pollution qui se fait sentir a une méchante odeur de chou pourri. Ici on est très près de la frontière russe. Les habitations clairsemées, façon banlieue sans âme, s'étalent sur des kilomètres à la ronde. Le terrain de camping et l'auberge de jeunesse, au fin fond d'une pinède pelée, ne semblent guère plus réjouissants.

IMATRA aux cascades taries

33 000 habitants.

Malgré ses grandes forêts de conifères, la région d'Imatra connaît une des plus grandes concentrations industrielles de Finlande.

Imatra était réputée pour la beauté sauvage des **chutes d'Imatrankoski**, "le Niagara finlandais", jadis les plus grandes d'Europe, aujourd'hui muselées par un barrage hydro-électrique. Ce décor grandiose fut à l'origine de la construction de l'antique hôtel Imatran Valtionhotelli, aujourd'hui restauré, qui accueillit dans le passé un grand nombre de visiteurs nobles.

En 1928, les rapides ont été domptés afin d'alimenter les installations industrielles. Aujourd'hui, pour le plus grand plaisir des touristes, on ouvre les vannes les dimanches en été, et, durant 20 minutes, les chutes retrouvent leur écumante impétuosité d'antan.

■ La Belle au bois dormant

Hôtel de la Grande Cascade - Torkkelinkatu 2. ✆ (9) 54 632 44. Ressemblant à un château de conte de fées, cet hôtel tout en bois, de style Art nouveau, fut construit en 1903 par l'architecte Usko Nyström. Après l'incendie qui le détruisit, il fut fidèlement restauré en 1986. Il est magnifiquement situé au bord des chutes d'Imatra - partiellement asséchées, malheureusement, depuis la construction du barrage.
Le restaurant sert une cuisine traditionnelle finlandaise. Au menu, la soupe au saumon du rapide Vuoksi, la "marmite du cordonnier" (petits poissons de lac). A voir le nombre d'hommes d'affaires friqués et flanqués de jeunes filles belles et blondes, l'hôtel la Grande Cascade doit être LE "baise-en-ville" de la région.

EN LONGEANT LA FRONTIERE RUSSE

Les grandes forêts silencieuses et impénétrables de la région se prolongent au-delà de la frontière russe, dans l'ancienne Carélie finlandaise, désertée par sa population depuis son annexion après la seconde guerre mondiale. Depuis, le nombre d'animaux sauvages a considérablement augmenté : ours bruns, loups, gloutons.

A une cinquantaine de kilomètres d'Imatra, la route 6 épouse sur un petit tronçon la frontière russe, avant de bifurquer vers l'ouest et (vers l'intérieur), en direction de la ville de **Savonlinna**. Aux poste-frontières, les tours de surveillance ont résisté jusqu'à présent aux louables efforts de la *glasnost*. Les frontières des deux pays sont séparées par un "no man's land". En approchant de certains poste-frontières, on peut apercevoir au loin des cheminées d'usines crachant d'épaisses fumées sulfureuses et sentir cette caractéristique odeur de pollution qui colle aux vêtements.

Je ne conseille à personne de s'aventurer jusqu'à l'un de ces poste-frontières. 1) Il n'existe aucun panneau indiquant la direction de la Russie (les cartes routières mêmes semblent avoir été faussées). 2) Vous renseigner n'intéressera nullement l'habitant finlandais qui préfère ignorer où la frontière russe se trouve. 3) Dès que vous vous approcherez de la frontière finlandaise (et du "no man's land" au-delà), il y a de fortes chances pour qu'un fonctionnaire en uniforme - et en armes - surgisse de nulle part pour vous faire déguerpir en vitesse. Et, surtout, ne sortez pas votre appareil de photo, c'est strictement interdit !

BIFURCATION SUR LA 14, VERS SAVONLINNA

Toute la région de **Savonlinna** offre des vues superbes, que ce soit la crête morainique de Punkaharju ou les îles dans les parcs nationaux, Linnansaari et Kolovesi.

A **Parikkala**, durant la *"Praasniekka"* de la Saint-Jean (fête religieuse orthodoxe), on peut se familiariser avec les fêtes et processions rituelles de la culture orthodoxe.

Le **lac Siikalahti**, dit lac aux oiseaux, est un site protégé où nichent des espèces rares, oiseaux migrateurs ou oiseaux chanteurs tel le rossignol. Les alentours du lac abritent d'autres animaux comme le ragondin, le vison, le blaireau.

A partir de Parikkala, la jolie route n° 14 bifurque vers l'un des sites les plus grandioses du pays, **Punkaharju**, qui offre le plus bel exemple de crête morainique. Cette étroite formation de 7 km qui traverse le milieu du lac, se rétrécit par moments, à tel point que seule la route y trouve place. La crête domine de magnifiques étendues d'eau, un fabuleux paysage de forêts de pins et de bouleaux dont les dégradés de verts se mêlent aux bleus des deux lacs que la crête sépare.

■ L'hôtel le plus romantique

Hôtel Punkaharjun Valtionhotelli. ✆ (9) 57 441 761 - Fax 57 441 784. A 1,5 km de Retretti. En visitant Punkahharju en 1803, le tsar Alexandre Ier, fut tellement enchanté par cette région qu'il ordonna que le site fût protégé. Quarante ans plus tard, en 1845, par décret de la Cour impériale et avec l'aide du tsar Nicolas Ier, une maison forestière, destinée à accueillir des voyageurs visitant le parc naturel, fut érigée sur la crête de Punkharju.
Ce bâtiment, agrandi trois fois au cours du siècle, est aujourd'hui un hôtel romantique. Chambres simples et doubles, appartements et 15 chalets sur les rives du lac. Un restaurant et une terrasse ensoleillée. Anses protégées aux petites plages de sable. Les crêtes morainiques, avec leurs futaies de pins, invitent à de belles promenades.

AU BOUT DE LA CRETE (à 27 km avant Savonlinna)

Les expositions du **centre d'art souterrain Retretti** attirent un grand nombre de visiteurs. Une partie des œuvres exposées se trouve dans des grottes et des galeries creusées sous la terre. Des bassins et des chutes d'eau artificiels leur offrent un cadre impressionnant, avec des effets sonores et lumineux surprenants. La salle de concerts dans la grotte souterraine de Retretti peut accueillir plus de 1 000 spectateurs. L'acoustique y est exceptionnelle et c'est l'un des lieux favoris du public finlandais.

A Retretti également, le centre de loisirs et de vacances, **Kesämaa**, comporte un aquaparc avec 7 toboggans d'eau, un château pneumatique, des "mers de ballons", etc.

Le récent **musée finlandais de la Forêt** (ouvert en 1994), le **centre Lusto** et son point d'information forestière, expliquent tout sur l'exploitation passée et future de la forêt finlandaise. Ouvert tous les jours de 10h à 18h.

En été, de vieux vapeurs relient Punkaharju-Retretti à Savonlinna. Cette mini-croisière de 2 heures est bien plus pittoresque que le trajet de 20 minutes par la route.

SAVONLINNA, le "Bayreuth" du Nord

28 500 habitants.

Zone frontalière, située à la limite de deux mondes, l'Ouest et l'Est, la région de Savonlinna a subi de nombreuses guerres. L'intérêt principal de la petite ville de Savonlinna réside dans son imposant château fort "Olavlinna" qui tient son nom d'un saint norvégien du Xe siècle, le saint Olaf.

Construit en 1475 par le gouverneur suédois de Viipuri afin de protéger la région contre l'envahisseur russe, le château fut néanmoins occupé par l'ennemi à partir des années 1710, et ce pendant près de 200 ans.

On peut le voir, toujours majestueux, près des rives orientales du lac Saimaa, à quelques minutes à pied du centre-ville. Ses murs de granit massifs (2 à 3 m d'épaisseur) fendus de meurtrières, ses remparts surmontés de trois grandes tours rondes et son donjon en font la parfaite représentation du château médiéval. C'est d'ailleurs la forteresse médiévale la mieux conservée des pays du Nord.

Le **château** offre un cadre idéal aux représentations d'opéras. Dans la cour principale règne alors une atmosphère envoûtante.

Le Festival de l'opéra de Savonlinna qui dure tout le mois de juillet est l'événement culturel le plus connu de la Finlande (et pendant lequel les prix doublent partout). Il fut fondé en 1912 par la cantatrice Aino Ackté. Les opéras sont présentés dans la cour principale du château dont l'acoustique remarquable permet de donner toute leur mesure à de grandes œuvres telles que Macbeth ou Aida. Le lieu lui-même est impressionnant, l'ambiance y est respectueuse bien qu'informelle.

S'étalant sur près d'un mois, le programme du festival présente un certain nombre d'opéras classiques, mêlant le traditionnel aux œuvres les plus avant-gardistes. Ce mélange d'audace et de tradition, a produit des représentations d'opéras d'envergure mondiale en même temps que largement populaires. La création à Savonlinna de cinq opéras finlandais montre bien l'intérêt que le pays tout entier manifeste pour la composition et la représentation d'œuvres classiques. La popularité du festival est aujourd'hui devenue si grande que les places sont réservées une année à l'avance.

Après le spectacle du soir, lorsque le soleil boréal décide enfin à se coucher, Olavlinna, drapée dans la lumière laiteuse des claires nuits d'été, s'illumine doucement, offrant un décor enchanteur à la foule qui flâne dans la ville, dans les boutiques et les ateliers aux alentours du château.

Tours guidés du château (y compris en français), tous les jours à 10h et à 15h, entrée FIM 14. Pour en imposer à ses amis, on peut louer la "salle du roi" pour FIM 400 la journée, ou plus modestement, la chapelle pour FIM 100. Réservations ✆ (9) 358 57 211 64.

Le centre-ville de Savonlinna enjambe un petit chapelet d'îles. Près de la place du marché, les arrivées et les départs au petit matin des vieux vapeurs à étage forment un spectacle des plus romantiques.

Le Musée régional, s'abrite actuellement dans un ancien dépôt à grains, sur la presqu'île à côté du château.

L'église principale de Savonlinna, restaurée, a été rouverte en 1992. Ses nouvelles orgues sont parmi les meilleures de Finlande.

Office du tourisme, Puistokatu 1. ✆ (9) 57 273 492.

SE LOGER

Le moins cher

Auberge **de jeunesse Malakias, Pihlajavedenkuja 6. ✆ (9) 57 23 283.** *FIM 55.* A 2 km du centre-ville. Le lit en chambres doubles (avec plaques chauffantes pour faire la cuisine),

En centre-ville

Hôtel Tott, Satamakatu 1. ✆ (9) 57 514 50 - Fax 57 514 504. *Chambre double de FIM 500 à 700.* Restaurant au deuxième étage, déjeuners à partir de FIM 40.

Sur l'île de l'ancien casino

Hôtel Casino Spa, Kasinonsaari. ✆ (9) 57 57 500 - Fax 57 272 524. *Chambre double de 610 à 690.* L'hôtel est relié au centre-ville par un long pont piéton. Piscine style aqualand.
Faisant partie du complexe hôtelier, l'ancien *Wanha Kasino*, est toujours un lieu très prisé en été. C'est ici que les bonnes familles de Saint-Pétersbourg venaient prendre les eaux au siècle dernier.

RESTAURANTS

Le meilleur endroit pour déguster des *lörtsi* est encore le marché coloré sur le petit port.

Restaurant Snellmann - Olavinkatu 31. ✆ (9) 57 131 04. Réputé comme le meilleur restaurant de la ville. Cuisine finlandaise traditionnelle. Au menu : filet de sandre à la crème, escalope de veau et saumon mariné, mûres des marais à la crème chantilly. Le pub du restaurant, Nelson, est un endroit populaire.

Capitaine Cook, Satamkatu 11. ✆ (9) 57 21 456. Un restaurant typique près du marché sur le port.

Happy Time Pub, Olavinkatu 35. ✆ (9) 57 515 337. Fréquentation jeune.

Zorro, Olavinkatu 40. ✆ (9) 57 515 391. Clientèle jeune, et disco le soir.

EXCURSIONS A RAUHALINNA

Un nid d'amour de style byzantin.

A 1 km au nord de Savonlinna par la route (ou à 2 km par bateau), Rauhalinna à **Lehtiniemi** est un adorable manoir kitsch, dans un style néo-byzantin de 1900, aujourd'hui reconverti en petit hôtel-restaurant d'été. Cette pittoresque villa, ornée d'une véritable dentelle de bois, fut construite à la fin du siècle dernier par le commandant du tsar, pour être offerte à son épouse à l'occasion de leurs noces d'argent.

Au restaurant, le buffet coûte FIM 80 (pendant le festival au mois de juillet le prix monte à FIM 145). L'hôtel dispose également d'un café. Les chambres sont au premier étage. Une chambre double coûte FIM 380, une suite FIM 900. Un bateau assure plusieurs liaisons quotidiennes avec Savonlinna.

LA PLUS GRANDE EGLISE EN BOIS DU MONDE

A 4 km au nord-est de Savonlinna, une petite route bifurque pour mener, après 10 km, à **Kerimäki**. Son immense église en bois qui peut accueillir 3 300 personnes assises, est la plus grande de Finlande. L'édifice fait 45 m de long sur 42 m de large et sa hauteur est de 27 m sous la coupole. En juin, s'y tient un festival de chant choral.

Le site de bataille de Kermäki est ouvert toute l'année. On peut y voir les tranchées et le matériel de combats de la guerre de 1939-1945.

EXCURSIONS EN BATEAU

A partir de Savonlinna, il faut une journée pour gagner Kuopio. Le voyage sur le lac Saimaa permet d'admirer la beauté des rivages bordés de roseaux, et de petites maisons de bois blotties dans les forêts.

A PARTIR DE SAVONLINNA, EN VOITURE

Par la route, on peut aller vers l'ouest jusqu'à Mikkeli et jusqu'au lac Päijänne. Vers le nord, on peut joindre Joensuu ou Kuopio en Carélie du Nord. Entre Savonlinna et Kuopio, la route secondaire qui va à Varkaus en passant par Rantasalmi est la plus jolie.

GOLFE DE BOTNIE

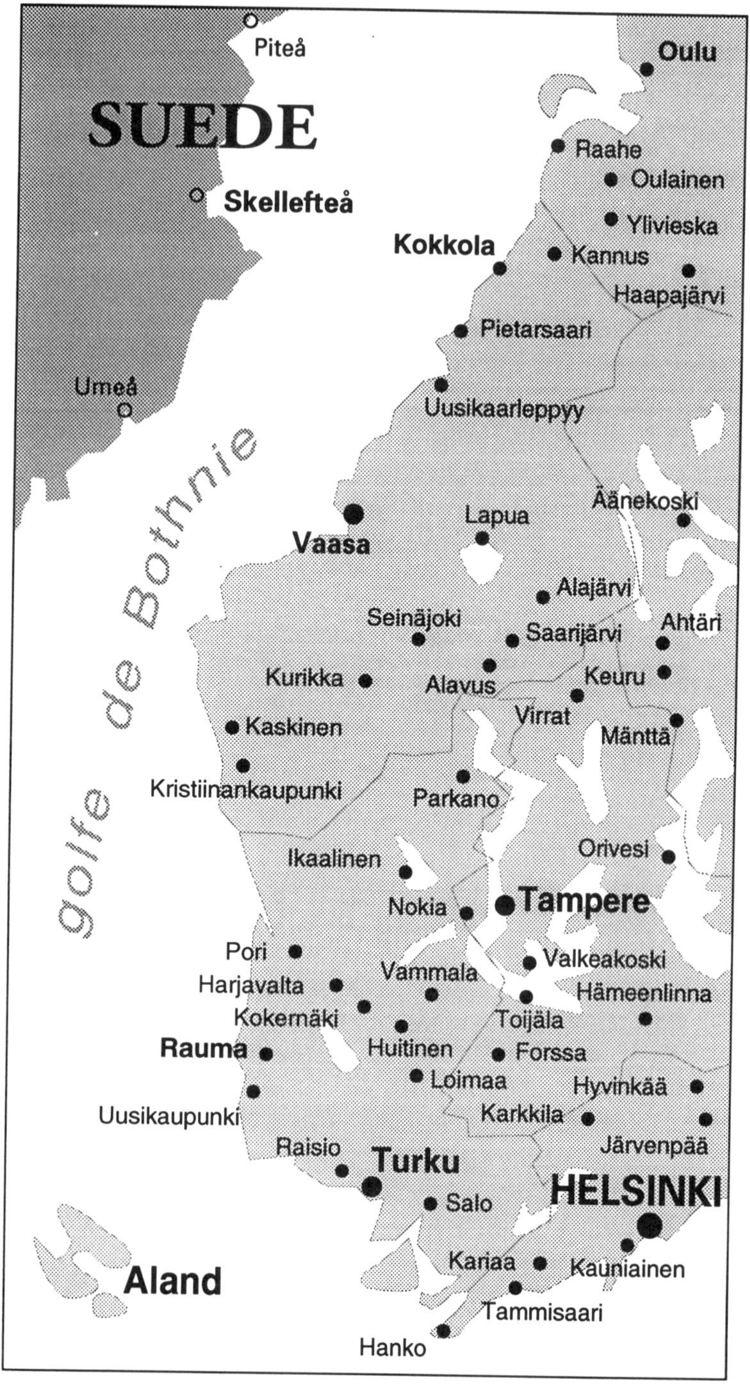
Piteå
SUEDE
Skellefteå
Umeå
golfe de Bothnie
Oulu
Raahe
Oulainen
Ylivieska
Kokkola
Kannus
Haapajärvi
Pietarsaari
Uusikaarleppyy
Äänekoski
Lapua
Vaasa
Alajärvi
Seinäjoki
Saarijärvi
Ahtäri
Kurikka
Alavus
Keuru
Virrat
Kaskinen
Mänttä
Kristiinankaupunki
Parkano
Orivesi
Ikaalinen
Nokia
Tampere
Pori
Valkeakoski
Harjavalta
Vammala
Hämeenlinna
Kokemäki
Toijäla
Rauma
Huitinen
Forssa
Loimaa
Hyvinkää
Uusikaupunki
Karkkila
Raisio
Järvenpää
Turku
HELSINKI
Salo
Aland
Kariaa
Kauniainen
Tammisaari
Hanko

LE GOLFE DE BOTNIE

Itinéraire de Turku vers le nord
En montant vers le nord, le long de la côte du golfe de Botnie : Rauma (à 90 km de Turku) aux vieux quartiers construits en bois, Pori (138 km de Turku) qui doit sa réputation au Festival de jazz international, Vaasa (331 km de Turku), Kokkola (435 km de Turku), Oulu (633 km de Turku).

Le phénomène isostatique postglaciaire continue de provoquer un soulèvement terrestre, particulièrement sensible le long du golfe de Botnie, et grâce auquel la Finlande gagne près de 1 000 km2 par siècle. La côte Ouest s'émiette au large en une myriade d'îlots et de récifs. De longues plages de sable et de dunes et les petits villages de pêcheurs entre Vaasa et Kokkola, ajoutent encore aux attraits de cette région.

Vers l'intérieur, les paysages offrent des fermes dont les vastes champs cultivés alternent avec des forêts profondes. Le littoral ainsi que la basse région fertile de l'Ouest ont vu se développer de grands centres de loisirs à Vaasa et à Oulu. Le pays accueille également d'importantes manifestations culturelles telles que le *festival de musique folklorique de Kaustinen.* Vaasa sur la côte (par les ferries) et Tornio tout au nord (par la frontière terrestre) sont des passages frontaliers importants.

Tout au long de cette côte, des monuments aux morts rappellent les batailles que l'Empire des tsars livra contre le royaume de Suède, et qui firent de la Finlande un vaste champ de bataille. Ces mémoriaux austères contrastent avec les nombreux complexes industriels que l'on trouve également dans les petites villes côtières.

La côte du golfe de Botnie fut la première région peuplée de la Finlande. De nombreux petits ports y gardent encore leur vieux quartier paré de maisons en bois adorablement ouvragées, émouvantes gardiennes du temps passé. Toutes ces petites villes le long de la côte forment aujourd'hui un charmant mélange de l'ancien et de neuf. La vieille ville de Rauma avec ses coquettes maisons de bois est superbement conservée. Bien d'autres villes gardent encore de nos jours des quartiers entièrement construits en bois : Uusikaupunki, Vaasa, Pietarsaari (Jakobstad), Kokkola (Karleby).

Cette province finlandaise (et nordique) est celle qui a su le mieux préserver son habitat des XVIIIe et XIXe siècles, si bien décrit par Pouchkine :

"Ce style néo-classique (gustavien) qui est d'origine suédoise, mais se compose toutefois d'éléments venus de la France de Louis XV et de la Russie de Catherine, et qu'on trouve dans les meubles laqués de blanc des vieilles maisons pionnières finlandaises de l'Ostrobotnie et de la Laponie". Eugène Onéguine, Alexandre Sergueïevitch Pouchkine.

Histoire d'une élite en voie d'extinction

La côte de la Botnie, face à la Suède (l'ancienne mère patrie), fut peuplée dès le XIIe siècle d'importantes communautés parlant exclusivement le suédois. Complètement hors du temps et imperméables au parler finnois, elles restent pétries de traditions séculaires et fortement attachées à leurs principes moraux puritains et à leur mode de vie ancestral. Nombre de villes y sont encore désignées par leur nom suédois (bien que les panneaux routiers soient écrits en deux langues).

Certaines de ces enclaves sont aujourd'hui les derniers bastions suédophones, car la plupart des Finlandais rechignent actuellement de plus en plus à parler (ou même à comprendre) le suédois.

A une cinquantaine de kilomètres au nord de Turku

Uusikaupunki (Nystad) ouvre la porte du littoral. Fondée il y a près de 400 ans, c'est une petite ville aux maisons de bois dans le centre. Les façades rouges de ses vieux entrepôts à sel abritent aujourd'hui des restaurants et des boutiques d'antiquités. La colline Myllymäki, que gravit une voie piétonne, est surmontée de vieux moulins à vent. Du belvédère s'ouvre un magnifique panorama sur le port de plaisance et la mer, piqués de mille et une voiles blanches durant la belle saison.
Sur la route qui continue le long de la cote de Botnie, les forêts de résineux mêlées de bouleaux sont entrecoupées de petits champs d'orge et de champs de pommes de terre qui fleurissent en août. Par-ci, par-là, quelques prés oubliés sont envahis de fleurs des champs. Par endroits, les bas-côtés de la route se transforment en véritables plates-bandes fleuries, colorées de mauve par les lupins sauvages. A l'approche de Rauma, les cours d'eau et les canaux se couvrent de nénuphars.

RAUMA, la ville de la dentelle

Raumo, 38 500 habitants.

Rauma est l'une des villes les plus intéressantes et les plus plaisantes à visiter en Finlande. Cette vieille cité dentellière aux quartiers anciens en bois (inscrite au Patrimoine mondial de l'Unesco) est l'une des mieux conservées du pays. Miraculeusement épargnée par les incendies, près de 600 pittoresques vieilles maisons en bois exhibent leurs délicieuses façades de couleurs pastel dans un dédale de ruelles tortueuses pavées.

Fondée en 1442 aux abords d'un ancien port, Rauma s'est développée autour d'un monastère franciscain du XVe siècle. Grâce à l'exportation du bois, la ville affréta longtemps ses propres voiliers. En 1550, ses habitants furent contraints à s'installer à Helsinki pour peupler la nouvelle ville que le roi suédois, Gustav Vasa venait de fonder. Cet exode forcé affaiblit beaucoup la petite ville.

L'origine de l'activité dentellière demeure inconnue. Cet art a pu être importé aussi bien par les moines franciscains que par les familles flamandes ou encore par les marins.

En tout cas, ce sont les marins qui ont donné à la ville son étonnant parler, mélange de latin, de vieux flamand, d'estonien, de suédois et d'anglais. Un dialecte particulier que les gens des autres régions ne comprennent pas.

Cohabitant aujourd'hui harmonieusement, le passé et le présent de Rauma sont séparés par le "canal" qui traverse la ville en son milieu (appelé "Rauman Ganal" en dialecte local). La plan de la vieille ville n'a pas changé, les rues étroites bordées de maisons en bois peintes sont restées les mêmes. Les quelque 600 maisons anciennes forment un ensemble au charme désuet très attachant.

La place du marché s'entoure de l'office du tourisme et d'une charmante terrasse de café donnant sur l'ancienne mairie. Sur la place elle-même, des stands, que les habitants appellent des pystcaffe, vendent du café que l'on boit debout.

L'église de la Sainte-Croix (Pyhä Ristin Kirkko), Loustarinkatu 1. *Ouverte aux visites de 9h à 18h, les samedis de 9h à 13h, les dimanches de 12h à 18h.* On peut y voir les ruines d'un monastère catholique dont les moines furent chassés par la Réforme en 1538. En revanche, l'église de la Sainte-Croix, bâtie de 1449 à 1538 pour les moines franciscains, est bien conservée. Elle est réputée pour ses fresques médiévales. Le ruisseau qui deviendra plus loin le "canal" séparant la ville en deux, coule sous le petit pont qui mène à l'église.

Rauman Taidenmuseo (musée d'Art de Rauma), Kuninkaankatu 37. Il est aménagé dans une belle demeure du XVIIIe siècle. Les expositions temporaires changent tous les mois. Tous les deux ans, la "Biennale Balte" expose des œuvres d'art contemporain de tous les pays situés autour de la Baltique, dont l'Estonie, la Lituanie et la Lettonie.

Le musée Marela, Kauppakatu 24, fut la splendide résidence d'un riche armateur du siècle dernier. Meublée dans le style de l'époque (grands poêles en carreaux de faïence pour le chauffage), elle présente une belle collection de costumes anciens.

Le musée de Rauma (sur la place du marché dans l'ancien hôtel de ville de 1776), est dédié à la mer (maquettes de bateaux) et à la dentelle (fuseaux). La confection de la dentelle est l'une des plus vieilles activités de la ville. La cour intérieure de 1795 expose des plantes de la région.

Le musée Lönnström, Syväraumankatu 41. C'est le musée le plus récent de Rauma. Outre le mobilier d'époque, il expose des peintures anciennes.

La maison de Kirsti, cette humble demeure d'un marin construite au tournant du siècle et devenue musée, était encore habitée en 1972. Noter, dans l'embrasure de la fenêtre, deux chiens de faïence qui avaient une fonction importante : quand ils étaient tournés vers l'extérieur, le marin était en mer ; quand ils étaient tournés vers l'intérieur, le marin était à la maison et on pouvait venir lui rendre visite. La petite cour fermée comprend l'écurie, l'étable, le grenier, la cave et le puits.

La maison du Potier, Nummenkatu 2. C'est le plus petit des musées. Ici on peut voir comment le potier travaille, et s'y essayer soi-même. L'atelier a beaucoup de succès auprès des enfants.

La maison Knapp (Ponjankatu 1), perpétue la tradition de confection de beaux ouvrages aux fuseaux. La ville de Rauma compte aujourd'hui encore près de 400 de ces artisans.
L'achat d'un ticket de musée (FIM 10) donne accès à tous les musées. Il est valable le jour même, et le lendemain.

Office du tourisme - Vahakirkkokatu 10 (place du marché de la vieille ville). ✆ (9) 38 8344 551. Ouvert du lundi au vendredi de 8h à 15h. Location de vélos à l'OT : 1h = FIM 10. 3h = FIM 20. 1 journée FIM 45.

■■ SE LOGER

■ L'AJ la plus romantique

L'auberge de jeunesse Poroholma sur un terrain de camping près de la mer. ✆ (9) 38 8224 666. A 2 km du centre-ville, c'est l'une des plus belles AJ de Finlande. L'ancienne villa en bois qui l'abrite était la résidence d'été d'un riche commerçant de la fin du siècle dernier. L'une des chambres (à 3 lits) est particulièrement charmante car elle a accès à la tourelle avec vue sur la petite pinède et le lac. Les tapisseries fraîchement refaites sont bordées d'une frise style Laura Ashley et les rideaux sont en dentelle blanche.

■ L'hôtel le plus plaisant

Hôtel Kalatorin Majatalo, Kalatori 4 (dans la vieille ville). ✆ (9) 38 8227 111 - Fax 8222 535. *Chambre double FIM 350.* Ce sont d'anciens petits entrepôts joliment rénovés par un architecte également responsable d'autres restaurations dans la vieille ville de Rauma. Le restaurant de l'hôtel sert de bons poissons, à partir de FIM 50.

■ L'hôtel le plus dansant

Hôtel Kalliohovi (Arctia) - Kalliokatu 25. ✆ (9) 38 222 811 - Fax 38 228 211. *Chambre double FIM 330.* Au restaurant de l'hôtel : filet de renne sauce veneur aux airelles FIM 70. Tous les mercredis, la boîte de nuit de l'hôtel organise des soirées naistentanssit, où ce sont les femmes qui invitent les hommes à danser. Entrée de FIM 10 à 35, selon la notoriété de l'orchestre.

■■ RESTAURANTS

■ Café-salon de thé

Kontion Kahvila, Kuninkaankatu 9. ✆ (9) 38 8221 422. Pour une pause-café ou un *"five o'clock tea"* après avoir arpenté les pavés irréguliers de la vieille ville. Pâtisseries et petits plats à grignoter.

■ Pizzas vénérables

Restaurant Rosso, Savilankatu 1. ✆ (9) 38 8225 635. Dans un bâtiment ancien à l'entrée de la vieille ville, ce restaurant sert des pizzas de FIM 50 à 60.

■ Cuisine traditionnelle

Restaurant Filemon, Kanalinranta 1. ✆ (9) 38 227 757. Cuisine finlandaise traditionnelle. Au menu : harengs de la Baltique poêlés et farcis d'œufs brouillés, servis avec des champignons de la forêt, salade de saumon mariné, épaule de mouton fumée sauce au raifort.

■ Cave ou terrasse

Mustan Kissan Kellari, Anundilankatu 8. ✆ (9) 38 8222 633. La "cave du chat noir" est l'un des endroits branchés en périphérie de la vieille ville. Souvent très animée, la terrasse sur le toit du petit bâtiment reste ensoleillée jusqu'à tard dans la soirée. Mustan Kissan Kellari fait aussi boîte de nuit.

Les étonnantes soirées naistentanssit

Dès l'ouverture de la boîte de nuit, des dames de tous âges arrivent par petits groupes, à pied ou à vélo, pour prendre d'assaut les nombreux volontaires, prêts à jouer le rôle de cavaliers servants.

En descendant de vélo, elles enfilent des escarpins sur leurs socquettes blanches qui vont si bien avec leur robe fleurie à volants. (Ici, il y a peu de robes moulantes ou de tenues hyper-sexy.) La disco fait place à une musique de bal populaire - par moments aux accents russes - un peu triste, un peu mélancolique mais si romantique... Après l'Argentine, c'est en Finlande que le tango est le plus populaire...

Ne vous méprenez surtout pas sur le sens de ces soirées. Tout le monde respecte les règles strictes, quoique non écrites, qui consistent pour un homme de ne jamais refuser l'invitation d'une dame qu'il raccompagne à sa table après 2 ou 3 danses. Il serait impoli d'insister, de s'accrocher ou de penser que la partie est gagnée pour la seule raison qu'une femme vous a invité. C'est cela tout le charme et la fraîcheur des *naistentanssit*. Il est aussi amusant de constater que ce sont les meilleurs danseurs que ces dames s'arrachent et que les beaux machos ténébreux sont souvent délaissés au bar, devant leur whisky-soda.

■■ SHOPPING

Rauma est réputée pour ses dentelles. Ici, les premiers "dentelliers" étaient des hommes, car ce savoir-faire fut importé par les marins de la ville. L'une des meilleures boutiques pour acheter de la dentelle (et autres accessoires) est le Pits-Priia, Kauppakatu 29, où l'on peut voir les dentellières au travail. Ce n'est pas un article bon marché, il est difficile d'en trouver en dessous de FIM 200.

Le **Festival annuel de la dentelle**, exposant les créations de plus de 400 dentellières, est l'événement le plus marquant de Rauma. Débutant le dernier week-end de juillet par le carnaval de "la dentelle noire", il englobe un grand nombre d'autres activités gravitant autour de la dentelle. Les boutiques et les restaurants restent ouverts jusqu'à 3h du matin tandis qu'une foule de gens se presse dans les rues.

LA ROUTE DE RAUMA A PORI

Les carrés de prés trouant les forêts sombres de pins et de sapins sont piqués des granges à foin qui s'évasent vers le haut comme des champignons suivant l'architecture caractéristique de la région.

La tradition religieuse, très forte dans cette partie du pays, se traduit par la présence de belles églises. Vers **Närpes** (Närpio), une église blanche à clocher en forme de bulbe se cache dans la plaine dans un bosquet de bouleaux.

PORI, le plus grand festival de jazz d'Europe

Björneborg, 77 000 habitants.

Pori est l'une des plus vieilles villes de Finlande. Un comptoir en amont de la rivière Kokemäenjoki existait déjà à l'époque des Vikings. En 1550, à l'ordre royal qui exigeait que les habitants se déplacent pour peupler Helsinki, la ville répondit par l'inertie la plus totale. Aujourd'hui Pori est une ville industrielle, ce qui ne l'empêche pas d'abriter des sites dignes d'intérêt. L'hôtel de ville, construit d'après les plans d'Engel, dans le style d'un palais vénitien, est surmonté d'une tour d'où l'on a une vue admirable sur la ville et la rivière.

Pori, ville portuaire et commerciale, doit sa réputation à son **Festival international de jazz** qui a lieu tous les ans vers là mi-juillet. Ce rendez-vous musical, l'un des plus grands d'Europe, et qui rassemble des virtuoses internationaux, se déroule dans le théâtre de plein air sur l'île de Kirjuriluoto au milieu de la rivière.

Le musée du Satakunta, Hallituskatu 11, offre un panorama de l'histoire et de la culture finlandaises. Une intéressante reconstitution en miniature du vieux Pori se trouve au deuxième étage. *Ouvert tous les jours de 11h à 17h. Entrée libre.*

Le musée d'Art moderne, dans un vieil entrepôt sur l'Eteläranta reconverti en musée en 1981. *Ouvert tous les jours, sauf lundi, de 11h à 18h. Entrée libre.*

Infos : Satakunta Tourist - Yrjönkatu 15 A, 28100 Pori.. ✆ (9) 39 320 500.

Le village de pêcheurs de **Reposaari**, avec ses maisons en bois et ses spécialités de poissons, mérite le détour. Il est situé sur une petite île à l'extrémité nord-ouest de la péninsule de Pori, reliée à la terre ferme depuis 1956 seulement.

Restaurant de Reposaari - Satamapuisto 34. ✆ (9) 39 344 044. Cuisine finlandaise traditionnelle. Au menu : assortiment de harengs à la tomate, à la moutarde ou en paupiette, lavaret grillé, soupe au lavaret de la région de Satakunta.

LA ROUTE PANORAMIQUE RELIANT PORI ET AHLAINEN

Cette route, inaugurée en 1993, traverse sur 11 km un paysage côtier somptueux. A 20 km environ de Pori vers l'ouest, elle longe les plages de sable d'Yyteri avant de passer par une myriade d'îles. Les plages d'Yyteri s'étendent sur plusieurs kilomètres. On y trouve, entre autres, un centre de vacances.

KRISTINESTAD (Kristiinankaupunki, 9000 habitants) est une ville exquise. Fondée en 1649 par Per Brahe, Kristinestad dut attendre le XIXe siècle pour devenir un grand chantier naval. Mais ici comme ailleurs, l'arrivée des vapeurs sonna le glas de sa glorieuse prospérité liée à la marine à voile.

Aujourd'hui, cette très charmante petite ville, miraculeusement épargnée par les incendies, offre à la déambulation des visiteurs ses ruelles bordées de vieilles maisons de bois aux couleurs pimpantes.

L'**église Ulrika-Eleonora** est l'un des plus anciens édifices religieux en bois. Ses ex-voto, sous forme de modèles réduits de bateaux, demandent le retour de marins partis en mer ou remercient pour ce vœu exaucé.

Le **Musée maritime**, Kauppatori 1, expose la collection privée d'un capitaine de bateau Ouvert tous les jours sauf lundi. Entrée FIM 5.

L'**Office du tourisme** sur l'Aitakatu a élu ses quartiers dans un ancien bâtiment de poste douanier, datant de 1720.

ITINERAIRE ALTERNATIF

De **Kristinestad** à **Vaasa**, la petite route côtière défile dans un paysage marin de toute beauté. A cause de l'élévation progressive du sol, la mer recule ici à raison d'un mètre par siècle.

VAASA, le fief des "Blancs" à la libération

Vasa, 53 400 habitants.

Cette première cité fut fondée au XIVe siècle, à un emplacement désormais éloigné de la mer par le phénomène d'isostasie. Proie de nombreux incendies au cours des siècles, elle fut définitivement réduite en cendres par celui de 1852.

La nouvelle ville construite en pierre, fut bâtie directement au bord de la mer, à l'abri d'un bel archipel. Lors de la courte guerre civile (à l'époque de la révolution russe et de la libération de la Finlande), le maréchal Mannerheim à la tête des "Blancs" installa ici son quartier général.

Aujourd'hui, de l'ancienne Vaasa, il ne reste presque rien excepté la grande maison de Falander et l'église de Korsholm. Le centre-ville se déploie autour d'une grande place d'où partent de larges avenues, suffisamment larges pour jouer un rôle de coupe-feu. Vaasa est entourée de lacs, de baies et de presqu'îles ; ses quelques rares cheminées d'usine ne déshonorent pas ses beaux paysages. Grâce à la liaison de ferries avec la Suède (Sundsvall et Umeå), la ville connaît en été une certaine animation.

Le château d'eau, construit en 1914 en pleine ville dans le style romantique national, sert de point de repère aux étrangers.

L'église orthodoxe, Kasarmintori, (pas facile à trouver) est située près des anciennes casernes en bois, avec véranda, au charme tout dostoïevskien. L'église qui date de la période russe, présente de belles icônes dont quelques-unes viennent de Saint-Pétersbourg. *Ouverte tous les jours de 10h à 14h.*

Le musée d'Ostrobotnie (Pohjanmaan museo). Consacré à l'histoire locale et à l'art populaire c'est celui qui offre le panorama culturel le plus complet de la région. Horloges et armoires peintes "à la rose", traîneaux "troïka", kantele, vieux métiers à tisser... Trois pièces sont consacrées à l'histoire de Vaasa. Le collections Hedman sont gardées dans une pièce fermée et il faut demander à la caisse un guide qui vous y accompagnera. *Ouvert de 12h à 20h, le week-end de 13h à 18h. Entrée FIM 10.*

Le musée de plein air Brage, Sandviken (à 3 km au sud de la ville). Une douzaine de maisons illustrent les traditions paysannes et l'habitat rural des régions suédophones du XIXe siècle. Le bâtiment principal comprend une chambre nuptiale ostrobotnienne richement décorée. On y trouve aussi un musée consacré à la chasse aux phoques, et un ancien sauna de fumée. Sur la plage, la "ronde de la vierge", est un labyrinthe de pierres, fidèle réplique de celui des îles Valsörana dans l'archipel de Vaasa. *Ouvert de 14h à 19h, le week-end de 12h à 16h. Entrée FIM 10.*

Infos : Botnia Tourist - Hovioikeudenpuistikko 11, 65100 Vaasa. ✆ (9) 61 325 1125 (ou 28 99). Ouvert de 10h à 16h.

■■ SE LOGER

■ Un chalet au vert

Le Vaasa Camping, Uddnäsvägen, sur l'île de Vaskiluoto à env. 2 km du centre. ✆ (9) 61 173 852. *Un chalet de 4 lits est loué FIM 170 à 220 la nuit.* Le terrain de camping est propre et bien entretenu, équipé de cuisine, douches et toilettes collectives. Egalement, location de vélos (FIM 25 la journée) et de bateaux (FIM 25 la journée). Location du sauna, 2 heures = FIM 90.

■ En bonne compagnie

L'auberge de jeunesse Tekla, Palosaarentie 58. ✆ (9) 61 317 7850. *Le lit en dortoir FIM 80, location de draps FIM 20. Petit déjeuner FIM 25. Il y a aussi des chambres doubles à FIM 230.*

Hostel Olo, Asemakatu 12. ✆ (9) 61 317 4558. *Chambre double FIM 140. Douches collectives.*

■ Ecclésiastique très éclectique

Evangeliska Folkhögskolan, Rantakatu 21-22. ✆ (9) 61 317 4903. Dans le séminaire évangelique de Vaasa, *chambre double FIM 240, lit supplémentaire FIM 60. Petit déjeuner FIM 20. Ouvert en juillet et août seulement. Il est conseillé de réserver à l'avance.*

■ Le charme un peu passé

Hôtel Vallonia City (Arctia), Asemakatu 4. ✆ (9) 61 3176 200 - Fax 3176 484. *Chambre double de FIM 390 à 490.* Un hôtel du début du siècle, renové en 1993. Quelques chambres avec sauna privé. Restaurant et bar dans une petite salle à la décoration évoquant la chasse, avec massacres et armes ornant les murs.

■ La folie des grandeurs

Hôtel Royal Waasa (Sokos), Hovioikeudenpuistikko 18. ✆ (9) 61 327 8111 - Fax 61 123 861. *Chambre double de FIM 395 à 490.* Grandes suites "présidentielles" à FIM 900. Cet immense hôtel, tout neuf, s'étale comme une pieuvre sur plusieurs immeubles de part et d'autre de la rue. Les différents bâtiments sont reliés par des passerelles et des souterrains.

■■ RESTAURANTS

■ Dans un bateau

Faros, Kalaranta. ✆ (9) 61 3126 411. Près du pont qui mène à Vaskiluoto, un charmant restaurant dans un petit bateau de pêche qui ressemble à un bateau pirate. Buffet "archipel", à partir de FIM 40, plats de FIM 64 à 114. Terrasse sur le pont très agréable au coucher du soleil, avec vue sur l'aigle bicéphale du pont en face.

■ Dîners jazz

Fondis, Hoviikeudenp. 15. Un complexe qui comprend 3 restaurants, 2 terrasses sur l'Esplanade et une boîte de nuit (*Fontana*) dans la cave. Orchestre jazz les jeudis soir. Déjeuner à FIM 35 de 11h à 14h. Pièce de bœuf FIM 55. Le soir au Fontana, formule *"Pytt i panna"* (plat traditionnel) + une bière = FIM 35.

■ Dancing à la carte

Kantarellis, Kauppapuistikko 15. ✆ (9) 61 317 0110.

■ Et les autres...

Gusta Wasa, Raastuvankatu 24. ✆ (9) 61 325 2903.

Rosso, Kauppapuistikko 16. ✆ (9) 61 317 2464.

■■ SORTIR

■ Salon de thé

Görans Konditori, Rewell Center (Övretorget).

■ Vue sur la ville

Sky Terrace de l'hôtel Vaakuna (chambres à FIM 366), dans le Rewell Center. ✆ (9) 61 327 4111 - Fax 61 127 175. (Övretorget).

■ Rock destroy

Rock Strampen, Rantakatu. Grande terrasse extérieure donnant sur l'eau. Une part de pizza à FIM 15, et des torrents de bière...

■ Meilleur pub

Olivier's Inn, Kauppapuistikko 8. Bar à vin musical, karaoke les dimanches. Happy meal à FIM 50. Ouvert tous les jours de 15h à 2h du matin.

■ Mal de tête

Rockin'n Headache, Pitkätu 28-30. Bar à bière musical avec billard.

■ Soirée strip-tease

Lady Pink, Korkeamäki 1. ✆ (9) 61 3151 161. Egalement show privé sur demande.

EXCURSIONS

Visites guidées de la ville
Départ de l'*hôtel Royal Waasa* à 14h15. Prix FIM 40.

Mini-croisières dans l'archipel
Avec le *M/S Capitain Waasa*, départs quotidiens à 13h et à 16h à partir de Rantakatu, FIM 50.

Avec le bateau-bus *Wille*, départs quotidiens à 12h, 14h30 et à 16h30 à partir du port intérieur, FIM 50.

Tous les samedis, croisière dansante au *Jannes Saloon*. Départ à 20h. Réservation au (9) 61 949 292.

PARC D'ATTRACTIONS SUR L'ILE DE VASILUOTO

Sur l'île de Vasiluoto, le parc d'attractions **Wasalandia** et le parc aquatique **Tropiclandia**. Pass Wasalandia FIM 75, ou entrée du parc adultes FIM 12, enfants FIM 6. Ouvert de 9h30 à 21h.

Le parc aquatique Tropiclandia (le plus grand de Finlande). Entrée adultes FIM 60, enfants FIM 40. Ouvert de 10h à 21h.

Également sur l'île de Vasiluoto, le *restaurant Tarzan & Jane*. Buffet adultes FIM 50, enfants FIM 30.

LA COMMUNE DE KORSHOLM

Au bout de la ville, une magnifique allée de tilleuls mène à l'une des plus belles constructions gustaviennes, anciennement la cour d'appel, aujourd'hui l'**église de Korsholm**. Après le transfert à Vaasa de la cour d'appel, les habitants demandèrent au tsar l'autorisation de transformer le bâtiment inutile en église. L'intérieur, très lumineux, est tout en blanc et or.

De l'autre côté de la route, sur une éminence, une croix de granit se dresse à l'emplacement de la forteresse de Korsholm. Ce château fort fut construit vers 1370 par le mystérieux Bo Jonsson Grip. L'inscription rappelle qu'*"ici, dans le Nord païen, fut élevée la croix du Christ"*.

C'est à Korsholm qu'ont lieu tous les ans en juillet des représentations théâtrales en plein air, ainsi que le festival de musique de chambre créé en 1983. Durant le festival de Korsholm, un certain nombre de concerts ont lieu également à Vaasa.

DE VASA A NYKARLEBY ET A JAKOBSTAD

La route traverse de vastes étendues cultivées, parsemées de granges et de grandes fermes en bois. Les petites maisons peintes en rouge ont des encadrements de fenêtres laqués blanc qui les font ressembler à des maisons de poupée. Par endroits, les claires forêts de grands bouleaux blancs donnent un vague air de taïga russe aux paysages.

NYKARLEBY (Uusikaarlepyy, 7 800 habitants), est une petite ville idyllique. D'adorables maisons de bois peint, ornées de balcons finement sculptés bordent les rues sinueuses. L'église de 1708, l'une des plus belles de la région, comporte d'étonnantes fresques en trompe l'œil, de splendides vitraux et des orgues du XVIIIe siècle.
La voie ferroviaire, fermée depuis 1916, est aujourd'hui réhabilitée sur un tronçon de 2 km. Elle offre aux visiteurs une balade pittoresque qui fait ahaner la vieille locomotive *"Emma"* le long d'un parcours étroit et sinueux.

JACOBSTAD (Pietarsaari, 20 000 habitants) s'enorgueillit d'être le berceau du poète national Runeberg. Elle présente, par ailleurs, un ensemble intéressant de styles architecturaux issus de différentes époques.
Il fut un temps où la ville possédait l'une des plus grandes flottes du pays et où ses voiliers traçaient de nouvelles routes commerciales. Témoin de cette fabuleuse armada, le navire *Jakobstads Wåpen* qui fut dessiné en 1767 par l'un des plus célèbres architectes navals du XVIIIe siècle, *af Chapman* (auquel on doit le trois-mâts ancré à Stockholm et transformé en une extraordinaire auberge de jeunesse).

Le **musée Malmintalo**, Isokatu 2, dans une riche demeure ancienne, retrace le passé prestigieux de la ville.

Le **musée Nanoq** fait découvrir le mode de vie et la culture des peuples primitifs arctiques.

Jakobstad est reliée à **Kokkola** par la magnifique **"route des Sept Ponts"**. Cette route qui caracole à travers l'archipel du golfe de Botnie, découvre un décor de toute beauté, sauvage et grandiose.

Avant d'arriver à Kokkola, vers **Evijärvi** à l'intérieur des terres, on peut voir de magnifiques manoirs anciens. Celui d'**Alperintupa** a été reconverti en musée de culture populaire d'Ostrobotnie. Dans d'autres encore, on peut passer une nuit dans un lit clos traditionnel, savourer un ragoût de viande de renne ou bien prendre, comme les anciens paysans, un *savusauna* (sauna de fumée). Entre les murs ornés de motifs floraux de la salle commune (ou *tupa*), on se réunissait jadis pour lire la *Bible* en famille ou pour recevoir les invités.

KOKKOLA (Gamla Karleby, 35 000 habitants). Jadis, le goudron qui aurait dû faire la fortune de la ville et de l'ensemble de la région, devait obligatoirement transiter par Stockholm qui frappait de son sceau toutes les exportations de la Finlande. Ce monopole fut aboli au XVIIIe siècle et le port obtint alors le droit de commercer avec les marchés étrangers. L'époque la plus florissante de Kokkola se situe entre 1750 et 1860.

La ville ne recèle guère de vestiges, hormis l'hôtel de ville dont la très belle façade porte la signature de l'architecte Engel.

Infos : Center-Botnia - Mannerheiminaukio, 67100 Kokkola. ✆ (9) 68 831 1902.

VERS L'INTERIEUR DU PAYS

A 43 km au Sud-Est de Kokkola.

La route 13 mène à **Kaustinen**. Ce petit bourg qui vit essentiellement de l'agriculture, est surtout connu pour son festival international de musique folklorique (l'un des plus importants de l'Europe du Nord). Quelque 2 000 artistes populaires, groupes folkloriques venus d'Europe, d'Asie, d'Afrique et d'Amérique, y présentent diverses réalisations musicales et chorégraphiques. Les neuf jours du festival sont l'occasion pour les musiciens de jouer des airs traditionnels dans les cafés et les parcs. La population participe aux manifestations avec enthousiasme, et tous chantent et dansent du matin jusqu'au soir.

LA ROUTE DE KOKKOLA A OULU

La route 8 qui longe la côte jusqu'à Kaljoki est bordée de dunes de sable, piquées de grands pins et s'étendant sur plusieurs kilomètres. Grâce à un petit bac, on peut accéder à l'île de Maakalla émergée au XVe siècle seulement, à 17 km au large.

La route traverse ensuite Raahe, et les prés de Liminka avant d'arriver à Oulu.

OULU, l'ancienne ville du goudron

Uleåborg, 102 000 habitants.

Fondée en 1605, Oulu était déjà au Moyen Age un centre de transbordement du goudron de bois dont l'Europe entière était alors grande consommatrice. En effet, les forêts de conifères européennes avaient été décimées par une production excessive de goudron végétal, nécessaire au calfatage. Cette "distillation du bois" occupa une grande partie de la population dans les forêts à l'est d'Oulu. Longtemps, l'activité alla bon train. Mais l'apparition, vers 1915, des navires d'acier mit fin à cet âge d'or.

Aujourd'hui, cette ville universitaire présente un visage moderne. Au centre scientifique de Tietomaa, des phénomènes scientifiques sont expliqués aux visiteurs de manière ludique. Créé en 1983, la Technopole d'Oulu acquiert de plus en plus d'importance. Les entreprises et les grandes écoles y travaillent en étroite coopération pour développer des produits et des services liés aux technologies de pointe.

Le marché de la ville permet de goûter à la spécialité de la région, un fromage cuit au four et, pendant la saison de cueillette, aux très controversées baies polaires.

Office du tourisme, Torikatu 10. ✆ (9) 81 341 1295.

Le musée de plein air sur l'île de Turkansaari est consacré à l'ethnographie régionale. Entrée FIM 10. Excursion en bateau, entrée comprise : FIM 60 aller-retour.

Dernière petite ville portuaire sur le golfe de Botnie...

KEMI (25 300 habitants), située à l'embouchure du fleuve Kemijoki, a grandi autour de sa scierie et son industrie de bois. Malgré son petit air de bourgade tranquille, Kemi était un grand port du temps où le flottage de bois se pratiquait encore sur le fleuve. Les troncs d'arbres étaient exportés directement où après transformation sur place.
Afin de permettre, en hiver, l'accès aux ports dans le golfe de Botnie, des brise-glace doivent scinder l'épaisse couche gelée pour tracer des chenaux et ainsi assurer la navigation des ferries. Autrefois, redoutable entreprise, les voyageurs devaient sillonner la mer glacée à pied ou en traîneau.

"Le spectacle était hallucinant. Le grand froid et le vent étaient tombés d'un seul coup, et ensemble, sur les eaux en folie. (...) A perte de vue, ce n'était qu'un chaos de glaces bouleversées et une succession de crêtes parallèles qui montaient d'abord, pour s'arrondir au sommet, redescendre légèrement en s'amincissant, au point de ne plus former qu'une longue bande mince, déchiquetée: les vagues levées par le vent, gelées par le froid et qui allaient demeurer ainsi, en suspens, jusqu'à la saison blanche et au dégel." Kopoli, le renne guide, Jean Coué.

La principale attraction de Kemi est constituée par les voyages sur la mer de glace. Le vénérable *Sampo,* un brise-glace reconverti en bateau de croisière pour touristes, transporte jusqu'à 150 personnes pour des "safaris polaires" sur la mer du golfe de Botnie prise dans les glaces. C'est la seule croisière au monde sur un brise-glace. Émotions fortes garanties. Départs du port Ajos à 15 km de Kemi, 3 fois par semaine de janvier à avril. Prix : environ FIM 650 par personne. En été, le brise-glace se transforme en restaurant flottant.

Des cours de survie dans le Grand Nord sont aussi organisés pour les touristes, comprenant des exercices de ski, de pêche, de préparation d'aliments naturels et de construction d'igloos dans un environnement hostile.

Office du tourisme, Kauppakatu 22. ✆ (9) 698 199 468.
Il n'y a pas d'auberge de jeunesse à Kemi.

Hôtel Cumulus, Hahtisaarenkatu 3. ✆ (9) 698 22 831 - Fax 698 228 299. Chambre double FIM 355 à 490.

VERS L'INTERIEUR

A 115 km au nord-est de Kemi.

ROVANIEMI est située sur le cercle polaire

Kemi est la porte de la Laponie maritime. La route E4 longe le fleuve Kemijoki jusqu'à la capitale de la Laponie, Rovaniemi. A Tervola, une vue superbe sur le fleuve.

AU NORD-OUEST, A LA FRONTIERE SUEDOISE

TORNIO (Torneå, 23 000 habitants) est située à l'embouchure du fleuve Torniojoki qui délimite la frontière finno-suédoise. (C'est le long de ce fleuve que le politicien mégalo Jirinovski aimerait retracer la frontière russe !).

La frontière existe bien sur les cartes, mais en réalité Tornio et Haparanda (ville suédoise sur l'autre rive du Tornijoki), sont des villes jumelles fonctionnant souvent comme une seule. Il y a deux passages de frontière, celui très fréquenté de Suensaari, gare routière, et l'autre par le golf de Tornio, - un terrain de golf parmi les plus curieux du monde. On peut envoyer la balle de Finlande en Suède et vice versa, surmontant ainsi un obstacle compliqué d'un décalage horaire d'une heure à chaque fois.

La vieille église de Tornio, de 1686, est une des plus belles églises en bois de Finlande toujours en service.

Office du tourisme, Lukiokatu 10. ✆ (9) 698 400 48.

■ Se loger

Auberge de jeunesse Suensaari. Kirkkokatu 1. ✆ (9) 698 41 682. *Le lit en dortoir, FIM 50. Ouvert du début juin à la mi-août.* A 1 km de la gare ferroviaire.

Kaupanginhotelli, Itäranta 4. ✆ (9) 698 43 311 - Fax 698 42 920. *Chambre double de FIM 490 à 570.* Un grand hôtel d'une centaine de chambres.

Hôtel Tornio, Kesikatu 11. ✆ (9) 698 42 401 - Fax 698 42 401. *Chambre double FIM 300.* Un petit hôtel de 14 chambres.

A 15 km au nord de Tornio, les **rapides de Kukkolankoski** constituent sans doute l'une des curiosités naturelles les plus impressionnantes du pays. Ce sont les chutes libres les plus longues de Finlande. Déjà au Moyen Age, elles étaient réputées pour leurs eaux poissonneuses. Aujourd'hui, un festival de pêche y a lieu le dernier week-end de juillet.

D'innombrables itinéraires fluviaux et lacustres de diverses catégories s'offrent ici aux canoéistes. Le plus rude est celui de la "Course de canoë-kayak arctique", longue de 537 km, et qui descend le fleuve Tornio jusqu'au golfe de Botnie.

VOYAGES
LOOK
C'EST PLUS MALIN
POUR VOYAGER SUR PLUS
DE 400 DESTINATIONS
À DES PRIX MALINS
GIBRALTAR
EN VENTE DANS TOUTES LES AGENCES DE VOYAGES
ou au (1) 44 58 59 60
ou sur 3615 LOOK VOYAGES
Lic. 194049

CARELIE DU NORD

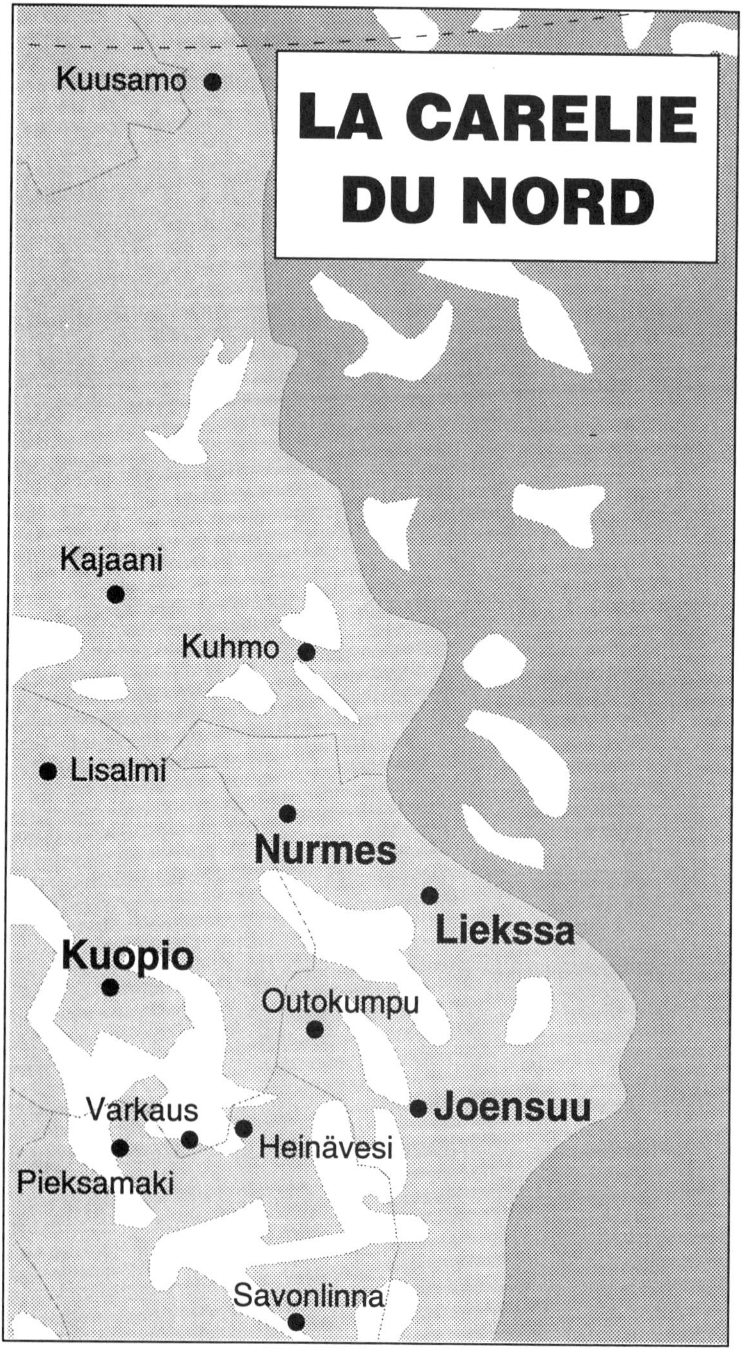
LA CARELIE
DU NORD
Kuusamo
Kajaani
Kuhmo
Lisalmi
Nurmes
Lieksa
Kuopio
Outokumpu
Joensuu
Varkaus
Heinävesi
Pieksamaki
Savonlinna

LA CARELIE DU NORD

Itinéraires :
Le monastère Nouveau Valamo, Kuopio (395 km d'Helsinki), Joensuu (440 km d'Helsinki), les collines de Koli, Lieksa, Nurmes, Kajaani (570 km d'Helsinki), Kuusamo (810 km d'Helsinki).

La Carélie aux forêts profondes est restée peu peuplée, sauvage même.

Cette région limitrophe de la Russie, apparaît comme une sorte de zone intermédiaire entre la région des lacs et celle de la Laponie.

La culture carélienne et la religion orthodoxe ont fortement marqué le sud de la région, notamment les alentours de Joensuu et d'Ilomantsi.

L'un des plus beaux panoramas de Finlande se découvre des hauteurs de Koli sur le lac Pielinen.

De nombreuses randonnées (la route du Barde, du Loup, de l'Ours) promènent le voyageur à travers les solitudes frontalières, champs de batailles sanglantes lors de la seconde guerre mondiale.

Les origines des Caréliens

L'histoire situe l'implantation carélienne dans la vaste région qui s'étend de l'actuelle frontière russe jusqu'à la mer Blanche au nord. A l'orée du monde slave, la région a su conserver les traditions antiques du peuple primitif, tout en subissant les influences orientales, dont témoignent encore les belles églises orthodoxes aux bulbes byzantins. Pendant des siècles, les cultures de l'Est et de l'Ouest se sont rencontré en Carélie. Si le pays a subi l'influence slave, la russification ne l'a jamais réellement touché.

A force de défrichage, les Caréliens réussirent à se frayer un chemin au travers de forêts impénétrables qu'ils transformèrent en terres cultivables. Cette région toujours un peu mythique, toujours sous une forte influence orthodoxe, a gardé des particularités religieuses, architecturales et... ses spécialités culinaires.

Le berceau de la nation finlandaise

Berceau des bardes, la Carélie a été habitée depuis l'aube des temps, mais l'origine de son peuple se perd dans la brume des mythes et des légendes. Le *Kalevala* que les bardes tissèrent autour de la Carélie et de ses habitants évoque ses origines mythiques.

A l'époque du réveil national, les thèmes du *Kalevala* inspirèrent nombre d'artistes. Le peintre Gallen-Kallela en fut incontestablement l'illustrateur le plus célèbre. Le compositeur Sibelius y trouva, lui aussi, matière à nourrir son art comme le prouve sa suite Karelia.

Après la déclaration de son indépendance, la Finlande a puisé son âme et sa ferveur en Carélie, un territoire pour lequel, depuis toujours, la nation toute entière a pris les armes chaque fois qu'il était menacé.

Amputée par les guerres de 39-40

Les limites naturelles de la Carélie se situaient bien au-delà de la frontière russe, les frontières actuelles ayant été tracées arbitrairement. A l'issue de la seconde guerre mondiale, les Soviétiques redéfinirent cette frontière longtemps contestée et lorsque la Finlande dut leur céder la plus grande partie de la Carélie finlandaise, près de 400 000 Caréliens se réfugièrent derrière la nouvelle frontière, laissant derrière eux une terre vide. Ainsi, l'isthme de Carélie fut perdu pour la Finlande, avec toute la partie Est de ce territoire (désormais habité par des Russes et des Biélorusses). Pourtant, cette région, aujourd'hui si réduite, garde une atmosphère particulière avec sa forêt majestueuse à la façon d'une cathédrale...

Le tempérament jovial des Caréliens

La Carélie est bien ce pays poétique et envoûtant que racontent les bardes dans leur épopée, le *Kalevala*. Ses habitants sont bien plus exubérants que la plupart de Finlandais.

Le *Kalevala* décrit les aventures de Lemminkäinen, dont le nom veut dire le Bien-Aimé. Guerrier aimé des femmes, il mène une vie de séducteur qui surpasse celle du légendaire Don Juan :

"Il a pris mille fiancées,
lutine plus de cent veuves.
Il n'en est guère deux sur dix,
n'en reste pas trois sur les cent,
de filles sauvées de ses doigts,
de veuves épargnées de sa couche."

Kalevala, chant 29, vers 241-246.

L'architecture spécifique carélienne

Les Caréliens construisaient de grandes maisons de bois à pignon où plusieurs générations cohabitaient sous l'autorité d'un aïeul barbu. Leurs villages, situés au bord des lacs ou sur des collines, offraient toujours une vue dégagée. Ce même type d'habitat s'est développé en Carélie russe et en Carélie finlandaise. A la fin du premier millénaire, les commerçants caréliens qui séjournaient souvent à Novgorod eurent l'occasion d'apprécier ses demeures anciennes en pierre ou en briques et ses églises décorées à la façon byzantine. Ils adaptèrent ce style à leur habitat traditionnel. Bien plus tard, lors de la construction de Saint-Pétersbourg au XVIe siècle (à laquelle participèrent nombre de Caréliens), ils s'inspirèrent à nouveau de l'architecture russe.

La religion orthodoxe

La religion originelle des Finno-Ougriens participait d'une vision de monde animiste et chamaniste qui influença, plus tard, la mythologie finnoise.

La poésie mythique vit le jour en Ingrie et en Carélie, où elle fut découverte puis recueillie par des patriotes tel Elias Lönnrot au cours du XIXe siècle. Originaire de ces mêmes régions, un genre poétique très ancien, plus particulièrement réservé aux femmes, s'exprime encore de nos jours dans les traditionnelles lamentations pour les morts.

Orthodoxes, les Caréliens pratiquants forment une congrégation de 60 000 personnes dont les lieux de culte parsèment le sud-est du pays.

LE NOUVEAU VALAMO

Ancien monastère orthodoxe du lac Ladoga.

A partir de **Varkaus**, la route 23 qui mène à **Joensuu** passe à quelques kilomètres de **Heinävesi** et du monastère orthodoxe du Nouveau Valamo.

Valamo est le nom de la plus grande île du lac Ladoga (en Russie), sur laquelle une fondation religieuse orthodoxe s'était établie au début du Moyen Age. Fort célèbre dans tout le monde orthodoxe, le monastère était le plus ancien et le plus important de toute la Carélie finlandaise. Au moment de sa plus grande prospérité, il comptait plus de 1 500 moines. Abritant d'inestimables trésors d'église, Valamo, au fil des siècles, attira un nombre croissant de pèlerins. Durant la guerre d'Hiver de 1940, quand les troupes soviétiques investirent la région, les quelques moines survivants trouvèrent refuge ici, à Heinävesi, dans un vieux manoir. De l'ancien Valamo, seules les icônes précieuses du XVIIIe siècle et quelques objets sacrés purent être sauvés.

Aujourd'hui, **Uusi Valamo** (le Nouveau Valamo) situé au bord du **lac Suvasesi**, connaît une certaine forme de renaissance. Un institut orthodoxe d'études libres y a été fondé (et un enseignement de théologie orthodoxe a commencé en 1988 à l'université de Joensuu). Devenu un centre actif de la tradition culturelle orthodoxe, il accueille non seulement des pèlerins mais aussi tous les visiteurs en quête de recueillement. Fidèle aux traditions, la communauté d'hommes vit du fermage, de la pêche et du tourisme. Une nouvelle église a été terminée en 1976 (belles icônes en argent et or, perles et pierres précieuses), à laquelle se sont ajouté un centre culturel et une hôtellerie (nullement spartiate). Le Nouveau Valamo abrite également une des plus riches bibliothèques orthodoxes (ouverte aux visiteurs qui séjournent à Valamo), ainsi que le meilleur atelier de restauration d'icônes du nord de l'Europe.

Un café-restaurant, décoré de quelques belles icônes, est ouvert aux visiteurs occasionnels. La petite boutique vend des objets de culte, icônes, cierges, CD et K7 de chants orthodoxes, et des extraits de plantes médicinales.

Au Nouveau Valamo d'Heinävesi, les horaires des services religieux : 6h matines, 6h45 liturgie, 11h prières, 17h vêpres, 20h prières du soir.

Le domaine est ouvert tous les jours de 7h à 21h. Par respect pour les religieux, les visiteurs s'abstiendront d'amener leur chien, de fumer et de se promener en maillot de bain.

Tout le monde peut facilement y faire retraite. Chambre double dans l'hôtellerie FIM 400. Le lit en dortoir de 2 à 5 personnes FIM 100 (petit déjeuner compris).

Repas au café-restaurant : déjeuner ou dîner FIM 50, "menu slave" FIM 170 (sur réservation, minimum 10 personnes), formule thé FIM 20. Le "menu slave" est servi dans le salon privé du restaurant. Il comporte des cornichons molossol à la "smetana" (crème fraîche) et au miel (une combinaison aigre-douce typique de la cuisine russe), une sorte de choucroute, du saumon et du gibier fumés. La "table de thé Valamo" comprend des pâtés fourrés aux champignons, au saumon ou à la choucroute ou, pour ceux qui préfèrent le sucré, le gâteau au miel à la "varenya" (confiture). La même "varenya" sert à sucrer le thé, à la manière russe, - un thé servi d'un superbe samovar, à la manière russe également.

Réservations : Monastère de Valamo. ✆ (9) 72 561 911.

La renaissance de l'ancien Valamo

Depuis la chute du régime communiste russe, les moines ont pu reprendre leur vie monastique en Carélie russe, à Valamo et à Konevitsa, situés sur des îles du lac Ladoga. Deux monastères de Valamo fonctionnent désormais - celui d'Heinävesi et celui du lac Ladoga.

Situé non loin de là, le couvent des femmes de Lintula a connu un passé similaire. Les religieuses fabriquent des cierges pour toutes les églises orthodoxes de Finlande et se consacrent, en outre, à l'élevage des moutons. Des offices orthodoxes y sont tenus deux fois par jour.

A partir du Nouveau Valamo, on peut faire une excursion sur le bateau *Sergei* jusqu'au couvent de Lintula en passant par le canal de Varistaipale (différence de niveau de plus de 14 m). Excursions de FIM 55 à 75. Lintula est aussi accessible en voiture.

Dans cette très belle région de lacs, il est aussi possible en été de faire le tour de ces deux monastères par bateau, au départ de Kuopio.

AU NORD DE VARKAUS, PAR LA ROUTE 5

Les fermes semblent ici plus petites que sur la côte Ouest. Les champs, souvent retournés en friche, se couvrent de fleurs sauvages durant la belle saison. Le long de la route (petite mais bonne) et en lisière de forêts, les lupins sauvages, à la fin de l'été, forment de longs rubans d'un rouge cardinal flamboyant.

KUOPIO et les trésors de son Musée orthodoxe

83 000 habitants.

En 1652 l'ambitieux comte Per Brahe fonda ici un "village d'église" où les fidèles, venus pour la célébration du culte des centaines de kilomètres à la ronde, trouvaient un abri pour la nuit avant de repartir vers leurs foyers. Ce hameau resta de peu d'importance jusqu'en 1782, date à laquelle le roi Gustave III éleva Kuopio au rang de capitale provinciale.

Actuellement principale ville de la Finlande orientale, Kuopio se caractérise par son marché pittoresque, ses activités de sports d'hiver et sa tour panoramique de Puijo. Située sur les rives du **lac Kallavesi**, c'est aussi un actif centre industriel du bois, joliment agrémenté d'allées de sorbiers et de bouleaux, et un point de jonction important dans le commerce lacustre du Saimaa. Des vapeurs partent du port de Kuopio en direction de Savonlinna ou vers les monastères orthodoxes du Nouveau Valamo et de Lintula à Heinävesi.

Le centre-ville est fait de larges rues tirées au cordeau qui assuraient un rôle de coupe-feu à une époque où les maisons étaient en bois et les incendies aussi fréquents que ravageurs. Malheureusement, la plupart des bâtisses qui ont survécu aux flammes ont subi une rénovation qui ne permet plus de les distinguer des bâtiments modernes.

Le visage bétonné de la ville actuelle est le résultat direct de la seconde guerre mondiale. Il fallait reloger d'urgence les Caréliens fuyant leur région natale annexée par les Russes.

Le cœur de Kuopio est la place du marché. Ce marché, l'un des plus colorés de toute la Finlande, propose de l'artisanat et des spécialités culinaires de la région : le célèbre *kalakukko* (pain de seigle garni de lard et de petits poissons entiers).

Au sud de la place du marché, le musée de plein air conserve des exemples de l'ancien habitat, ainsi que de vieux entrepôts disposés autour de jardins où l'on retrouve toute la fraîcheur de la Finlande d'autrefois.

Au sommet de la colline de **Puijo**, la tour qui abrite un restaurant tournant, offre une vue magnifique sur presque toute la province avec ses lacs et ses forêts. En été, au coucher du soleil, ces paysages enchanteurs sont nimbés d'une lumière irréelle. Plus prosaïquement, c'est aussi la vue la plus photographiée de la région des lacs.

Les trésors de Kuopio. Au lendemain de la seconde guerre mondiale, le siège de l'Eglise orthodoxe de Finlande a été transféré à Kuopio. Le Musée orthodoxe est situé légèrement au nord du centre-ville, au n°1 de la Karjanlankatu (bus n°7). *Ouvert de 10h à 16h, fermé le lundi. Entrée FIM 15.*

Unique en Europe occidentale, il abrite la plus importante collection de trésors de l'Eglise orthodoxe. Sa magnifique collection d'icônes précieuses du XVIIIe siècle et des objets sacrés provient en grande partie des monastères qui furent annexés par la Russie en 1944 : ceux de Valamo et de Konevitsa du lac Ladoga, et celui de Petsamo près de l'océan Glacial Arctique.

Les icônes, véritables joyaux d'argenterie et d'orfèvrerie, sont serties de perles et parfois de pierres précieuses (comme l'icône de la Vierge de Smolensk, 1840). Parmi les objets cultuels : un psautier en argent (1762, Saint-Pétersbourg), des ornements liturgiques et vêtements sacerdotaux d'évêque brochés d'or et d'argent, des mitres précieuses venant de l'ancien Valamo du lac Ladoga. Egalement une couverture brodée offerte en 1551 par deux gardes du corps d'Ivan le Terrible, une iconostase miniature de Konevitsa (plus de 200 personnages peints dans le moindre détail) et, parmi d'autres curiosités, des lourdes chaînes métalliques que portaient en secret sous leurs vêtements, certains moines et ermites de Valamo.

Une petite pièce du musée, réservée à la méditation et au recueillement, est prévue pour les visiteurs. On peut également y célébrer des mariages.

Le Festival de musique et de danse de Kuopio, qui s'ouvre en juin, annonce l'été culturel en Finlande. En 1994, il réunit pour la 25e année consécutive des chorégraphes, des danseurs, des compositeurs et des musiciens créatifs tels des solistes du Théâtre Bolchoï et de l'Opéra de Paris, la compagnie de danse japonaise Kabuki et Buto et des danseurs de tango argentin.

Eclectique, le festival programme aussi bien des reconstitutions rares de danses de la période baroque et rococo, que des danses améro-indiennes et des ballets contemporains. Ces ballets s'inspirent d'ailleurs souvent d'anciens rituels, tandis que la musique instrumentale incorpore les sons de la forêt et que l'art lyrique fait des emprunts au chant guttural mongole.

Office du tourisme - Haapaniemenkatu 17. ✆ (9) 71 182 590.

Centre des jeunes, International meeting point, Kauppakatu 44. ✆ (9) 71 182 675. Point de rencontre des jeunes de différentes nationalités qui organisent ensemble des activités culturelles et sportives. Consigne gratuite de sacs à dos et autres bagages, douches, etc.

■■ SE LOGER

■ Le moins cher

L'auberge de jeunesse Tekma, Taivaanpankontie 14B (sur la colline qui domine le quartier de l'université). ✆ (9) 71 222 925. *Le lit dans un dortoir, à partir de FIM 50, location draps FIM 25, petit déj' FIM 25.* Accès par bus n° 5

■ Un certain charme

Hospitsi, Myllykatu 4. ✆ (9) 71 114 501 (plus proche du marché que l'adresse précédente). *Chambre double à partir de FIM 180.* Une vieille maison avec un certain caractère.

■ Thalasso et sauna de fumée

Rauhalahti, Katiskaniementie 8. ✆ (9) 71 311 700 - Fax 71 311 843. *Chambre double FIM 490. Formule moins chère dans les chalets-appartements, 2 personnes FIM 260.* Le bar est logé dans une ancienne pharmacie (que la ville voudrait racheter). La piscine forme un véritable petit aqualand (Blue lagoon) avec piscines intérieure et extérieure, sauna sec traditionnel et sauna de vapeur mixte hommes-femmes.

Un authentique sauna de fumée ancien, véritable pièce de musée, a été remonté sur les rives du lac. Tapi au fond des bois, il très couru par les hommes d'affaires, entre autres, qui le louent pour leurs réunions de travail-détente.

L'hôtel organise aussi des soirées sur le thème de "robbery beef". Jadis, les voleurs de bétail enterraient la bête pour que les gendarmes ne les prennent pas en flagrant délit. Tranquillement, ils faisaient un grand feu à l'endroit même pour mieux cacher leur butin. En même temps, la viande cuisait dans la terre, sous le feu. Qui a dit que les Finlandais n'étaient pas des petits futés ?!

L'hôtel est situé au sud de Kuopio, sur les rives du lac à l'opposé du camping Rauhalahti, l'un des meilleurs de Finlande (chalets pour 2 personnes FIM 120 la nuit).

■ Au sommet

Sporthotel Puijo, Puijotornintie. ✆ (9) 71 114 84 - Fax 262 3735. *Chambre double FIM 320, y compris le petit déjeuner, le sauna et l'entrée gratuite à la tour de Puijo.* Cet hôtel, construit dans les années 1920, est situé au sommet de la colline de Puijo. Les chambres ont été redécorées en 1985.

■■ RESTAURANTS

■ Pizzeria sur la place

Rosso, Haapaniemenkatu 24-26. ✆ (9) 71 197 346. Salad-bar et pizza, l'un des rares restaurants ouverts le dimanche.

■ Le plus ancien

Vapaasatama Sampo, Kauppakatu 13. Plats de FIM 40 à 55. Du poisson de lac à chair blanche (muikku), sous des présentations diverses.

■ Cuisine finlandaise

Restaurant Musta Lammas - Satamakatu 4. ✆ (9) 71 123 494. Cuisine traditionnelle finlandaise avec, au menu, sélection de poissons, canard rôti, gâteau glacé aux baies polaires.

■ Resto stylé

Restaurant Mesimarja Satamakatu 1. ✆ (9) 71 195 111. Dans l'hôtel Arctia, chambre double de FIM 390 à 550. Des spécialités comme la perdrix des neiges, du saumon, de la venaison et la glace aux baies polaires.

Les célèbres *kalakukko* se trouvent chez : Hanna Partanen, Kasarminkatu 15. Irene Partanen, Kemilänkatu 3. Sinikka Hyvänen, Kettulanlahdentie 30. Annan Kotikukko, Tototie 4.

■ Cafés et bars

Foggy's, Maljalahdenkatu 35. Derrière l'hôtel de ville, un bar à bière au décor étonnant composé d'un avion, d'une vieille Triumph et d'une tête d'éléphant.

Burts Cafee, Kauppakatu 28. Un café cosy, pour non-fumeurs. Pâtisseries et snacks.

Emigrants, Kauppakatu 16. A la fois, café-bar musical et restaurant.

Chaos Bar, donnant sur la place du marché.

■■ LA NUIT

■ Voyant

Maxim's, Kauppakatu 16. Érotique.

■ Délire

Crazy Horse, Maljalahdenkatu 35. Derrière l'hôtel de ville, dans la cour d'une maison de bois ancienne.

■ Dispendieux

Ilves-Kasino, Pellesmäki, Hiltulanlahti. © (9) 71 362 3523.

AU SUD DU LAC PIELINEN

Cette région illustre à merveille ce qu'on a appelé "le paysage national de la Finlande" et qui a influencé pas mal d'artistes finlandais. Les collines boisées à l'horizon commencent à ressembler à de petites montagnes arrondies. Une gigantesque scierie dans les environs de Joensuu gâche néanmoins quelque peu cette belle vignette...

JOENSUU, l'ancienne ville des flotteurs de bois

47 000 habitants.

La capitale de la Carélie du Nord, fut fondée en 1848 à l'embouchure du Pielisjoki. Son courant puissant et profond sépare la ville en deux parties : à l'est les gares routière et ferroviaire, à l'ouest le centre-ville. Ici, on peut voir quelques très belles maisons en bois, aux teintes vert amande, jaune pâle, bleu porcelaine. Un escalier descend du pont sur la petite île au milieu du fort courant. L'île est ornée d'une statue des "flotteurs de bois" et, à son extrême pointe, d'un aigle bicéphale malheureusement déshonoré par des graffitis néo-nazis. Le petit musée de l'île est consacré à la Carélie du Nord, finlandaise et russe (histoire et traditions populaires, entrée FIM 5).

Depuis l'ouverture du canal du Saimaa dans les années 1850, Joensuu est devenue un important carrefour lacustre et un centre de commerce du bois florissant. Les scieries et autres industries du bois (contreplaqué) se sont développées à l'est de la ville.

L'université et l'animation culturelle font de leur mieux pour compenser le manque de sites touristiques. Chaque année, en juin, Joensuu organise un grand festival de chant.

La ville doit une grande partie de son charme à l'ouverture et la sociabilité caractéristiques des Caréliens qui composent la majeure partie de la population. Leur solide réputation de bonne humeur et de finesse d'esprit est justifiée : en témoigne l'ambiance joviale et animée de la place du marché. Par contre, on n'y voit plus beaucoup de tziganes qui faisaient pourtant autrefois partie du paysage régional. Il reste, cependant, un peu d'artisanat intéressant et des spécialités culinaires tels les piirakka (FIM 2), barquettes au riz ou aux pommes de terre, et le célèbre kalakukko, petit pain rond garni de menus poissons entiers.

Le caractère sociable des Caréliens en fait d'excellents commerçants... et des séducteurs dont le type parcourt le folklore et la littérature. Le célèbre colporteur Shemeikka - personnage de fiction imaginé par Juhani Aho (1861-1921) - symbolise souvent le Carélien "homme à femmes".

L'église orthodoxe de Saint-Nicolas, toute en bois et datant de 1887, est située à l'extrémité nord de la Kirkkokatu. Elle possède des icônes peintes à Saint-Pétersbourg dans les années 1880. *Ouverte au public du 1er juin au 15 août de 10h à 20h.*

Le musée des Beaux-Arts expose également une belle collection d'icônes.

Office du tourisme, Koskikatu 1. © (9) 73 123 933.

■■ SE LOGER

■ Le moins cher

Auberge de jeunesse Penttilän, Peltokatu 1. © (9) 73 172 4249. *Ouvert début juin à fin juillet. Chambre double FIM 130, draps compris.*

■ Spécialité sauna privé

Hôtel Atrium (Artica), Siltakatu 4. ✆ (9) 73 126 911 - Fax 973 269. *Chambre double FIM 330 à 420.* Situé dans le centre. La plupart des chambres ont un sauna privé.

■ Le plus frimeur

Hôtel Kimmel (Sokos), Itäranta 1. ✆ (9) 73 973 1771 - Fax 973 1772. *Chambre double FIM 395 à 470.* Réputé comme le meilleur hôtel de Joensuu. 500 lits. Situé en face des gares ferroviaire et routière. Son restaurant *Fransmanni,* très grand (par la surface), toujours plein de monde (ce qui est un bon signe), se prolonge par un bar et, encore au-delà, par un snooker (billard). Murs peints en couleur brique, style “cantina mexicaine”, tonneaux supendus au plafond, quelques animaux du Grand Nord empaillés disposés par-ci, par-là : le grand tétras lyre, le lièvre variable, le renard roux... Bonne atmosphère détendue, lumières tamisées. L’hôtel comporte aussi la meilleure boîte de nuit de la ville.

■■ RESTAURANTS

Le marché offre de nombreuses occasions de grignoter quelques spécialités locales : *karjalanpiirakka* et *lörtsy* de FIM 3 à 7.

■ Avec un doigt doré

Gold Finger, Kauppakatu 26. ✆ (9) 73 224 745. Déjeuners à partir de FIM 35.

■ Décor Art nouveau

Teatteriravintola, Kaupungintalo. ✆ (9) 73 973 29 306. Resto avec terrasse, dans l’hôtel de ville, près du grand marché. Un peu snob et populaire en même temps.

■ Cuisine finlandaise

Restaurant Puukello - Ilossari. ✆ (9) 73 123 272. Ce resto propose de délicieuses tourtes caréliennes au poisson. Cuisine traditionnelle avec, au menu, buffet carélien de 11h à 15h, assortiment de barquettes caréliennes et de poisons salés, ragoût carélien d’Ilosaari, *muikkus* poêlés.

VERS LA FRONTIERE RUSSE

A 70 km de Joensuu par la route 6, puis par la 73.

Les “praasniekka” à Ilomnatsi, processions rituelles orthodoxes

C’est au XIIIe siècle que la Russie convertit la Carélie à la religion orthodoxe.

ILOMANTSI, une commune proche de la frontière russe, est le haut lieu de la tradition carélienne. Son église, consacrée à saint Elie et richement décorée, est le conservatoire de nombreux rituels orthodoxes.
Les trois grandes fêtes orthodoxes (*Praasniekka*) accompagnées de processions chantées, constituent les principaux événements de l’été (juin-juillet). Dans certains villages orthodoxes de Carélie, après la messe du jour de la Saint-Pierre et Paul (en juin), un bélier béni par le prêtre est sacrifié avant d’être partagé par les fidèles. D’autres communautés font de même le jour de la Saint-Elie (en juillet). Pâques est aussi l’occasion d’importantes cérémonies.
Au cours des *Praasniekka*, la paroisse d’Ilomantsi attire de nombreux fidèles qui, après l’office, défilent en longue procession sous le feuillage léger des bouleaux. Puis, ils se rassemblent pour entendre d’antiques ballades caréliennes et danser au son du *kantele*, sorte de cithare à cinq cordes.

Le Centre culturel carélien construit récemment à côté du petit musée consacré au Kalevala reproduit le style des maisons traditionnelles de la “Carélie perdue”, région arrachée à la Finlande pendant la guerre d’Hiver en 1939.

La maison des Bardes (Runonlaulajan Pirtti) est consacrée à la transmission d’anciens chants caréliens.
Dans l’hôtel-restaurant d’en face, on peut assister à la confection de *pirojki*, petits pâtés à la viande d’origine russe.

EXCURSION

La chapelle orthodoxe de St-Pierre et Paul qui date du XVIIIe siècle, est située à Hattuvaara, à 40 km au nord-est d'Ilomantsi, près de la frontière russe. Jadis, elle représentait l'avant-poste occidental de l'église orthodoxe.

RANDONNEE

"La piste du loup" (Susitaival), un sentier de 90 km qui va de Möhkö à Ilomantsi.

Le loup aujourd'hui en Finlande

Des quelques loups qui subsistent dans les pays nordiques, un certain nombre ont leur territoire en Finlande, le long de la frontière russe. Les Finlandais pensent que la plupart des loups que l'on voit dans le pays viennent de Russie et qu'ils y retournent. L'ours au contraire, bien qu'assez rare, installe sa tanière dans la forêt finlandaise et y élève ses oursons.

En Russie, le loup (tout comme l'ours) est considéré comme un animal nuisible.

En Laponie finlandaise il n'est pas protégé non plus car il s'attaque aux troupeaux de rennes, source de revenus de la population locale. Ainsi, la chasse au loup, interdite dans le sud de la Finlande, est autorisée dans le nord et limitée dans l'est.

Traquer cet animal légendaire est une entreprise ardue. Les Finlandais utilisent une méthode d'encerclement, également pratiquée dans certains pays d'Europe de l'Est. Cependant, grâce à sa ruse et à son endurance, le loup parvient souvent à échapper à ses poursuivants, si bien que seuls quelques animaux sont tués chaque année.

Les Russes, en revanche, pratiquent une chasse qui ressemble fortement à une boucherie, ne laissant aucune chance au loup. En hiver, ils le traquent avec des hélicoptères et le descendent à la mitrailleuse...

SUR LA ROUTE 73, LES ENVIRONS DE LIEKSA

La route plonge dans le paysage de collines de la Carélie du Nord, s'enfonçant dans des forêts de plus en plus profondes et sombres. Les lacs qui reflètent la lumière du ciel, se font plus rares. Ils se transforment déjà en tourbières, et les prés cultivés sont presque tous retournés en friche. Quelques clairs groupes de bouleaux trouent de leur fraîcheur les sombres sapinières aux sous-bois humides tapissés de grandes fougères.

Les collines de Koli, le "paysage national" de la Finlande

Le **lac Pielinen** est, par la taille, le 5e plus grand lac de Finlande. Sur sa rive Ouest, le site grandiose de Koli étale ses majestueuses collines, une haute formation rocheuse qui passe pour offrir le plus beau paysage de toute la Finlande. La plus haute des ces formations, Ukko-Koli, culmine à 347 m. Du sommet, la vue embrasse le splendide lac de Pielinen, qui apparaît sur nombre de célèbres tableaux finlandais de style romantique national.

En 1991, Koli fut déclaré parc national - après des discussions houleuses entre propriétaires du terrain et écologistes. Finalement les propriétaires vendirent leurs terres et les écologistes abandonnèrent leur projet de destruction de l'*hôtel Loma-Koli* sur le haut de la colline.

Dans le passé, Koli inspira de nombreux artistes du romantisme national, notamment le compositeur Sibelius, le peintre Gallen-Kallela, l'architecte Saarinen, le poète Leino qui tous, ont contribué à l'éveil de l'identité finnoise.

On dit que Jean Sibelius a fait transporter son grand piano sur le sommet de Koli pendant son voyage de noces, tant la vue le ravissait.

Bacs sur le lac Pielinen. A partir de Lieksa, le bac pour voitures MF Pielinen assure quotidiennement plusieurs liaisons avec Koli. La traversée du lac dure 1h40 et coûte FIM 50.

Des bateaux partent également de Joensuu, de la petite gare Vuonislahti et de Nurmes. Grâce au charme des vieux vapeurs ces traversées constituent autant d'agréables excursions sur les flots bleus du Pielinen.

Auberge de jeunesse Kolin retkeilymaja. ✆ (9) 73 673 131. *Le lit en dortoir FIM 35.* A 5 km de la route principale, dans un ancien établissement scolaire, c'est une des rares auberges de jeunesse à rester ouverte toute l'année, - et l'une des plus paisibles dans une nature magnifique. Penser à apporter des provisions, une cuisine commune est disponible. Sinon, on peut acheter des saucisses à la famille qui dirige l'AJ, pour les griller au feu de camp. De belles excursions pédestres à faire sur la colline Käränkävaara.

Hôtel Loma-Koli. ✆ (9) 73 673 211 - Fax 673 201. *Chambre double FIM 300. Egalement, chalets de 4 personnes FIM 230.* Le meilleur hébergement de Koli, cet hôtel de sports d'hiver dispose d'une trentaine de chambres.

Sur la rive Est du lac Pielinen (côté Lieksa)

Eeva Ryynänen, sculpteur sur bois, s'est établi dans sa ferme-atelier près de Vuonislahti, à 30 km au sud de Lieksa. Ses sculptures en bois sont inspirées de la nature finlandaise (enfants, nature, animaux). Une “chapelle du silence”, en rondins de bois et en verre, a été construite en 1991. *Ouvert de 10h à 19h. Entrée FIM 20. ✆ (9) 75 5202 251.*

La maison du chasseur d'ours (Karhunkaatajan koti) de Väinö Heikkinen se trouve à Jongunjoki. Ce grand chasseur qui, durant sa vie, a tué 36 ours, expose ses victimes empaillées, leurs crânes et raconte des histoires de... chasse à l'ours. *Ouvert de 12h à 18h, entrée FIM 5.*

VERS LE NORD-EST, PRES DE LA FRONTIERE RUSSE

Les rapides de Ruunaankoski, dans la région de Lieksa, sont réputés pour leur beauté. Le grondement de leurs eaux impétueuses qui se déversent sur un dénivelé de 15 m de hauteur et de 33 km de long est impressionnant. La descente en rafting est réservée aux amateurs de sensations fortes. En été, un concours d'équilibre (instable) rassemble les flotteurs de bois qui, debout sur un tronc, descendent les rapides comme ils peuvent.

LIEKSA, la plus ancienne ville de la Carélie du Nord et centre forestier du pays, fut fondée en 1653 par Per Brahe. Depuis toujours, la ville a vécu du bois qui est la base de son économie, le matériau de construction de ses maisons et l'occasion, au mois de juillet, d'un championnat des flotteurs de bois.
Le **musée Pielinen** (ethnographie régionale), réunit 70 maisons anciennes montrant le cadre de vie des populations caréliennes au XIXe siècle.
Pendant la semaine du festival de Lieksa, la ville entière vit au rythme de ses cuivres.

De nombreuses parties de pêche sont organisées dans cette région où truites, saumons et brèmes peuplent des rivières vierges de toute pollution. Le prix inclut un guide, le transport, l'hébergement et les permis. Les amateurs de pêche en solitaire peuvent se procurer des permis dans un bureau de poste ou, pour un permis régional, auprès d'un office du tourisme.

UNE HEURE DE ROUTE ENTRE LIEKSA ET NURMES

Avant de rejoindre Nurmes, "le pays des bouleaux", la route 73 longe le lac Pielinen bordé ici par de petites industries et des champs de blés. Se découpant nettement sur les collines boisées, le clocher de l'église signale de loin la petite ville.

NURMES, la "ville aux allées de bouleaux"

11 000 habitants.

Nurmes se trouvait jadis sur la route qui joignait le Grand Nord au lac Ladoga. La vieille ville descend en terrasses vers les deux lacs voisins. Une partie de la rue principale, formée par une allée de bouleaux, est bordée de maisons anciennes en bois. Nurmes est malheureusement dominée par une grande scierie, mais la nature environnante est sauvage et belle.

A 2,5 km à l'est de Nurmes...

L'intérêt majeur de Nurmes réside dans son village carélien, reconstitué en 1978 autour de la célèbre **maison Bomba**, tapie au fin fond de la forêt.

La première maison Bomba fut construite en 1855 à Suojärvi dans la province de Viipuri (Viborg), par le patriarche Jegor Bombin qui l'a transmise à son fils Dimitrij. Suivant l'usage de l'époque, la maison était constituée de trois corps de bâtiments avec en tout 25 pièces. En 1910, elle était habitée par une vénérable famille de 24 personnes. La maison Bomba de Suojärvi fut démolie en 1934.

Reconstituée près de Nurmes, son imposant bâtiment principal en rondins évoque le mode de vie d'une grande famille paysanne et les coutumes caréliennes. Tout autour, le village carélien comprend un hôtel, des maisons-chalets à louer, un restaurant avec des spécialités caréliennes, un théâtre de plein air et une église en rondins de bois, donnée à la congrégation en 1991. Le tout, bien que très touristique, n'est pas dépourvu d'une certaine magie. Cachée entre le village et le lac, au plus profond de l'épaisse forêt, l'étonnante *tsasouna* (petite chapelle orthodoxe) et, plus secrète encore, une croix votive solitaire, semblent servir à quelque fins chamanistiques...

La Semaine de Bomba fait partie du festival théâtral de Bomba, organisé fin juillet-début août. La représentation de l'épopée kalevaléenne (en finnois) en constitue l'attraction majeure.

Organisé autour de maisons en rondins ressemblant à des "isbas" russes, le village héberge les visiteurs et propose de délicieuses spécialités culinaires.

Hôtellerie de la Maison Bomba, dans le bâtiment principal. ✆ (9) 76 482 260 - Fax 482 260. *Chambre double FIM 450. Pension complète FIM 120. Hébergement en chalets caréliens rustiques (munis cependant de TV et de téléphone) à partir de FIM 370.* 50 chambres, restaurant et sauna, bien sûr.

Au restaurant, buffet carélien traditionnel à FIM 80 : assortiment de tourtes et de barquettes caréliennes, du muikku frit (poisson de lac), différentes variétés de karjalanpaisti (ragoût), épaule d'agneau fumé, boulettes de gibier accompagnées de champignons sauvages, galettes de fromage au four, confitures de baies polaires.

Au petit café à l'entrée du village, on peut essayer le *rahkapiirakka*, une sorte de *cheesecake* carélien sucré. Egalement, des barquettes aux myrtilles FIM 6.

A 3 km de Nurmes...

Sotka-Bomba. ✆ (9) 76 482 520 - Fax 481 380. *Une chambre double FIM 420, petit déjeuner et l'utilisation de la piscine et des saunas compris. Admission des non-résidents FIM 50.* Un complexe thalasso ultramoderne, ouvert en 1991, comportant 18 chambres doubles et 19 appartements avec cheminées et saunas. Restaurant, piscine avec bar, terrasse d'été et plage de sable, fitness-center et salon de beauté. Egalement, bain de vapeur turc et solarium.

A 4 km de Nurmes...

Le centre de loisirs de plein air Hyvärilä (à 1,5 km de la maison Bomba, à 1 km de l'hôtel thalasso Sotka) comprend un hôtel luxueux dans l'ancien manoir, une auberge de jeunesse sur les rives du lac et un camping qui a l'air de s'être annexé un magnifique terrain de golf !

Manorhotel Hyvärilä. Dans le manoir, *10 chambres doubles (FIM 360) et 4 appartements pour non-fumeurs (FIM 440 avec sauna privé).* Très beau golf entre le manoir et les rives du lac.

Auberge de jeunesse Hyvärilä, également sur les rives du lac. *Le lit en dortoir FIM 50, location de draps FIM 25, petit déjeuner FIM 30.*

Nurmes holiday-camping, terrain de camping aussi beau que le golf, chalets à louer dont certains sont équipés de toilettes, réfrigérateur et plaques chauffantes. Il y a aussi 3 blocs sanitaires avec douches, machines à laver et à sécher le linge. Court de tennis, plage de baignade, bateaux, vélos. *Chalets à partir de 3 personnes FIM 180. Pour ces différents hébergements, un seul téléphone (9) 76 481 770 - Fax 481 775.*

L'hôtel thalasso **Sotka** et le centre de loisirs de plein air **Hyvärilä** sont reliés au village carélien par des pistes de jogging le long du lac.

AU NORD-EST DE NURMES

Les forêts solitaires se prêtent à des randonnées inoubliables.

La Carélie du Nord se présente tel un paradis perdu : une terre d'abondance et des étendues grandioses, propices à la vie sauvage.

La route sauvage. Débutant au nord de Nurmes, elle suit grosso modo le cours de l'Oulujärvi et de l'Oulujoki, et continue vers le nord jusqu'en Laponie.

KUHMO

12 800 habitants. Kuhmo, petite ville perdue au milieu de vastes forêts sauvages de l'est du pays, se déploie au cœur de la région désolée du Kainuu, près de la frontière russe, le long de la route dite "des Poèmes et de la Frontière".

Kuhmo est célèbre pour son **Festival de musique de chambre** (fin juillet) où se produisent des solistes ou de petites ensembles (trios, quatuors...). La programmation couvre une large variété d'époques et de styles. Elle englobe aussi bien les traditions moyenne ou extrême-orientale que celle de l'Occident, avec notamment, les musiciens scandinaves tels que Sibelius, Grieg ou ceux, moins connus, des générations d'après-guerre. Kuhmo attire depuis toujours des musiciens russes. Au milieu des années 1980, grâce à la participation de la violoniste Viktoria Mulova (à l'époque, passée depuis peu à l'Ouest), le festival fit la une de la presse internationale.

Reconstitué dans un parc d'attractions, à 3 km de Kuhmo, le village du **Kalevala** fait entrer le visiteur dans le monde mythique de l'épopée nationale finlandaise à laquelle il emprunte son nom. Les maisons sont des copies fidèles de modèles authentiques. On assiste à des présentations de l'artisanat et des coutumes du peuple finnois d'antan tel qu'il fut immortalisé par Lönnrot et Gallen-Kallela. Des visites organisées permettent de découvrir les méthodes primitives de chasse et de pêche ainsi que l'ancienne technique de fabrication du goudron.

Le village est aussi le théâtre de manifestations centrées autour de la littérature populaire.

Office du tourisme de Kuhmo. BP. 15 - 88901 Kuhmo. © (9) 86 561 382.

DE KUHMO A KAAJANI

La route coupe à travers les plus épaisses forêts de l'Est pour conduire à Kajaani sur la rive du grand lac de l'Oulujärvi. Elle passe à Sotkamo où les longues plages de Hiukka attirent les partisans du bronzage, sous des latitudes qui commencent à friser l'extrême...

KAJAANI

36 000 habitants. Fondée en 1651 par le gouverneur suédois Per Brahe, Kajaani fut bâtie à l'abri d'une forteresse destinée à protéger la population de l'envahisseur russe. En 1716, au cours de la Grande Haine, la forteresse s'effondra et la ville fut entièrement rasée. Les ruines d'un château ainsi que les fresques de l'église de Paltaniemi sont les principaux vestiges de cette première époque.

Plus tard, Kajaani devint un comptoir important d'où les barils de goudron partaient pour la côte Ouest. Aujourd'hui, c'est une ville moderne qui constitue une halte commode sur la route de la Laponie.

Kajaani est aussi la ville natale du président Kekkonen mais, surtout, c'est à partir d'elle qu'Elias Lönnrot, le "dernier barde" entreprit ses pérégrinations à travers les forêts pour recueillir les précieux chants du *Kalevala,* le chef-d'œuvre de sa vie.

Le musée de Kainuu montre comment on transportait le goudron sur le canal Ämmäkoski. Le rôle de Kajaani en tant que principal fournisseur de goudron en Europe fut facilité par sa situation géographique, près du fleuve Kajaaninjoki et du lac Oulujärvi.

Kajaani Info - Pohjolankatu 16 - 87100 Kajaani. ✆ (9) 86 155 555.

Hôtel Karolinenburg. ✆ (9) 86 131 291. Dans le centre-ville, un manoir ancien renové. Au calme, au milieu d'un parc longeant la rivière.

Hôtel Arctia Kajanus. ✆ (9) 86 1641. Le plus grand hôtel de la Finlande du Nord s'élève au bord de l'eau, près du centre culturel Kaukamestsä.

Hôtel Kajaanin Seurahuone. ✆ (9) 86 150 200. Dans un hôtel particulier de caractère (on y danse le soir).

VERS L'OUEST, à mi-chemin entre Oulu et Kuusamo

RAUNA se trouve à 80 km au sud de Rovaniemi. On y accède par la route 20 qui fait un détour vers le nord. Le zoo de Rauna, le plus septentrional du monde, abrite de grands prédateurs ainsi que des troupeaux de rennes. Des plates-formes panoramiques et des chemins protégés permettent d'observer des animaux nordiques tels l'ours blanc, le renard polaire, l'élan, le glouton, le lièvre des neiges...

Non loin de là s'élève le château Murr-Murr.

une dernière frontière sauvage...

KUUSAMO

18 400 habitants. D'une nature sauvage typiquement finlandaise, avec ses rapides rugissants et ses forêts vierges presque intactes, c'est une région austère qui se perd près de la frontière russe et où l'on ne croise pas âme qui vive. Les eaux mugissantes des fleuves dévalent entre gorges et canyons, tandis que le vent murmure dans les pins. Les fleuves Oulaankajoki et Iijoli sont particulièrement indiqués pour les novices du canoë, le Kitkajoki étant réservé aux sportifs chevronnés.

La commune de Kuusamo a tout pour attirer les touristes. Le mont Ruka, à 17 km au nord de Kuusamo est essentiellement une station de ski, mais les randonnées pédestres en été font découvrir l'autre visage de la nature, toujours aussi somptueuse.

Des centres de loisirs, dont **Karhuntassu**, permettent de profiter pleinement de tout ce que peut offrir la contrée : cueillette de myrtilles, de fraises des bois et autres airelles (pour peu que l'on soit dûment protégé des féroces moustiques, sääski, qui envahissent le ciel boréal en été).

Office du Tourisme de Kuusamo, centre de voyages Karhuntassu, Torangintaival 2 - 93600 Kuusamo. ✆ (9) 89 850 2910.

Hôtel Sokos Kuusamo. ✆ (9) 89 85 920. Cet hôtel de 185 chambres représente le centre de la vie nocturne locale. Le restaurant de 700 places propose des plats internationaux et des spécialités du cru.

Hôtel Rantasipi Ruka. ✆ (9) 89 85 910. Ce centre de ski qui reste ouvert durant l'été, est situé au pied des hauteurs spectaculaires du Ruka. Logement en chambres dans le bâtiment principal ou dans des chalets de bois.

Kuusamon Tropiikki. ✆ (9) 89 85 960. Un cadre boisé, à quelques kilomètres du centre touristique. L'hôtel de détente aquatique et de traitements thermaux, comporte 120 chambres et suites. Sur la plage d'un petit lac, le village de vacances, proche de l'hôtel, comporte 17 chalets.
11 campings proposent des chalets, généralement au bord de l'eau, avec toujours une barque et un sauna.

Deux parcs nationaux se déploient vers le nord :
L'**Oulanka** et le **Riisitunturi**. Le premier est traversé par le sentier de randonnée le plus célèbre de Finlande, la **"randonnée de l'Ours"** (Karhunkierros). Sur 75 km, le tracé serpente à travers le parc national, s'enfonce dans de spectaculaires canyons, franchit des rapides, gravit des mamelons rocheux et pénètre au cœur des forêts très denses. Les refuges qui jalonnent le sentier comportent tout le nécessaire pour préparer les repas et se loger modestement. Les tourbières rencontrées ci et là offrent des baies polaires et des canneberges ainsi que d'autres baies sauvages.

Au nord s'étend une terre désertique et sauvage
Une fois dépassé le **mont Suomuntunturi**, on a aussi franchi le Cercle polaire. Ici, l'austère beauté est comme un prélude aux solitudes polaires. Les paysages changent presque imperceptiblement, pour faire place à des collines plus imposantes. Cet univers silencieux contraste avec les épaisses forêts caréliennes qui ont vu naître l'épopée kalevaléenne. Ses chants millénaires font ici place aux *joik* du peuple de Laponie, les Sâmes. On entre dans l'univers boréal des noaide, les chamans lapons.

LES COLLECTIONS DU PETIT FUTÉ

Country-Guide

Définition : guides de voy

Prix : de 69 à 8

Proposant trois formules en un seul ouvrage, les Country Guides s des guides de culture, d'informations pratiques et d'aventu Consacrés à un pays, voire à une mégapole, ils couvrent trois volets tourisme et du voyage : les destinations traditionnelles (essentiellem l'Europe), les destinations typiquement exotiques proposées par agences de voyage (Mexique, Turquie, Thaïlande...) et les destinatio atypiques sur lesquelles les informations sont rares et les perspectives de développ ment touristique importantes ou intéressantes (Viêt-nam, Laos, Liban, Syrie, Afrique Sud...). 40 titres sont parus en 38 mois, 14 sont en préparation.

Guides-Régio

Définition : guides pour découvrir les provinc

Prix : de 59

Sur le modèle des Country Guides, ils parcourent dans un premi temps les régions françaises, recensent par le menu richesses hist riques et curiosités naturelles, informent des meilleures adresses et lie de détente, et proposent des itinéraires précis. 14 titres sont déjà paru La collection comptera de 17 à 20 titres en France et s'ouvrira par suite sur une trentaine des régions les plus célèbres à l'étranger (Ecoss Toscane, Bali, Andalousie...).

City-Guide

Définition : guides urbains de consommatio

Prix : de 29 F à 59

Trois collections : d'une part les éditions annuellement remises jour des 20 plus grandes villes de France, de Bordeaux Strasbourg en passant par Paris ; d'autre part les quelque 30 édition de ville de moyenne importance et les principales conurbations tou ristiques françaises (Pays basque, St-Malo-Côte d'Emeraude Périgueux-Périgord...). Le Petit Futé City Guide, c'est le guide-vademecun de tout habitant soucieux de vivre l'essentiel de son pouvoir d'achat et les à-côtés ludique de sa ville. Ce même type de guide est offert à l'étranger aux habitants de Bruxelles Flandre (De Kleine Slimmerik), San Sebastián (El Sabelotodo), Montréal...

Guides Week-en

Définition : guides de proximité pour loisirs et consommatio

Prix : 30

Orientée sur les départements à fort potentiel touristique, la collection propose des éditions basées sur le tourisme et la consommation hors des villes (Berry, Gironde, Gers, Calvados...) La collection comporte actuellement 12 titres. Autant d'échappées belles parmi les beautés historiques et les meilleures adresses des régions.

LA LAPONIE

LA LAPONIE

Un monde à part
Une fois traversé le Cercle polaire, on est saisi par la sensation d'avoir atteint le bout du monde. En effet, au-delà de cette fascinante limite s'étend le Grand Nord nimbé de légendes où les Samies voient encore dans la féerie nébuleuse des aurores boréales les *"lumières de l'esprit renard"*.

A mesure que l'on monte vers le nord, les habitations se raréfient, les forêts de pins et de bouleaux s'éclaircissent pour céder la place à l'immensité de la toundra boréale où pointent les dômes ondulés des montagnes pelées, ces *tunturi* où ne poussent que des lichens et de la mousse. Au-delà de la limite des forêts, le genévrier et le bouleau se font nains. Dans un paysage de marais sans fin, serpentent les méandres cristallins de mille cours d'eau.

L'immensité de ces marécages est dominée, au loin, par le bleu des monts pelés. A perte de vue s'étendent les champs de linaigrettes qui, semblables à une houppette de coton au bout d'une souple tige se balançent au gré du vent du nord ou bien vibrent sous la magie du soleil de minuit dans le secret des solitudes infinies.

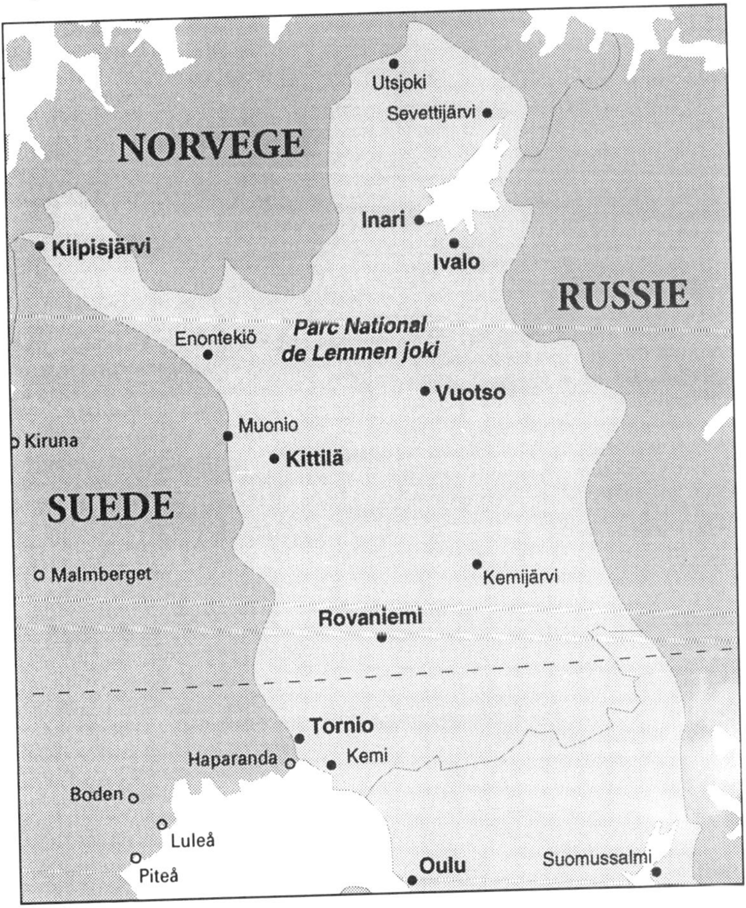

Randonnées du bout du monde

En dehors de ses quelques rares villes, la Laponie reste une terre sauvage, d'une extraordinaire beauté. Pour reculées qu'elles soient, les agglomérations sâmes sont néanmoins étonnamment modernes.

En effet, la plupart de ces villages ont perdu leur passé depuis que les troupes nazies, lors de la guerre de Laponie en 1944, battirent en retraite en saccageant systématiquement toute habitation qu'elles rencontraient sur leur passage. Seuls, quelques hameaux à l'écart des routes échappèrent à leur haine dévastatrice.

La grande campagne de reconstruction d'après-guerre acheva de détruire l'architecture sâme. Mais bien que les centres urbains revêtent un aspect étrange et artificiel, ils constituent cependant un point de chute très appréciable pour les voyageurs désireux d'explorer le Grand Nord.

Les hôtels et les centres touristiques (séparés par de vastes territoires désertiques), proposent des excursions diverses : des randonnées sauvages en été aux balades à motoneige en hiver, en traîneau à chiens ou en *pulkka* (traîneau tiré par un renne).

La motoneige s'est imposée en Finlande, non seulement comme moyen de déplacement des habitants de la Laponie, mais aussi comme un instrument de loisir, permettant de découvrir leur pays profond avec son relief doucement vallonné et ses forêts endormies sous la blancheur hivernale. La découverte d'une nature splendide, le sentiment d'ivresse que procure la conduite de ces engins puissants, sont à la source d'inoubliables émotions.

Les étendues boréales se prêtent aussi merveilleusement à la pêche sportive dans les rapides glacés en été et aux promenades à ski dans les solitudes ouatées de l'hiver.

Saisons et moustiques "sauvages"

Pendant les neuf mois de l'hiver lapon les immensités vierges s'imposent dans toute leur splendeur, habillées de neige, de glace et d'aurores boréales sans fin...

En cette période de l'année (appelée *kaamos* ou saison des ténèbres), une randonnée dans ces étendues de neige bleutée est une formidable expérience.

Ce n'est que vers Pâques qu'un pâle soleil revient réveiller les bouleaux argentés. Puis, la débâcle de mai annonce, dans le fracas de ses cascades de neige fondue, l'arrivée de la saison des jours sans fin. Deux mois durant, le soleil ne se couche plus. Il détraque l'horloge biologique de la nature qui explose, radieuse.

Pendant ce court été arctique le soleil de minuit brille 24 heures sur 24, depuis la fin du mois de mai jusqu'à la fin du mois de juillet. C'est une saison formidable pour faire du trekking. Des chemins de grande randonnée sont aménagés pour que le randonneur puisse allumer du feu et passer la nuit, gratuitement, dans de petits chalets au confort sommaire. Malgré la fraîcheur nocturne, on peut également camper jusqu'à la fin septembre.

Il peut arriver que la température aux mois de juillet et d'août dépasse les + 30°C. L'envers de la médaille de ces grandes vagues de chaleur, ce sont les moustiques et les aoûtats, véritable fléau du Grand Nord. Aussi est-il fortement conseillé de s'approvisionner en crème et en spray anti-moustiques.

"Les premières semaines, il n'avait pas du tout eu le mal du pays. Il avait tant de plaisir à voir la Laponie. Son seul souci avait été d'empêcher tous les essaims de moustiques qui y pullulent de le dévorer." Le merveilleux voyage de Nils Holgersson, Selma Lagerlöf.

Puis arrive l'automne, beaucoup trop vite. En août et septembre, les bouleaux nains déploient une fantasmagorie de couleurs flamboyantes, c'est la ruska lapone, l'agonie fugitive de la saison du soleil de minuit. Lorsque les teintes rouges et jaunes des feuillages et des sous-bois s'embrasent sous le soleil d'automne, la Laponie devient un ultime paradis de silence, d'espace et de paix...

ITINERAIRES

Les routes polaires. La route 21 (E78), la *"route des Quatre Vents"* (d'après le nom du bonnet sâme), longe le cours du Torniojoki et la frontière de la Laponie suédoise pour aboutir à la Norvège près de Kilpisjärvi (457 km).
Deux grandes routes traversent la Laponie. La route 4, appelée la *"route arctique"*, relie Kemi (dans le nord de la côte du golfe de Botnie) à Rovaniemi avant de s'enfoncer en direction du nord-est pour atteindre la Norvège à Karigasniemi (540 km).

LA LAPONIE DE L'OUEST

Vers la "frontière des trois pays"
Tornio (750 km d'Helsinki), Kittilä, Entökeino (Hetta), Kilpisjärvi (1200 km d'Helsinki)

Sur le golfe de Botnie, à quelques dizaines de km au nord de Kemi, **Tornio** est un bon point de départ pour la découverte de l'ouest de la Laponie. Tout d'abord, la route suit la frontière suédoise et traverse une vallée fertile avant de mener, à 70 km au nord, à **Ylitornio** que surplombe la colline Aavasaksa. Le sommet de cette colline est le point le plus au sud où l'on puisse encore voir le soleil de minuit et, à la Saint-Jean, on y vient nombreux pour admirer son disque magique. Il faut, cependant, encore parcourir quelques kilomètres pour franchir le Cercle polaire.

Une fois passé **Kolari**, le silence règne en maître et annonce le décor austère et accidenté du Nord-Ouest. A 10 km au nord de Kolari, une bifurcation à droite, sur la 939, permet de rejoindre le **mont Ylläs** (le "village des sept sommets") qui abrite la plus grande station de sports d'hiver de Laponie. Un sentier balisé longe la chaîne montagneuse vers le nord sur une centaine de kilomètres jusqu'au groupe des Pallastunturi. Jalonnée de refuges (qu'il faut réserver à l'avance) et très bien cartographiée, la piste ne présente pas de difficultés particulières.

Les *tunturi* représentent une forme de relief essentiellement lapone. Ce sont des montagnes usées et arrondies par l'érosion. Les plus élevés des tunturi lapons, les Pallastunturi, ne dépassent pas mille mètres d'altitude. Les successions de ces dômes parfaits donnent à la Laponie un aspect lunaire envoûtant.

Pallas Tourist Hotel, Pallastunturi. ✆ (9) 696 2441 - Fax 696 2741. *Chambre double FIM 300 à 550.*

Hôtel Äkäs à Ylläs. ✆ (9) 695 69 171. *Chambre double FIM 330. L'hébergement en chalet de rondins pour 2 à 4 personnes revient à FIM 460 par jour ou à FIM 2 760 par semaine.*

RANDONNÉE

Parmi les itinéraires les plus prisés, la magnifique randonnée des **Pallastunturi** à **Enontekiö** traverse, sur près de 60 km, un plateau de hautes montagnes. A mi-chemin, les conifères cèdent la place à des bouleaux rabougris dont les fourrés rouges embrasent la nature lors de la *ruska*, l'automne lapon.

KITTILÄ

6 800 habitants. Selon la légende, Kittalä fut nommée d'après Kitti, la fille du puissant sorcier Päiviö. C'est la plus grande place de marché sâme depuis le XVIIIe siècle. Aujourd'hui, le marché traditionnel est devenu une sorte de foire d'été (début juillet) qui attire les gens de toute la Laponie.

L'**atelier-musée de Reldar** Särestöniomi, intéressant pour son architecture, est situé au bord du fleuve Ounasjoki, à 15 km du centre de Kittilä.

Taatsin Seita, ancien lieu de sacrifice des Sâmes, se trouve sur la rive du lac Taatsi, à côté du village de Pokka.

Hôtel Levitunturi Spa, Sirkka. ✆ (9) 694 81 301. *Chambre double FIM 360 à 640.* L'hôtel Levitunturi de Kittilä est un célèbre rendez-vous de sports d'hiver. Grande piscine style aqualand avec sauna finlandais à chaleur sèche et sauna turc à vapeur. Entrée FIM 50. Au restaurant Hullu Poro (le "renne fou"), bonne ambiance et bonne cuisine à des prix raisonnables : déjeuner FIM 40 à 50. Egalement, un pub.

Au nord du village de Sirkka se trouve l'**auberge de jeunesse Sillankorvan maja. ✆ (9) 694 83 428.** Logement en chalet d'un bon standard.

MUONIO

2 800 habitants. Sur la route 79 qui rejoint ici la E78,

Muonio sert de point de ravitaillement pour le nord-ouest de la Laponie. L'agriculture et l'élevage des rennes constituent les principales sources de revenus de la région. Il suffit de traverser le pont de Muonionjoki pour se trouver en Suède.

ENONTEKIÖ, la municipalité la plus au Nord

Hetta, 2 400 habitants.

Outre quelques hameaux sâmes, la région compte 4 agglomérations : Hetta (Enontekiö), Ylikyro, Karesuvanto et Kilpisjärvi

La route 957 est conseillée pour atteindre Enontekiö qui marque le commencement du "bras" finlandais qui s'enfonce entre la Suède et la Norvège. A partir de cette commune à l'extrême nord-ouest de la Finlande, on peut aller en direction du cap Nord en Norvège en passant par Kivilompolo.

Parfois désignée sous son nom lapon Hetta, cette commune occupe l'un des plus beaux sites de la province. Des radieuses prairies s'étendent entre le bleu des Ounansjärvi et les hauteurs des Ounastunturi où le dôme d'Outakka culmine à 723 m. Il n'y a pas si longtemps, Hetta était encore coupée du reste du monde, mais si les routes l'ont désormais désenclavée, elle a su préserver ses antiques coutumes. Malheureusement, au point de vue architectural, le village n'a gardé de son passé qu'une petite église de bois, de 1661. Les bâtiments en dur ont remplacé les tentes de jadis (*kota*), mais les gens continuent à porter le costume traditionnel pour se rendre à l'église le dimanche.

Les habitants sont pour la plupart sâmes et l'élevage de rennes est leur activité essentielle. C'est à Hetta que se rassemblent les derniers vrais nomades à l'occasion des courses de traîneaux de rennes ou des concours de lasso.

Les **Journées musicales de Hetta** sont consacrées à la musique de chambre et à la musique sacrée. L'orfèvrerie sâme locale, très belle, propose des bijoux traditionnels et modernes.

Hôtel Hetan Majatalo, Enotekiö. ✆ (9) 696 51 351 - Fax 696 51 362. *Chambre double FIM 230 à 330.*

Hôtel Jussan Tupa, Enotekiö. ✆ (9) 696 51 101 - Fax 696 51 379. *Chambre double FIM 380 à 460.*

A PARTIR DE PLOJOENSUU, la route (21 ou E78)

Elle s'enfonce vers le nord-ouest, découvrant un paysage de plus en plus austère. Les derniers conifères succombent au froid mordant du Grand Nord. Encore plus loin, au-delà des régions de bouleaux nains, s'étendent à n'en plus finir les marais arctiques.

Vers **Ropinsali** aux beaux panoramas sur les **rapides de Pättikkäkoski** et **Saullolosli**, des crêtes grandioses surgissent à nouveau d'un vide chaotique et mystérieux. Les montagnes s'élèvent alors à plus de 1 000 m d'altitude. Toit étincelant de la Finlande, un nulle part désertique et désolé, le mont Haltia culmine ici à 1 328 m.

KILPISJÄRVI est un petit centre coincé entre le lac Kilpisjärvi et les majestueuses montagnes environnantes. Il est composé de deux "villages" : l'un consiste en deux hôtels et un petit supermarché, l'autre en une pompe à essence et un centre de randonnées. Au supermarché, tous les prix sont indiqués en marks finlandais et en couronnes norvégiennes. La majorité des clients viennent de Norvège pour acheter des produits alimentaires, moins chers en Finlande.

Kilpisjärvi Tourist Hôtel. ✆ (9) 696 77 767. *Chambre double FIM 280 à 470.*

Auberge de jeunesse Peeran retkeilykeskus. ✆ (9) 696 26 59. *Le lit en dortoir FIM 35.* A 25 km au sud de Kilpisjärvi.

L'une des randonnées les plus populaires part de Kilpisjärvi. Un sentier balisé conduit au cairn où se rencontrent les trois pays : Finlande, Suède et Norvège. On peut gagner ce "point de rencontre des Trois Pays", en bateau, sur le lac Kilpisjärvi. Du lac, la vue embrasse les montagnes les plus élevées de la Finlande : le **mont Haltia** et le **Saana** (la "montagne sacrée" des Sâmes).

Ce n'est qu'entre 1824 et 1827 que les frontières septentrionales de la Finlande, de la Suède et de la Norvège furent délimitées pour la première fois. Mais les Sâmes, peuple nomade, continuent d'ignorer les frontières comme le symbolise le cercle de leur drapeau - au grand dam de ces trois pays nordiques.

LA LAPONIE DE L'EST

Vers le Grand Nord arctique

Tornio-Rovaniemi (840 km d'Helsinki), Sodankylä (960 km d'Helsinki), Ivalo (1120 km d'Helsinki), Inari, Sevettijärvi, Kargiasniemi (1260 km d'Helsinki), Utsjoki.

L'isolement et un climat inhospitalier ont préservé la nature. Les montagnes de l'âpre Finlande septentrionale, aux sommets arrondis, n'atteignent pas des hauteurs considérables, à peine un peu plus de 1 000 mètres. Elles ont néanmoins une beauté étrange ici, dans les toutes dernières terres sauvages de l'Europe. Elles ondulent à perte de vue, couvertes de forêts de sapins, de pins et de bouleaux qui poussent sur leurs pentes. Entre les tunturi miroitent des lacs sauvages nimbés d'un halo mystique et des rivières aux multiples méandres.

ROVANIEMI et la maison du Père Noël

33 000 habitants.

A 8 km au nord-est de Rovaniemi, sur la route 4, après la bifurcation pour l'aéroport, le village de **Napapiiri** est situé exactement sur le Cercle polaire. Le passage de cette longitude magique est d'ailleurs indiqué par un panneau.

Le **village du Père Noël**, avec son centre touristique consacré au très ancien culte de *Joulupukki* (un "Père Noël" d'avant la chrétienté), et comprenant un centre d'artisanat et une fabrique de verre, s'articule autour de son chalet. Dans l'enclos, des rennes attendent de traverser le ciel étoilé le soir du 24 décembre. Tout au long de l'année, le Père Noël aidé de ses petits lutins, reçoit, lit et trie des milliers de lettres que les petits enfants du monde entier lui adressent pour leurs cadeaux de Noël. Le bureau de poste du Père Noël a fort à faire, et marque d'un tampon spécial toutes les missives qu'il leur envoie.

Pour lui écrire, voici son adresse : Bureau de poste du Père Noël - Cercle polaire - SF 96930 Rovaniemi - Finlande.

Rovaniemi, "capitale" et centre économique de la Laponie finlandaise, se trouve à quelques kilomètres en dessous du Cercle polaire.

La ville est située au confluent des rivières Ounasjoki et Kemijoki. Jadis, l'Ounasjoki charriait des milliers de troncs d'arbres qui, via un réseau fluvial complexe, rejoignaient, sous l'œil attentif des *tukkijätkä* (flotteurs de bois), les centres de l'industrie du bois sur les rives du golfe de Botnie.

Presque entièrement détruite en 1944, Rovaniemi fut rebâtie d'après les plans du grand architecte Alvar Aalto. La maison Lappia, un centre de congrès et de concertes, est également son œuvre.

Le nouveau complexe hypermoderne l'**Arkkitum**, ouvert en 1992, constitue une autre attraction architecturale de Rovaniemi. C'est une sorte d'immense verrière qui, en s'enfonçant profondément dans la terre, veut symboliser l'attachement à la nature. L'Arkkitum regroupe le Centre scientifique de l'Arctique et le Musée provincial de Laponie qui visent à nous faire connaître la culture du Grand Nord.

En voici un aspect, vu par Pouchkine :

"Le gouverneur de Laponie, Kaarlo Hillilä, leva son verre et dit :

- Malianne !

Nous dînions au palais du gouverneur à Rovaniemi, capitale de la Laponie, construite sur le cercle polaire arctique. (...)

- Le cercle polaire arctique passe exactement sous la table, entre nos pieds, dit Kaarlo Hillilä.

Le comte Augustin de Foxà, ministre d'Espagne en Finlande, se pencha pour regarder sous la table. Tout le monde éclata de rire, et de Foxà dit tout doucement, entre ses dents :

- Ces sacrés ivrognes!

Tout le monde était ivre; les gens étaient pâles, - ces yeux des Finnois auxquels l'alcool donne des reflets de nacre." Eugène Onéguine, Pouchkine.

SAFARIS DANS LE GRAND NORD

Des excursions en traîneaux tirés par des rennes, d'une durée d'un jour à une semaine, sont organisées entre **Rovaniemi** et **Saarislkä**. Egalement des safaris à scooter des neiges, dans une ambiance toute particulière à la tombée de la nuit (dans l'après-midi !), lorsque les phares illuminent la forêt silencieuse. Tous les équipements nécessaires tels que costumes thermiques, chaussures et gants sont fournis sur place.

La route à partir de Rovaniemi

Les forêts, les monts et les marais accompagnent le début du parcours, mais peu à peu le paysage devient plus aride et arrivé au nord du **lac Inari**, on atteint la limite des conifères.

Le site des montagnes **Pyhäntunturi** et **Luostotunturi** est aménagé en parc national. On y trouve des centres de tourisme et un hôtel-restaurant, *Luosto*, construit en pin du Nord, au milieu de superbes paysages.

A mesure que l'on s'approche du pôle, la forêt s'ouvre sur l'immensité marécageuse de la toundra.

Après 130 km, presque à mi-chemin vers **Ivalo**, **SODANKYLÄ** (*10 600 habitants*) offre l'image d'une civilisation rassurante en ces contrées reculées. Déjà au début du XVIe siècle, Sodankylä était un important point de rencontre des Sâmes qui vivent aujourd'hui principalement dans la partie nord de la commune. L'église en bois, le Hanha Kirkko de 1689, coiffée d'un toit d'écailles de bois, est l'une des plus anciennes et la mieux conservée de Laponie.

Les gens du cinéma viennent ici chaque année à l'occasion du **Festival du soleil de minuit** créé par les frères Kaurismäki.

A 100 km plus au nord

Outre sa nature grandiose, la Laponie a toujours attiré pour son or. La ruée vers l'or remonte à 1868. Jusqu'à 60 kg d'or étaient tamisés chaque année, principalement dans l'Ivalojoki et ses affluents. Aujourd'hui encore, les rives des meilleures rivières aurifères sont occupées par des concessions. Il n'y a plus guère de chercheurs d'or, mais de nombreux amateurs passent leurs vacances d'été à laver les gravillons avec plus au moins de chance.

Vuotso permet de gagner le village de **Tankavaara**, en bordure de la route E4, où les touristes viennent nombreux jouer à l'orpailleur. On y trouve aussi un **musée de l'Or**, un village de vacances, un hôtel et un restaurant.

Les sentiers de randonnées, situés dans les zones protégées, bien balisés au départ de Tankavara, sont conçus pour des promenades plutôt courtes.

Un peu plus au nord, au centre de randonnée de **Kiilopää**, on peut participer à des séjours d'orpaillage avec excursions pédestres.

L'étape suivante, à 40 km plus au nord

L'important centre touristique de **Saariselkä** est situé dans le parc national de **Urho Kekkonen** qui représente l'un des derniers grands espaces sauvages d'Europe. Tous les aspects de la nature septentrionale sont réunis dans ces forêts qui s'avancent jusqu'à la frontière russe.

Du haut des collines, on a une vue fabuleuse sur la Laponie sauvage : plaines marécageuses aux pierres morainiques, espaces vierges où dévalent les eaux écumantes des rapides, les forêts hantées par l'ours, le lynx, le loup ou le glouton.

A propos de ce dernier, Joseph Acerbi écrit qu'il *"paraît devoir sa mauvaise réputation sanguinaire au grand appétit qu'il a toujours. (...) Quand il voit un renne à sa portée, il saute sur son dos, s'y cramponne en y enfonçant ses dents aiguës et ses griffes allongées"*. Le glouton a longtemps décimé les troupeaux de rennes des Sâmes qui voient encore ce redoutable sanguinaire d'un mauvais œil.

Le curieux instinct suicidaire des lemmings

Certaines années les lemmings, sortes de campagnols des neiges, se précipitent par millions, en des migrations suicidaires, jusqu'à la mer où ils se noient...

En principe c'est la faim qui pousse le lemming, petit rongeur des toundras et des forêts polaires, à quitter son territoire natal. Mais périodiquement, l'espèce souffre d'un phénomène de surpopulation. Une partie des lemmings se rue alors, en troupeaux serrés, vers les vallées, dévastant tout sur leur passage: végétation et cultures. Beaucoup périssent en route, noyés ou dévorés par les rapaces. Certains, cependant, arrivés jusqu'à l'océan, s'y jettent, nagent jusqu'à la limite de leurs forces, et meurent...

IVALO et les Sâmes russes de Petsamo

3 000 habitants.

Située au bord de la rivière Ivalojoki, Ivalo est le centre administratif de la commune d'Inari. La toute petite ville comporte l'aéroport et l'hôpital les plus septentrionaux de la Finlande.

Résolument moderne, Ivalo ne présente guère d'intérêt en dehors de son église orthodoxe - une petite bâtisse consacrée au culte des Sâmes russes - et de quelques boutiques d'artisanat et de souvenirs ethniques.

A 20 km d'Ivalo, on peut voir la **Karhunpesäkivi** (pierre de la tanière de l'ours), une formation naturelle protégée.

Ivalo est essentiellement une étape sur la route qui mène à Inari, à Utsjoki ou vers le cap Nord en Norvège. C'est ici qu'il faut se ravitailler avant de poursuivre le périple vers des régions encore moins peuplées.

L'Hôtel Ivalo. ✆ (9) 697 21 911 - Fax 697 21 905. *Chambre double FIM 320 à 340.* Grand complexe hôtelier immédiatement au sud du centre-ville. Il n'y a pas d'auberge de jeunesse à Ivalo.

La région d'Ivalo offre les paysages typiques des *tunturi,* ces collines lapones au relief doux et dénudé de végétation à part quelques forêts clairsemées composées principalement de bouleaux arctiques que parcourent de grands troupeaux de rennes. Sur les rives du lac Inari, on peut assister aux fêtes des Sâmes russes.

Les Sâmes russes

Inari est la plus grande commune de Finlande par la surface, mais la population y est très clairsemée. Ici habitent 2 000 Sâmes dont 500 Sâmes russes de Petsamo. Ces derniers, de religion orthodoxe, durent s'enfuir de cette province au bord de la mer Arctique quand celle-ci fut annexée en 1944 par l'ex-URSS.

Les Sâmes russes furent nombreux à trouver refuge à **Nellim**, à 50 km au nord-est d'Ivalo, où ils se distinguent encore par leurs costumes et leur dialecte mêlé de russe. Le village se trouve à peu de distance de la frontière russe. Au-delà du village la route reste interdite aux touristes...

D'IVALO A INARI

La route qui mène d'Ivalo à la bourgade d'Inari (un petit carrefour particulièrement animé en été) traverse un paysage de toute beauté en épousant les échancrures du lac Inari.

Le lac Inari, sanctuaire païen des anciens Sâmes

Long de 80 km, le lac Inari, l'un des plus grands de Finlande, est constellé d'une myriade d'îles (plus de 3 000). La plus connue d'entre elles est **Ukonsaari**. Jadis, les Sâmes en avaient fait un haut lieu de leurs cultes sacrificiels. Des restes de bois de rennes immolés y rappellent les rites divinatoires et votifs pratiqués par les anciens nomades.

Hautuumaansari est une ancienne île funéraire gardée, selon les croyances ancestrales, par les âmes des morts. Les Sâmes évitent d'approcher de tels lieux, de peur d'y déranger les habitants surnaturels dont la colère peut provoquer des fléaux naturels.

"Parmi les cent îles semées au milieu du lac, je voyais l'îlot sacré des Lapons, l'Ukonsaari, le sanctuaire païen le plus célèbre de toute la région d'Inari. C'est là, dans cette petite île de forme conique, teinte de rouge comme le cône d'un volcan par le soleil nocturne, que les anciens Lapons se rassemblaient, au printemps et en automne, pour sacrifier à leurs démons les rennes et les chiens. Aujourd'hui encore, les Lapons ont une peur sacrée de l'Ukonsaari; ils n'y abordent qu'à certaines dates - poussés par le souvenir inconscient, peut-être bien la nostalgie obscure, des anciennes cérémonies païennes". Eugène Onéguine, Pouchkine.

Le petit village d'**INARI** (*550 habitants*) est un point de rassemblement traditionnel des Sâmes qui y célèbrent toujours leurs fêtes religieuses. C'est pour cette raison qu'Inari est plus intéressant qu'Ivalo malgré le fait qu'Inari a été une fois élu le village le plus moche de Finlande !

Trois points d'intérêt à ne pas manquer :

1 - Randonnée matinale de 7 km (il n'y a pas de route) jusqu'à l'**église Pielpajärven**. Cette petite excursion peut servir d'initiation aux randonnées en Laponie. Le no man's land actuel autour de l'église a été la place de marché des Sâmes durant des siècles. Une première église fut érigée ici en 1646. L'actuelle église date de 1760.

2 - Excursion de 2 heures sur le **lac Inari** (dès la fonte des glaces, à partir de la mi-juin, et jusqu'à la fin août). Départ tous les jours à 14h.

Le bateau va jusqu'à l'île sacrée des Sâmes, l'**Ukonsaari** (sanctuaire sâme depuis près d'un millénaire). Un bref arrêt de 20 minutes permet de grimper jusqu'au sommet. Pendant la traversée, on aperçoit une autre île, ancien cimetière des Sâmes.

3 - L'après-midi permet de visiter le **Musée sâme de plein air** (Saamelaismuseo), qui retrace le mode de vie de ces anciennes communautés, et fait la lumière sur la culture toujours vivante des Sâmes russes. Le musée, dans son genre, l'un des meilleurs de Finlande, expose des objets usuels de l'artisanat sâme et reconstitue leur habitat traditionnel. *Ouvert tous les jours de 8h à 20h, entrée FIM 12.*

Auberge de jeunesse Kukkula. ✆ (9) 697 51 244. *Le lit en dortoir FIM 30.* Un arrêt commode sur la route du cap Nord.

Hôtel Kultahovi. ✆ (9) 697 51 221 - Fax 697 51 250. *Chambre double FIM 380.* Il possède le seul vrai restaurant d'Inari. Menu déjeuner de 3 plats, de FIM 35 à 70.

LE GRAND NORD

Du sud-ouest vers la Norvège

La route 995 quitte Inari en direction du sud-ouest pour aboutir après une quarantaine de kilomètres à **Menesjärvi** d'où l'on peut gagner (en bateau ou à pied) **Lemmenjoki**, qui le plus grand parc national de Finlande. Le fleuve du même nom, appelé également le "fleuve de l'Amour", déverse ses eaux dans une nature grandiose où règne une atmosphère de bout du monde. Déchiré de dépressions rocheuses, tapissé de bouleaux nains et tortueux, le parc s'ouvre sur de grandes étendues marécageuses foisonnantes, en automne, de baies polaires.

Le sol de la Laponie, parsemé de moraines, recèle suffisamment d'or pour attirer les prospecteurs, notamment sur le fleuve Lemmenjoki, où a lieu chaque année une compétition internationale d'orpaillage. En 1945, la vallée du Lemmenjoki fut le cadre d'une véritable ruée vers l'or.

Dans le nord-ouest de la Laponie, la végétation se raréfie et il n'y a plus que de hautes montagnes pour accompagner le voyageur jusqu'à la Norvège.

Du nord-est vers la Russie

De retour à Inari, la route 4 va vers **Kaamamen**. Là, l'un des embranchements en direction de l'est et de la frontière russe, conduit à **Sevettijärvi** au fin fond de la Laponie finlandaise. A la fin de la première guerre mondiale, des Sâmes russes, venus de la presqu'île de Kola, en Russie, y ont fixé leur nouveau territoire.

Tout au bout de la Laponie

D'Inari, la route n° 4 mène vers la frontière finno-norvégienne que l'on traverse à **Karigasniemi**.

Un autre embranchement de la route file vers **UTSJOKI** (*600 habitants*), autre passage de la frontière norvégienne. Bordée par le bleu soyeux de nombreux lacs, la route traverse un paysage d'une étrange beauté. Aux confins de la Finlande, Utsjoki s'est établie sur les rives du fleuve Tenojoki (qui devenant le Tanaelv, du côté norvégien, se perd dans l'océan Glacial Arctique). C'est l'un des meilleurs fleuves pour la pêche au saumon. Un festival est célébré ici chaque année au mois de juillet.

Camping Utsjoki. ✆ (9) 697 71 213. *Chalets pour 4-5 personnes à FIM 150.* Cuisine collective et douches qui fonctionnent avec des pièces.

Utsjoki Tourist Hotel. ✆ (9) 697 71 121 - Fax 697 71 126. *Chambre double FIM 280 à 360.* Hôtel de 32 chambres. Déjeuners à partir de FIM 35.

> **Les mirages du Grand Nord**
>
> Quelquefois, les glaces de ces déserts arctiques captent quelques cailloux minuscules, quelques brindilles d'arbre qu'une lueur peut, d'un reflet à l'autre, grandir et déformer démesurément. Pour l'homme perdu dans l'obscurité naissent alors, dans le lointain, nimbés d'une clarté diffuse, les mirages du Grand Nord.

La légende de Mikepää (*Kopoli, le renne guide*, Jean Coué) :

"D'un mouvement de reins, il se dégagea de l'abri de neige et, debout, se tourna vers ce qu'il savait être le Levant. Une mince bande rouge, à peine un fil, coupait l'horizon d'un trait rougeoyant. Il ne s'agissait pas encore de l'aurore, mais de la "griffe de Mikapää"...

Mikepää l'Ours Noir grondait. Troublé, Thorjunchar leva les yeux au moment même où l'obscurité se faisait complète. Le dieu frémit: là-bas, très loin, les deux génies du mauvais froid venaient de faire basculer le soleil dans une crevasse et, de leurs bras puissants ébranlaient le colonne de glace. En s'écroulant, cette dernière boucherait la crevasse, le soleil disparaîtrait à tout jamais. (...)

Ses doigts effleurèrent la fourrure de Mikapää et l'homme et la bête chargèrent. Le course de l'ours fut plus rapide que celle du dieu. Emportée par son élan, la bête plongea la tête en premier dans la crevasse, au moment même où, en un fracas assourdissant, la colonne de glace basculait dans l'abîme. (...)

Mikapää l'Ours, enfermé avec le soleil, planta ses crocs et ses griffes dans la glace. Épuisé, meurtri, le corps déchiré, l'ours ne renonça jamais et, lorsque ses pattes sentirent la moindre résistance de la dernière couche gelée, ses griffes ensanglantées ouvrirent la glace en une longue traînée rouge.

Le soleil, libéré, reprit sa place au-dessus du Pallastunturi et l'ours se coucha sur le flanc, épuisé. L'ours noir eut droit au repos éternel, au long sommeil dont il ne sortit plus, désormais, que quelques instants, vers la fin de la Longue Nuit, le temps que sa griffe barre l'horizon d'une étroite bande rouge que, derrière lui, le soleil élargit."

LES SÂMES, peuple nomade du Grand Nord

Les Lapons se désignent par le terme de Sâme. Ce mot, issu de leur langue, et dénué de réminiscences folklorique ou coloniale, témoigne de la réappropriation identitaire en cours.

Des incertitudes planent encore sur leurs origines, mais on pense qu'ils sont des nomades originaires d'Asie centrale. Suivant le recul de la frange glaciaire, ils se sont essaimés jusqu'à atteindre le nord de la Finlande et la Carélie orientale au cours du dernier millénaire av. J.-C.

On divise l'ethnie en quatre groupes : les Sâmes des montagnes, les Sâmes des forêts, les Sâmes des lacs et des rivières et les Sâmes du littoral. Les Sâmes de Finlande n'ont jamais été de grands nomades, seule une minorité se consacre aux activités traditionnelles telles que l'exploitation forestière et l'élevage des rennes. Autrefois, le renne était aussi un animal de trait, mais aujourd'hui le traîneau est souvent supplanté par le scooter des neiges.

Les Sâmes sont répartis dans toute la Laponie, soit sur un territoire de 260 000 km2 (= la moitié de la France) situé à cheval sur trois pays. Sur ces 63 000 Sâmes, 35 000 vivent en Norvège, 20 000 en Suède, 6 000 en Finlande et 2 000 sur la presqu'île de Kola, en Russie. En Laponie finlandaise, les Sâmes se sont fixés principalement à Inari, Utsjoki, Enontekiö et Sodankylä. Ils ont une culture de type pastoral et une langue distincte, bien qu'apparentée au groupe finno-ougrien. Pour préserver leur héritage et leur mode de vie, les pays nordiques ont (enfin) au cours des deux dernières décennies, accordé aux Sâmes un Parlement et un vrai centre culturel (non touristique).

Depuis 1945, la population de la Laponie a accusé un net recul. L'accident de Tchernobyl eut des répercussions désastreuses sur l'économie, rendant le lichen impropre à la consommation et, de ce fait, la viande de renne. D'année en année, les terres lapones se réduisent telle une peau de chagrin, privant les éleveurs de rennes de l'espace vital pour leurs troupeaux. En outre, les Sâmes n'ont pas de droit exclusif de chasse ou de pêche, ni d'élevage sur leurs terres. La survie de la communauté dépend, pour une large part, du tourisme, friand de son folklore. Les Sâmes fabriquent, en effet, des objets finement ouvragés. Le travail du cuir, le tressage de l'écorce de bouleau et la broderie d'étain figurent parmi les articles les plus demandés.

La culture sâme est basée sur une tradition orale. Le *joik*, une sorte de mélopée, très particulière et émouvante, est encore chanté par les jeunes générations. En fait, il est devenu un mode d'expression très en vogue et qui flirte avec des genres musicaux les plus modernes (on peut en voir des représentations à l'Institut finlandais à Paris).

Accompagnant le récent phénomène de réveil ethnique, le nombre d'écrivains de langue sâme augmente. Nils Aslak Valkepää poète et chanteur (lauréat du prix du Conseil nordique), emboîte le pas à Pedar Jalvi, auteur d'un recueil de poèmes *Flocons de neige* (1915). La plupart de ces écrivains défendent les valeurs ancestrales, mises en péril par la société moderne.

«Il grandit seul
il aimait les oiseaux,
il jubilait aux premières trouées de neige (...)
Il apprit à imiter les oiseaux,
à glapir avec la buse et le pluvier doré,
pour lui rien d'insolite,
il s'en trouvait pourtant des bonnes gens
pour colporter qu'il était étrange.»
Nils-Aslak Valkepää.

Les traditions sâmes

Les Sâmes utilisaient jadis les rennes comme bêtes de somme, notamment pour tirer leurs traîneaux. Le lait et la viande constituaient un apport alimentaire des plus appréciés tandis que les peaux servaient à la confection de vêtements et à la protection des habitations de fortune. La *"kota"* était une sorte de tipi couvert de peaux de renne.

Les Sâmes aimaient (et aiment toujours) porter des vêtements riches en couleurs. La fourrure de renne est encore utilisée pour la confection de manteaux, de jambières et de moufles.

"En automne, les troupeaux de rennes, poussés et guidés par l'instinct, par un appel obscur, parcourent des distances immenses pour se rendre à ces golgothas sauvages où les bergers lapons les attendent, assis sur leur talons, leur "chapeau des quatre vents", le "nelyäantuulen lakki", *rejeté en arrière sur la nuque, leur court* "puukko" *luisant serré dans leur petite main. La petitesse et la délicatesse des mains lapones est merveilleuse. Ce sont les plus petites, les plus délicates mains du monde."*

Dociles et doux, les rennes offrent la veine du cou à la lame mortelle du "puukko" *! Ils meurent sans un cri, avec une douceur pathétique et désespérée." Kaputt,* Malaparte.

Sous ces latitudes boréales où l'homme livre un combat incessant contre les éléments, il n'est pas étonnant que le chamanisme ait trouvé un terrain favorable. Servant d'intermédiaire entre le monde des esprits et le monde des vivants, le *noaïde* (ou chaman) pouvait, en entrant en extase, interpréter les secrets de l'au-delà pour les transmettre à son peuple. Pour cela, il devait s'aider de son *kunnas* (tambour magique) ou du *joik* (chant lancinant ancestral).

Le tambour magique, de forme ovale, est divisé en trois parties représentant les esprits du Ciel, de la Terre et l'homme lui-même. Chacune des ces parties est ornée de dessins symboliques que le sorcier sait interpréter. Ces motifs sont peints avec de la salive rougie par de l'écorce d'aulne.

Le sorcier place sur la peau du tambour la baguette divinatoire (*arpa*). Puis il chante en battant le kunnus et, le plus souvent, entre en transe.

Jadis, la renommée des chamans lapons était répandue dans toute la Scandinavie ; on les mentionne déjà dans les sagas islandaises. Dans la relation de son voyage en Laponie, l'auteur de théâtre du XVIIe siècle, Regnard (l'un des premiers Français qui s'aventura "en touriste" vers le Nord), affirme avoir été le témoin de manifestations assez étonnantes de leur pouvoir. De même, il est tout à fait exact, historiquement, que le tsar de Russie, Ivan le Terrible se soit rendu en Laponie, à seule fin de consulter un sorcier "du bout du monde", les astrologues de sa cour se montrant incapables d'interpréter comme il l'entendait le passage, dans le ciel de Saint-Pétersbourg, d'une comète à longue queue.

"Il apprit ainsi qu'il avait devant lui Ivan le Terrible, le tsar de toutes les Russies. Le souverain avait été effrayé, quelques mois plus tôt, par le passage d'une comète à longue queue dans le ciel de Saint-Pétersbourg, et les astrologues de la cour, bien placés pour connaître les éventuelles conséquences d'une mauvaise interprétation de leurs paroles par le tsar, s'étaient tous mis d'accord pour affirmer que seul un astrologue qui vivait au bout du monde pouvait avoir vu la comète d'assez près pour y lire le destin! (...)

- Oui, il avait vu la comète lui aussi et avait su y lire.

- Non, la visite du tsar de toutes les Russies ne l'étonnait pas, cela aussi, il l'avait lu dans la comète. D'ailleurs, l'astre flamboyant n'était-il pas le tsar lui-même qui allait embraser le monde, laissant derrière lui, pour des siècles et des siècles, la traînée de sa gloire ? (...)
Dans un minuscule igloo, perdu dans la toundra immense, le dernier Sorcier du Grand Nord s'endormit, les doigts crispés sur la dernière balle d'argent." Kopoli, le renne guide, Jean Coué.

Lors de l'évangélisation forcée des Sâmes, les missionnaires luthériens brûlèrent les tambours magiques (aujourd'hui il ne reste que 71 vrais kunnus). Les cultes animistes firent place aux grandes fêtes chrétiennes comme celle de Pâques, qui est consacrée aux mariages sâmes et aux concours traditionnels tels que le jeter de lasso et les courses de rennes.

Comme je te révère ô Laponie d'antan
Et comment vivre dix mille ans
sans avoir le droit d'appeler
Sâme le pays des Sâmes
sans avoir le droit sâme
de porter le nom de Sâme
(Aillohas)

INDEX GENERAL

INDEX GENERAL

QUESTIONNAIRE

Comme le disait, dès la fin du XIXe siècle, notre prestigieux ancêtre, le guide Baedeker : *"Les indications d'un guide du voyageur ne pouvant pas prétendre à une exactitude absolue, l'auteur compte sur la bienveillance des touristes et les prie de bien vouloir lui signaler les erreurs ou omissions qu'ils pourraient rencontrer, en lui faisant part de leurs observations qui seront reproduites dans la prochaine édition, et en les lui envoyant sur une feuille de papier écrite d'un seul côté, afin d'en éviter la copie et de parer ainsi à de nouvelles erreurs."*

Nous offrons **gratuitement la nouvelle édition** à tous ceux dont nous retiendrons les suggestions, tuyaux et adresses inédites ou futées.

Faites-nous part de vos expériences et découvertes en utilisant la page suivante, ou si nécessaire sur papier libre. N'oubliez pas, plus précisément pour les hôtels, restaurants et commerces, de préciser avant votre commentaire détaillé (de 5 à 15 lignes) l'adresse complète, le téléphone et les moyens de transport pour s'y rendre ainsi qu'une indication de prix.

Signalez-nous les renseignements périmés, incomplets ou qui ont selon vous changé, en précisant le pays, la date d'achat et la page du guide.

QUESTIONNAIRE

Nom et prénom : ....

....

Adresse : ....

....

....

Qui êtes-vous ? *(entourez la mention exacte)*

Patron • Cadre • Commerçant • Employé • Ouvrier • Fonctionnaire • Femme au foyer • Retraité • Profession libérale • Etudiant • Autre

Quel âge avez-vous ? ..... ans

Combien d'enfants avez-vous ? .....

Voyagez-vous : seul • à plusieurs et combien ? ....

Voyagez-vous : en indépendant • en voyage organisé ?

Le Petit Futé vous paraît-il : cher • pas cher • raisonnable ?

Date d'achat : ....

Expérience • découvertes • bons tuyaux
Adresses inédites ou futées

Joignez éventuellement un complément sur papier libre avec vos coordonnées

Cette page avec toutes vos suggestions
doit être envoyée à l'adresse suivante :

LE PETIT FUTÉ
Country Guide
18, rue des Volontaires 75015 PARIS

Plus vite et plus simple,
le questionnaire sur minitel